中国项目管理实战系列丛书

A DETAILED ANALYSIS OF THE PRACTICE OF
PRODUCT MANAGEMENT
IN BANKING INDUSTRY

银行业产品管理实战精析

于兆鹏　编著

电子工业出版社
Publishing House of Electronics Industry
北京·BEIJING

未经许可，不得以任何方式复制或抄袭本书之部分或全部内容。
版权所有，侵权必究。

图书在版编目（CIP）数据

银行业产品管理实战精析 / 于兆鹏编著. —北京：电子工业出版社，2020.10
（中国项目管理实战系列丛书）
ISBN 978-7-121-39425-6

Ⅰ.①银… Ⅱ.①于… Ⅲ.①银行业务－产品管理 Ⅳ.①F830.4

中国版本图书馆CIP数据核字(2020)第154953号

责任编辑：刘淑丽
印　　刷：三河市华成印务有限公司
装　　订：三河市华成印务有限公司
出版发行：电子工业出版社
　　　　　北京市海淀区万寿路173信箱　邮编100036
开　　本：720×1000　1/16　印张：16.25　字数：347千字
版　　次：2020年10月第1版
印　　次：2020年10月第1次印刷
定　　价：78.00元

凡所购买电子工业出版社图书有缺损问题，请向购买书店调换。若书店售缺，请与本社发行部联系，联系及邮购电话：（010）88254888，88258888。
质量投诉请发邮件至zlts@phei.com.cn，盗版侵权举报请发邮件至dbqq@phei.com.cn。
本书咨询联系方式：（010）88254199，sjb@phei.com.cn。

银行业创新的第一"风口"

在近年来的政府工作报告中,"双创"与"金融体制改革"多次被提到,这两个关键词已成为全社会关注的焦点。

"双创"是重要的国家战略。目前,在国家经济走向平稳发展的阶段,双创是刺激经济进阶发展的必要方式。而且在双创发展的若干关键环节和重点领域,需要率先突破瓶颈制约,激发体制活力和内生动力,营造良好的创业创新生态和政策环境,促进新旧动能顺畅转换。

如何才能使"创新"落地?产品创新是重要抓手。一个好的创意如果不能实现商业化运作,就不能产生经济价值。因此产品才是连接创意与商业的关键纽带,产品创新是使创新产生经济效益、为消费者提供价值的核心手段。

金融行业是国家经济的命脉。近年来,国家多次提到金融体制改革的重要性,党的十八大提出:"全面深化金融体制改革,健全促进宏观经济稳定、支持实体经济发展的现代金融体系,加快发展多层次资本市场,稳步推进利率和汇率市场化改革,逐步实现人民币资本项目可兑换。加快发展民营金融机构。"由此我们不难看出,金融体制改革的重要方向之一是要建立支持实体经济发展的现代金融体系,而现代金融体系的一个重要标志是能不断创造出为广大老百姓,乃至国计民生提供具有普惠价值的好产品。

因此,金融产品创新是两个国家战略举措——"双创"与"金融体制改革"的交汇点,顺应目前经济发展形势,具有重大的政治和经济意义。可以说,金融产品创新是银行业创新的第一"风口",大有可为!

银行业是金融行业的基础,纵观银行业的产品管理,目前仍存在众多问题,集中来看主要有以下两个痛点,制约了产品创新在该行业的纵深发展。

一是缺乏统一的银行业产品创新行业语言和思维。我们都知道,互联网行业的产品创新是日新月异的,这很大程度上得益于BAT(百度、阿里、腾讯)的影响,

并且这个行业有众多具备统一体系思维的产品管理人才,这样就可以形成系统化的产品创新语言和方法,对于实现整个行业的产品协同创新有着巨大的效益优化和效率提升的作用。

反之,银行业目前缺乏统一的产品创新行业语言和思维,导致银行不具备系统化的产品创新方法。不少银行通过自身摸索,总结出一套自认为行之有效的产品创新方法。但产品创新是一个不确定性很强的过程,需要将市场、技术和财务三者紧密结合,以客户价值和消费者需求为导向,不断进行测试和调整。所以企业自行摸索的方法往往使企业顾此失彼,形成不了体系化的产品研发合力。同时,企业为了实现产品利益的最大化,往往会一方面采用严格保密创新的技术和方法,另一方面又大力排挤对手和开展恶性竞争。由于银行业的独特性,有不少创新是需要行业协同的。而且每个企业的竞争优势各不相同,需要找到适合自己的创新产品定位,在发挥自身优势的基础上与其他金融企业取长补短、优势互补。

二是缺乏常态化的产品管理最佳实践交流机制。企业要想实现长久创新,需要在产品上下功夫。目前,包括银行和第三方金融机构在内的企业在产品创新方面并没有形成统一、定期的交流机制。

定期交流对于产品创新来说,价值很大,可以相互取长补短,把问题和矛盾摆到桌面上,有利于形成协同效应,构建银行业产品创新的最佳案例库,沉淀行业过程资产。基于各自产品的创新定位的交流有助于避免同质化竞争,形成差异化创新的行业协同发展的格局。

本书的目的是希望抛砖引玉,能在某种程度上找到解决以上两个痛点的方法。本书从国际通用的产品管理知识体系出发,引入58个银行业产品管理案例,案例覆盖大型商业银行、股份制商业银行、城市商业银行、农村金融机构、其他类金融机构等,希望能给银行业从事产品管理和项目运作的同人提供有价值的参考,一起探讨、一起分享、一起完善银行业独特的产品创新体系和案例库,提升行业协同性,减少沟通成本,提高合作效率。

我要感谢电子工业出版社有限公司的刘淑丽老师,她在百忙之中给我提供了许多帮助,才使本书顺利出版。

由于本人才疏学浅,书中还有很多不尽如人意的地方。我诚挚地希望本书能起到抛砖引玉的作用,希望读者对书中不合理,或者还需要进一步改进的地方提出宝贵意见。我的电子邮箱:yuzhaopeng@hotmail.com。对于读者的任何意见或建议,我都会认真回复。

于兆鹏 于上海
2020年5月11日

目 录

第1章 银行业现状与业务流分析

1.1 银行业金融机构的分类 ……………………………… 001

1.2 商业银行的业务范围 …………………………………… 002

总 结 …………………………………………………………… 003

第2章 产品管理体系

总 结 …………………………………………………………… 007

第3章 新产品战略

3.1 什么是战略 ……………………………………………… 008

3.2 高层管理者在新产品战略中的角色 ………………… 012

3.3 战略的六个关键决策 …………………………………… 013

3.4 使命、愿景和价值观 …………………………………… 016

3.5 战略框架 ………………………………………………… 020

3.6 商业模式 ………………………………………………… 050

3.7 产品创新章程 …………………………………………… 055

3.8 颠覆式创新与常规式创新 ·· 062

总 结 ·· 064

第4章 产品组合管理

4.1 产品组合管理的定义 ·· 067

4.2 高层管理者在产品组合管理中的角色 ································ 070

4.3 产品组合管理的目标 ·· 074

4.4 资源分配 ·· 092

总 结 ·· 099

第5章 新产品开发流程

5.1 新产品开发的历史 ·· 101

5.2 结构化产品开发流程的定义 ··· 102

5.3 标准的新产品开发流程 ·· 103

5.4 管理层在新产品开发流程中的角色 ··································· 121

总 结 ·· 124

第6章 市场研究

6.1 市场研究在新产品开发中的重要性 ··································· 126

6.2 市场研究的基本定义 ·· 127

6.3 市场研究测试 ·· 128

总 结 ·· 140

第7章　产品设计与开发

7.1　TRIZ：创新语言的通天塔 ……………………………………… 142

7.2　敏捷与精益：快速制胜与流程价值最大化的完美组合 ………… 146

7.3　IPD：IBM与华为的传家宝 ……………………………………… 154

总　结 …………………………………………………………………… 159

第8章　文化、组织与团队

8.1　什么是新产品开发团队 …………………………………………… 160

8.2　团队形式：夫兵形象水 …………………………………………… 167

8.3　产品协议：产品团队的军令状 …………………………………… 174

8.4　产品文化：只论输赢，不论对错 ………………………………… 178

总　结 …………………………………………………………………… 181

第9章　工具与度量指标

9.1　质量屋：需求转化的利器 ………………………………………… 183

9.2　原型法：所见即所得，所得即所见 ……………………………… 189

9.3　智能制造：产品制造的未来趋势 ………………………………… 191

9.4　新产品开发的财务分析 …………………………………………… 194

9.5　新产品开发的销售预测 …………………………………………… 202

9.6　创新指标 …………………………………………………………… 211

总　结 …………………………………………………………………… 224

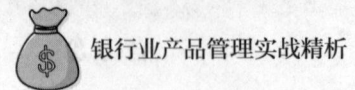

第10章 产品生命周期管理

10.1 产品的生老病死 ·· 226

10.2 产品生命周期的影响和产品组合 ·························· 235

10.3 跨越鸿沟：产品走向成熟的关键 ·························· 236

总 结 ·· 241

附录A 新产品开发术语表 ·· 242

附录B 新产品开发流程图 ·· 243

附录C 银行业产品管理案例清单（58个） ·············· 248

参考文献 ·· 251

第1章
银行业现状与业务流分析

本章内容

- 银行业金融机构的5个分类
- 商业银行的12个业务范围

随着中国经济的发展,货币化进程越来越快,全社会对于金融的需求越来越大,直接推进了银行业的快速发展。而中国政府对金融体制改革自上而下的要求,以及外资银行进入中国市场与国内互联网金融的蓬勃发展,都使得中国银行业的市场化进程日新月异。这也导致银行业越来越重视产品管理和与之如影随形的项目化运作,因为产品创新和项目运作是加速市场化进程的重要手段。

随着银行业市场化的转型,各大银行和机构都在探索产品创新的方式,以及如何用项目化的思维和方式来开发产品,解决组织运营中的问题,因此行业对产品管理和项目化运作的要求也越来越高。

1.1 银行业金融机构的分类

现阶段,我国的银行业金融机构主要分为五类,即大型商业银行、股份制商业银行、城市商业银行、农村金融机构和其他类金融机构:

◎ 大型商业银行包括工商银行、农业银行、中国银行、建设银行、交通银行;

◎ 股份制商业银行包括中信银行、光大银行、华夏银行、广发银行、平安银行、招商银行、浦发银行、兴业银行、民生银行、恒丰银行、浙商银行、渤海银行等;

◎ 城市商业银行包括北京银行、上海银行、南京银行、宁波银行、江苏银行等;

◎ 农村金融机构包括农村商业银行、农村合作银行、农村信用社和新型农村金融机构;

◎ 其他类金融机构包括政策性银行(如国家开发银行)、民营银行(如前海银行)、外资银行(如渣打银行、汇丰银行)、非银行金融机构(如拉卡拉、汇付天下)和邮政储蓄银行。

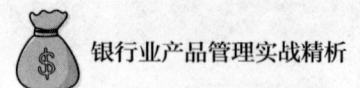

大型商业银行的资产总额占全国银行业资产总额的近40%，因此在我国银行体系中占据主导地位。

本书中的银行业案例，与大型商业银行相关的有13个，占比约22%；与股份制商业银行相关的有19个，占比约33%；与城市商业银行相关的有5个，占比约9%；与农村金融机构相关的有1个，占比约2%；与其他类金融机构相关的有20个，占比约34%。

1.2 商业银行的业务范围

中国银行业的主体是商业银行，本书64%的案例都是与商业银行相关的，因此我们有必要简要了解商业银行的主要业务范围：

- 吸收公众存款：商业银行最主要的负债业务；
- 发放短期、中期和长期贷款：商业银行最主要的资产业务；
- 办理国内外结算：国内外的支付结算、增值服务、综合现金管理等；
- 办理票据贴现：客户将未到期的票据提交给银行，由银行扣除自贴现日起至到期日止的利息而取得现款；
- 发行金融债券：金融债券是指银行及其他金融机构所发行的债券，多为信用债券。
- 代理发行、代理兑付、承销政府债券：政府发行的债券，银行可以代理发行、兑付或承销；
- 买卖政府债券：从事政府债券买卖的业务；
- 从事同业拆借：银行相互之间的资金融通。一般均为短期，常常是今日借，明日还。其形成的根本原因在于法定存款准备金制度的实施；
- 买卖、代理买卖外汇：包括对公外汇存款和外币储蓄存款等业务；
- 提供信用证服务和担保：信用证是指银行应买方的请求，开给卖方的一种银行保证付款的凭证。开证银行授权卖方在符合信用证规定的条件下，以该行或其指定银行为付款人，开具不超过所定金额的汇票，并按规定的随附单据，按期在指定地点收款。
- 代理收付款项及保险业务：代理收付款项是商业银行利用单位、个人在其开立账户的便利，接受客户委托，代替客户办理收付款项事宜。
- 提供保管箱业务：银行保管箱业务是一种由银行等金融机构提供金融保障的服务。

总 结

　　随着银行业市场化的转型,各大银行和机构都在探索产品创新的方式,以及如何用项目化的思维和方式来开发产品,解决组织运营中的问题,因此行业对产品管理和项目化运作的要求也越来越高。

　　我国的银行业金融机构主要分为五类,即大型商业银行、股份制商业银行、城市商业银行、农村金融机构和其他类金融机构。商业银行的主要业务范围有12种。

第 2 章
产品管理体系

本章内容	本章案例
• 人人都是产品创新者	• 案例2.1 恒丰银行的公司新产品
• 产品管理体系的框架	• 案例2.2 北京农商银行的新产品族

人人都是产品创新者！精彩的人生：始于灵感，终于价值。

为什么需要产品创新？首先我们要明了这个问题。其实不光是公司需要产品创新，就连我们平常的生活和工作都是在开发各种各样的产品。无论是在生活中制作一个手工艺品，还是在工作中研发一架航天飞机，都是在不同程度地进行产品的创新。学好产品创新可以让我们了解如何开发一个好产品。

我们先说一个观点：产品创新的时代已经到来。为什么这么说？我国政府早就提出"双创"的国家战略，创新已成为我国经济第二次腾飞的重要引擎，如果说中国改革前三十年的经济腾飞靠的是人口红利，那么今天的经济发展要靠自主创新了。

但创新如何落地呢？产品创新则是重要抓手。我们都知道国内经济的一大挑战是供需矛盾。而创新产品是可以促进消费者的消费意愿的，从而增大内需、增加经济活力。而且随着"一带一路"倡议的深入推进，国内的创新产品还可以远销海外，使得中国与国际的经贸合作不断增强。

可以说，我们正处于产品创新的一个好时代！

亚当·斯密在《国富论》中说过："人天生，并且永远，是自私的动物。我们在这个世界上辛苦劳作，来回奔波是为了什么？所有这些贪婪和欲望，所有这些对财富、权力和名声的追求，其目的到底何在呢？归根结底，是为了得到他人的爱和认同。"因此我们的人生其实都是在创造价值造福他人，为的就是得到他人的爱和认同，虽然我们创造价值的本意是自私的。而这也是经济学的本质：通过利他而利己。

价值传递的最好载体就是创新的产品，因为产品有两个本质属性：首先，产品（尤其是创新产品）孕育着人的灵感，富含上帝所赋予人类的创造力，也正因为创新所带来的与众不同，会让这个世界有更多的选择，从而人们的生活变得更加美好；其次，产品是用来与他人交换的，通过交换给予他人价值，同时自身拿到交换的利益（通常是钱）而得到社会的认可。

什么是新产品？

新产品可依据对世界或对公司的新颖程度进行分类。一套普遍的分类法如下所示：

（1）**新问世产品**。这些产品是创造出一个新市场的发明。例如，腾讯的微信、索尼的随身听、惠普的激光打印机、苹果的iPod等。这些产品种类只占所有产品新产品的10%而已。

（2）**公司新产品**。公司新产品指能够使公司跨进新的产品领域的产品，虽然该产品对市场而言并不是新的，但对该公司而言却是新的。例如，宝洁的第一瓶洗发水或咖啡、美国运通百夫长信用卡、佳能的激光打印机。此类产品大约占所有新产品的20%。

（3）**现有生产线的新增产品**。现有生产线的新增产品是现有产品线或者市场的扩展与延伸。例如，宝洁的汰渍洗衣液、惠普的家用计算机专用的平价激光打印机。此类产品大约占所有新产品的26%。

（4）**对现有产品的改良与修正**。对现有产品的改良与修正是指将现有的产品做得更出色。例如，宝洁的象牙肥皂与汰渍洗衣粉都经过相当多次的改良。此类产品大约占所有新产品的26%。

（5）**新定位产品**。新定位产品是指将已有产品重新定位于拥有新用途或应用方式的产品。例如，烘干苏打被重新定位为排水管除臭剂、冰箱除臭剂等；阿司匹林被重新定位为能够对心跳的维护起作用的药品。此类产品大约占所有新产品的7%。

（6）**成本的降低**。成本的降低是指取代现有生产线中的产品，并以较低的成本提供给顾客相同效果的新产品。在设计与生产阶段开发更多的"新产品"带来成本降低的幅度比营销阶段要大。此类产品大约占所有新产品的11%。

案例2.1　恒丰银行的公司新产品

案例背景

随着智能手机大范围的普及，支付方式也变得更加多样。手机闪付、二维码支付等手段使得支付变得更加快捷安全。为了应用于各种生活场景，满足全方位的支付需求，可穿戴支付设备近年来流行于市场。为了解决没有手机的尴尬时刻，NFC支付让生活更加轻松省心。

移动支付改变了人们的生活方式，但人们对移动支付的概念还停留在手机层面。现如今，手表支付也加入了移动支付的"大军"，逐渐引领一种全新的支付潮流。对于轻松上阵的运动爱好者而言，无须携带沉重的手机，直接通过手表付款，真正摆脱了束缚。

近年来，恒丰银行推出了Huawei Pay、小米Pay、锤子Pay、金立Pay，以及可穿戴设备（例如，佳明手表、出门问问手表、华为手表、拉卡拉手环、Ora名片夹）等，给用户带来了越来越丰富的可选支付手段。

【案例分析】

类似恒丰佳明手表的可穿戴支付设备属于公司新产品。这款产品能使恒丰银行公司跨进新的可穿戴支付设备领域，虽然该产品对市场而言并不是新的，但对该公司而言却是新的。

案例2.2　北京农商银行的新产品族

案例背景

北京农商银行近年来推出了凤凰卡系列产品。凤凰卡有3项费用减免：

一是免年费，即不向客户收取年费；

二是免自助查询费，使用凤凰卡在境内自助机上查询账户余额均不需支付任何费用；

三是跨行取款手续费低，客户持凤凰卡在境内任何银行的ATM取现均只需支付2元/笔的跨行手续费，不需支付其他费用，在境外ATM取现只需支付15元/笔的跨行手续费。

凤凰卡产品家族有多款产品，如凤凰标准卡、凤凰速通卡（见图2-1）、凤凰国泰卡等。

图2-1　凤凰速通卡

（图片来源：https://fhzx.bjrcb.com/creditcard/allCreditaCard.jhtml）

【案例分析】

北京农商银行的凤凰卡系列产品就属于现有生产线的新增产品，是现有产品线或者市场的扩展与延伸。

我们先前所说，每个人在工作或生活中都在创造不同的产品，这些产品有可能是一个小零件，也有可能是一个小手工艺品，我们总是希望自己创造出来的产品能为更多的人所接受。因此，产品创新是一种生活态度。精彩的人生实际上就在不断进行产品创新，从创意的灵感开始，并致力于将这个产品为市场所接受，造福他人和社会。而给别人的价值越大，我们得到他人和社会的认可也就越大。

人人都是产品创新者！而精彩的人生就是始于灵感，终于价值的。

产品创新的人生从提升自我开始。要做到产品创新的知行合一，首先就要先"知"。而能"知"，最好学习国际通用的产品创新知识标准。那为什么要学习这套知识标准？其价值主要在于以下两点。

（1）掌握一套共同的语言和规则。有共同的语言，我们就可以与千百万来自全世界的产品实践者进行交流。有交流就有交换，有交换就有价值。有共同的规则，我们就可以按照一致的体系以一致的步调来做事。一致就会引发谐振，也就是我们通常所讲的1+1>2。

（2）了解产品创新领域的最佳实践。我们不再是单打独斗，而是站在巨人的肩膀上去探索更远的将来。同时，我们自身的最佳实践也可以丰富这个标准的知识库，人类的知识传承与丰富也正因为如此。继往开来，始于实践的学习与贡献。

国际通用的产品创新体系共分为七个领域：新产品开发战略、产品组合管理、新产品开发流程、产品生命周期管理、团队管理、工具与度量指标、市场研究。产品管理体系框架如图2-2所示。

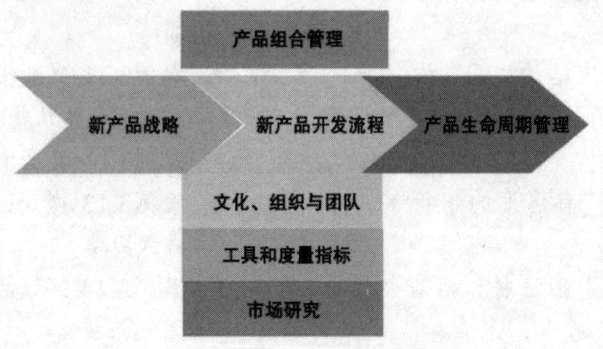

图2-2　产品管理体系框架

本书的内容框架也会围绕以上七个部分来讲解，并列举银行业实战案例来说明。

人人都是产品创新者！精彩的人生：始于灵感，终于价值。新产品包括新问世产品、公司新产品、现有生产线的新增产品、对现有产品的改良与修正、新定位产品、成本的降低6种类型。新产品管理体系包括新产品战略，产品组合管理，新产品开发流程，市场研究，文化、组织与团队，工具和度量指标，产品生命周期管理7个模块。

第 3 章
新产品战略

本章内容

- 战略的定义及框架
- 使命、愿景和价值观
- 商业模式
- 产品创新章程
- 颠覆式创新与常规式创新

本章案例

- 案例 3.1 交通银行的"品牌年轻化"战略
- 案例 3.2 宝洁的中国首发
- 案例 3.3 面向粤港澳大湾区的产品战略博弈
- 案例 3.4 "有温度的银行"的联名卡产品
- 案例 3.5 中国银联和招商银行的价值观缘起
- 案例 3.6 兴业银行独特的成本领先——机器人催收服务
- 案例 3.7 民生银行的差异化战略产品——国宝系列主题信用卡
- 案例 3.8 招商银行的哆啦A梦声音卡
- 案例 3.9 中信银行的VR客服
- 案例 3.10 广发银行的女性探索者战略
- 案例 3.11 兴业银行、科大讯飞和京东金融打造物联网金融平台
- 案例 3.12 招商银行"10元风暴"
- 案例 3.13 微众银行的"ABCDE"技术战略
- 案例 3.14 蚂蚁数巢的大数据开放式创新战略
- 案例 3.15 战略布局图:美国西南航空公司的绝地逆袭
- 案例 3.16 百年运通的制胜法宝
- 案例 3.17 建设银行"慧兜圈"的产品创新章程
- 案例 3.18 基于区块链的颠覆式创新——火星数字资产银行

产品是实现战略目标的重要一环。产品要成功,关键是理解业务和战略。产品经理只有了解业务模式、懂得战略,才能更好地理解产品、把握主动权。

3.1 什么是战略

战略就是聚焦。其实战略这个看似高深的领域所蕴含的是极为"朴素"的道理，即战略是实现组织愿景和使命的手段，聚焦是战略的核心。

我们举个例子说明这一点。想必大家都知道，前两年有一个叫张悟本的人，这个人以前曾写过一本书——《把吃出来的病吃回去》，而且包装了一款产品：绿豆。他宣扬"绿豆治百病"，一度引发市场绿豆涨价。今天我们都知道这人是个伪专家，而且他所宣扬的绿豆能治百病是骗人的。道理很简单：世界上就不存在能包治百病的药。但是毫无疑问，张悟本将战略聚焦于绿豆，并提出"包治百病"的概念，的确在市场上形成了"大火之势"。

因此，理解战略聚焦点是很重要的，因为它不仅描绘了企业投资（投资哪一种技术、哪一个市场和哪一类产品）的方向，同样也有助于理解哪些领域是边界之外的。如果战略没有定义好，公司将在与竞争对手角逐时处于劣势。

产品战略必须包括对整个产品生命周期的规划，有时称为产品生命周期管理。新产品开发时，高层管理者必须同时考虑在产品从企业的产品组合中终止时如何替换产品线，以及如何服务过时产品的计划。有时这也称为退出战略。

战略是一种选择：你必须取舍，有舍才有得。我们来看两个产品战略的成功案例。

案例3.1 交通银行的"品牌年轻化"战略

💲 案例背景

年轻客群是消费市场的主力军，具有消费需求旺盛、消费理念先进、潜力大、成长性高等特点，是各家银行的主流目标客群，也是未来中高端客户和跨境客户的重要来源和培养基础。

相较于其他客群，年轻客群有着旺盛的精神文化和娱乐需求，支付意愿更强。当前，热点文娱IP对年轻客群影响力巨大，知识产权营销也就成为银行卡产业现阶段吸引年轻用户人气最有效、最快速的手段。

交通银行信用卡中心于业内依次推出程序员主题信用卡、bilibili主题信用卡、高达主题信用卡（见图3-1），并依托Y-POWER平台为年轻用户打造了专属产品（见图3-2）及福利，进一步深化了交通银行信用卡"品牌年轻化"战略。

图3-1 交通银行bilibili、高达主题信用卡

（图片来源：https://creditcard.bankcomm.com/）

图3-2　交通银行Y-POWER主题信用卡

（图片来源：https://creditcard.bankcomm.com/）

近年来，交通银行信用卡一直积极进行跨界合作，未来将会继续搭建与年轻人沟通的桥梁，挖掘年轻人的消费喜好，为年轻人提供更多的优质产品及服务，不断提升品牌在年轻用户中的影响力。

【案例分析】

交通银行信用卡中心的新产品战略非常聚焦：

第一，客户群体聚焦。聚焦年轻客群，因为这个客群消费需求旺盛、消费理念先进、潜力大、成长性高，有着旺盛的精神文化和娱乐需求，支付意愿更强。

第二，战略手段聚焦。聚焦知识产权营销手段，吸引年轻用户。

通过以上两个"聚焦"，交通银行信用卡中心强化了"品牌年轻化"的新产品战略，提升了品牌在年轻用户中的影响力。

战略是一个公司根据其在行业中的地位、新的机会和可用的资源，为取得长远目的和目标而制定的策略。战略确定了业务增长和相关产品开发工作的方向。在绝大多数公司中，业务增长包括创造股东价值（非营利组织会聚焦在如何最大化利用可用资源，以及如何更好地服务客户的方面，同时考量股东价值）。

通常有三种方法可以创造股东价值。

第一种方法是，合并或收购，使两家公司变为一家。根据国际著名咨询公司贝恩的研究，高达70%的合并和收购是失败的。通常失败是由于企业缺乏有效整合不同文化和产品线的能力。

第二种方式是，对生产现有产品的制造工艺进行重新设计。不过，仅通过减少成本而产生的价值是有限的，因为这通常也导致了交付的产品或服务质量的降低。

第三种方式，也是最好的一种方法，就是开发新产品。一份来自罗德岛大学的研究表明，在经济萧条时期投资于创新的企业在后期经济复苏时期其业绩要明显好于它们的竞争对手。另外，已构建新产品开发最佳实践的公司（如遵循精心规划的创新战略），将会在新产品导入方面获取更大的成功（50%的收益率），而这比以往5年新产品销售的收益（仅21%的收益率）要多。

 **小贴士**

战略的定义

战略的广义定义：能够引向未来的一个方法或计划。例如，某个目标的实现路径或某个问题的解决方案。

在商业环境下，战略的定义是："定义与传播一个组织的独特定位，说明应当如何整合组织的资源、技能与能力以获取竞争优势。"（波特，2008）或者是："基于行业定位、机遇和资源，企业为实现长远目标而制订的计划。"（科特勒，2012）

各种组织都在对不同企业和行业的创新形态进行定期的标杆研究。随着时间推移而不断变化的创新实践趋势是很有趣的，这种趋势展示了形成制度的流程和系统，以及在创新领域中的一些具有启发性的新兴实践。

例如，据行业统计数据，在过去5年导入的新产品中，58%被认为是成功的。那些"最好的"企业要么是在其行业中排名位于前1/3，要么是其新产品开发的销售额和利润高于平均值。具体来说，与其他企业相比（约69%的可能性），最擅长成功创新的企业有更大的可能性是通过创新战略（约86%的可能性）来指导它们的新产品开发工作的。

同时，这些公司最有可能运用战略一致性工具和产品规划活动来启动新产品开发的项目。另外，那些拥有最高创新成功率的企业产品组合中，约3/4的项目都应用了创新战略。而相比而言，在其他的组织中，创新战略的应用仅占约1/2。

此外，有意思的是，1/3的工作对于项目的新产品开发团队来说并没有清晰的、与商业战略相关的目的和目标。作为一种趋势，在利用战略来指导新产品开发的力度上，最好的企业和其他企业之间的差距在加大。实际上，是战略而不是想法启动了成功的新产品开发流程。

案例3.2 宝洁的中国首发

案例背景

我们都知道宝洁在全球有几万款产品，但你知道它进入中国推出的第一款产品是什么吗？恭喜你，答对了！就是"海飞丝"。那为什么宝洁要推出这样一款产品呢？为什么不是洗衣液或香皂？

据说，宝洁在推出"海飞丝"这款产品前，曾做过大量的市场调研，最终决定将新产品聚焦于人身体的这个特殊组织：头发。而且这款产品所要解决的痛点也是经过反复调研和讨论才聚焦的，那就是头皮屑。因为宝洁的产品开发人员经过研究发现，东方人的头皮屑问题是一个不小的痛点，而且这个痛点是男女都有的问题。

【案例分析】

宝洁的产品战略是经过缜密的市场调研才确定的,确定的聚焦点恰恰是具备广泛用户基础的痛点和公司发展方向的结合点。因此,它有效推动了宝洁在中国业务的发展。

战略的层级

一个组织应当被整体战略所指导。该战略为整个组织明确目标、业务优先级和业务聚焦点。如果组织的规模比较大且同时兼顾多个方面的业务,组织战略就是指公司战略。而在规模比较小的组织中,组织战略就是指经营战略。

大多数组织通过创新实现生存和业务增长。基于公司战略的创新战略为整个组织指引了创新方向,提供了创新架构。大多数组织都有多个职能部门,每个职能部门需要制定自己的战略,以匹配公司战略、支持创新战略。

3.2 高层管理者在新产品战略中的角色

通常来讲,技术、市场和产品的确定是高层管理者的职责。此外,良好的技术、强大的研发能力,以及出众的营销活动对于可盈利的创新固然是重要的,但新产品开发的两个关键成功要素为:开发产品创意,从而针对客户问题交付明确的解决方案;设计产品,并以完美的执行过程将产品交付到市场。

从根本上讲,任何商业战略都必须应对一组关键决策,并且高层管理者的职责是为业务和市场细分的方向做出决策,同时决定从事哪些项目。因此,高层管理者通过以下要素来制定战略:市场、技术、公司要开发的产品,以及产品组合中要进行市场导入的项目。

同时,高层管理者拥有对战略的控制权,决定"我们应该做什么"。新产品开发团队的职责是执行这一过程,决定"我们能怎么做",并且及时为市场交付新产品,如图3-3所示。

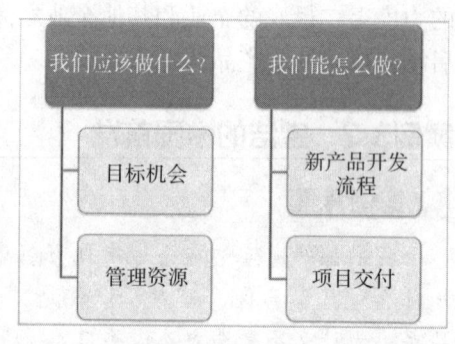

图3-3 高层管理者与新产品开发团队的角色分工

3.3 战略的六个关键决策

为了构建成功和创新的业务，战略应该包含几个关键决策。长远来看，高层管理者必须确定这些要素并为企业制定有效的决策，以长期维持新产品的开发。这六个关键决策是：

◎ 决策业务是什么。
◎ 决策客户是谁，以及你能为他们提供什么。
◎ 决策你将如何参与市场博弈。
◎ 确定战略资产和能力。
◎ 创建合适的组织环境。
◎ 分析和确定市场趋势、竞争和市场需求的影响。

如上所示，第一个关键决策，定义业务和创新战略，也就是决定业务是什么。同样重要的是，要理解什么样的市场领域是在边界内，以及什么样的领域是在边界外。比如，很多餐馆仅靠提供早餐和午餐就能非常成功。可能这家餐馆坐落于一个商业区或很少有人居住的市中心办公区，那么提供晚餐就不会吸引到太多的客户就餐。所以，通过最小化低收益时段（晚餐）的开销，以及仅提供早餐和午餐将会最大化餐馆的利润。这反映了"战略是什么，以及不是什么"的决策。

什么是产品？

可以在3个不同层次对一个产品进行描述。
◎ 核心利益：目标市场将从产品中获得的利益。
◎ 有形性能：赋予产品外观和功能的物理和美学设计特征。
◎ 附加性能：产品所提供的额外性能，可以是免费的，也可以使产品价格更高。

案例：招商银行经典白金信用卡（见图3-4）。
◎ 核心利益：展示财富、权力和声望。
◎ 有形性能：白金外观、具有银联和VISA双标识等。
◎ 附加性能：高端酒店权益、机场贵宾厅服务、积分兑换里程、航空意外险等。

图3-4 招商银行经典白金信用卡

（图片来源：https://zhaohang.kameng.com/news90613）

制定战略的下一个关键决策就是要决定你的客户是谁，以及你将为他们提供怎样的产品和服务。如何吸引客户的目光将在"第7章 产品设计与开发"中讨论。然而在战略范畴内，理解这一点很重要：确定目标市场细分，以及全面理解客户需求将为新产品开发带来更加有效的产出。

接下来，企业必须决定"如何参与市场博弈"。回想一下，战略在某种程度上被定义为为实现企业的长远目标而制定的博弈策略。举例来讲，你将怎样来参与博弈，包括企业的以下决策：参与哪些市场的竞争、怎样交付服务，以及是否绑定产品和服务。反映如何参与博弈的其他决策还包括组织内部或者开源技术，研发、知识产权计划中的专利和法律保护，与供货商和销售商的伙伴关系，以及包括产品分类和品牌推广的核心决策。

作为"如何参与市场博弈"的一部分，企业同时需要确定那些唯一的、独特的并对公司有附加值的战略资产。例如，许多小的业务和初创公司会在组织内部进行所有的业务，包括财务记账。然而，外包记账服务通常效益成本比更高，也能更好地利用企业资源。对于新产品战略，企业必须确定具体的资本资产，以及公司独有的并可以让其在市场上提供增值的技术和营销能力。

一个企业的战略能力不仅仅是具体的技术知识。这些核心的能力通常是在当前的员工能力之上，并且是相互联系和可持续的。在支持整体战略的同时这些核心能力既相互依存又相互促进。比如，宝洁公司将人种学研究作为一项为新产品开发而获得新的客户见解的核心能力。宝洁公司从事市场研究的能力是独特的，并明显优于它的竞争对手，而且与公司新产品开发过程和品牌化的消费者商品包装紧密关联。

由于高层管理者掌握着企业完整的核心能力，因此他们是为了企业创新而创建合适的组织环境的关键角色。高层管理者为企业内部的创新设定基调和文化，这些将在"第8章文化、组织与团队"中讨论。同样地，高层管理者通过以下手段为企业设定方向：利用企业拥有的战略，以及核心资产和资源的能力使得新产品更为有效地开发。认识到只有高层管理者才能开发和设计业务战略很重要。高层管理者必须认可创新战略的所有权，并同时建立公司获取和发展新产品开发核心能力的政策和程序。

高层管理者有责任去分析和确定市场趋势，这种趋势可能指明了市场机会，包括新兴的技术、竞争的速度和强度，以及市场需求。比如，智能手机行业在过去的几年里经历了技术能力的巨大革新。

为取得成功，智能手机制造商需要不断获取和发展技术能力，而且必须意识到设备如何使用的趋势（比如，社交媒体的更新，以及全尺寸相机的替代品）。类似地，这些企业的高层管理者必须理解这些具体的市场细分，解决为客户提供什么样的产品特性，以及怎样在全球市场上应对宏观的竞争等问题。为了将组织的长期发展目标与具体的新产品开发举措联系在一起，并最终获得成功，高层管理者有责任持续掌握最新的市场趋势和竞争对手的信息。

案例3.3 面向粤港澳大湾区的产品战略博弈

案例背景

2019年2月18日，中共中央、国务院印发《粤港澳大湾区发展规划纲要》。按照规划纲要，粤港澳大湾区不仅要建成充满活力的世界级城市群、国际科技创新中心、"一带一路"建设的重要支撑、内地与港澳深度合作示范区，还要打造成宜居宜业宜游的优质生活圈，成为高质量发展的典范。以香港、澳门、广州、深圳四大中心城市作为区域发展的核心引擎。粤港澳大湾区与美国纽约湾区、旧金山湾区、日本东京湾区并称为世界四大湾区。

伴随着《粤港澳大湾区发展规划纲要》的发布，中国银行顺势推出"中国银行大湾区信用卡"（见图3-5），聚焦粤港澳大湾区建设所汇聚的庞大的消费支付的需求，为粤港澳大湾区内的消费者提供全方位的金融便利服务。中国银行大湾区信用卡，集"食""住""行""购"等专属权益为一体：食在大湾区更优惠，提供34家米其林餐厅的折扣预订；住在大湾区更舒适，预订大湾区精选酒店专享银联8项礼遇；行在大湾区更便捷，持卡即可搭乘公交地铁，高额出行保险保驾护航；购在大湾区更省钱，商户返现，双倍积分。

图3-5 中国银行大湾区信用卡

（图片来源：https://gd.qq.com/a/20180720/032523.htm）

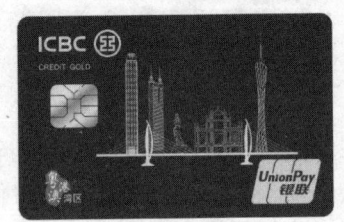

图3-6 工商银行粤港澳大湾区信用卡

（图片来源：https://www.sohu.com/a/232663775_100132164）

工商银行在香港、澳门、广东和深圳四地同步发行"工商银行粤港澳大湾区信用卡"（见图3-6），主要面向粤港澳大湾区及泛珠三角区域内具有跨境商务、投资理财、旅游观光、购物消费等需求的客户群体发行。该卡支持人民币、港币、澳门币、美元等多币种组合，兼具"湾区内跨境交通一卡通"功能。客户携带此卡可进行广东城市公交系统内的拍卡支付、"深圳通"公交地铁支付、消费应用，以及广深高铁拍卡进闸等操作，并可享受广东、香港、澳门三地跨境巴士和船票优惠。

农业银行发布《中国农业银行支持粤港澳大湾区建设发展的意见》，推出"农业银行燃梦大湾区版白金信用卡"（见图3-7），凭借"心中有梦、奋力攀登"的产品理念和白金高端礼遇吸引了众多青年群众。该产品实现了一卡畅游畅行大湾区，支持境外消费免货币转换费、大湾区部分地铁公交挥卡即过、港

图3-7 农业银行燃梦大湾区版白金信用卡

（图片来源：https://www.sohu.com/a/322724384_99901256）

澳地区消费每笔返3%、消费享免费境外漫游流量等，给往来大湾区的人们提供交通消费便利。并且围绕商旅出行、医疗健康、人文娱乐、购物美食配套丰富白金高端权益，满足人们对高品质生活的追求。

【案例分析】

如果从刚才我们所说的战略要素来分析，中国银行、工商银行、农业银行针对粤港澳大湾区的信用卡产品具备不同的差异化特点，因此形成了有利于自身的博弈策略。

◎ 业务是什么：三家商业银行都推出具备相应权益的信用卡，但服务对象和内容有所差别。

◎ 客户是谁，以及你能为他们提供什么：中国银行面向的客户是通用客户群，提供的权益是"食""住""行""购"的优惠；工商银行面向的客户是跨境商务和旅游等需求的群体，提供的权益是跨境购物、交通等优惠；农业银行面向的客户是青年群体，提供的权益则是青年客群所关心的货币转换、消费返现和境外漫游。

◎ 市场博弈手段：中国银行是与高端餐厅和酒店等商户合作，为消费者提供日常的优惠权益；工商银行在香港、澳门、广东和深圳四地同步产品，与交通部门如公交、地铁、高铁、巴士、船运等开展合作；农业银行与重点商户、电信部门展开合作，为客户提供所需的服务。

3.4 使命、愿景和价值观

战略与新产品开发中的所有活动都有关联。许多公司会将整体业务战略和创新战略区分开来，这是因为整体业务战略关注业务增长目标，其中包括提高股东价值的方法，比如合并、收购、再造和降成本项目。创新战略与整体业务战略的区分是因为满足新兴客户需求而要成功部署新的技术或拓展新的市场，通常都伴随着较大的风险。一个公司的总体目标体现在它的使命、愿景和价值观中。

3.4.1 使命

一个企业的使命被定义为这个公司的信条、理念、宗旨、商业原则，以及公司的信仰。使命声明的目的在于将员工的能量聚集于一组共同的目标。使命声明解释了为什么公司在做业务，以及什么是公司期望达成的。这描述了公司的中心目的、方向和范围。另一个对使命声明的描述是公司最终目标的表达，宣称公司的核心目的，如迪斯尼的使命声明是"为大众制造快乐"。

使命声明应该简洁明了，为的是传递公司的目的。言辞简单和直接的使命声明便于沟通、贯穿于组织的各个层级。当所有员工都明确公司的使命声明时，他们才更有可能开发出进一步促进公司利润增长的创意和产品。

3.4.2 愿景

愿景声明是公司整体战略的第二要素。愿景声明描绘了公司未来的画卷：公司怎样看待其在员工、客户、市场及其所运营的社区里未来的定位。愿景声明应该与产品和技术路线图结合使用，以便帮助公司勾画出能够达到其战略目的、面向未来的、具体的战术。

在通常情况下，商业战略是为公司的未来做3~5年的规划，而愿景声明和产品路线图可能要看得更远，某些情况下甚至是8~10年。比如，丰田在1989年规划了一款雷克萨斯豪华汽车。在研究了主要竞争对手，如奔驰、宝马和捷豹之后，丰田的愿景具体如下：超强的高速处理；低油耗、快而平稳的驾驶；超静音、轻便、优雅的造型；温暖而实用的内饰。这些声明在产品设计阶段用来筛选新产品，以便其与公司战略紧密结合。

有些时候，愿景声明和使命声明两者会有些混淆。这里澄清一下，愿景声明详细说明了公司计划做什么，而使命声明则解释了公司将怎么做。在很多情况下，愿景实际上不能完成，这是因为它着眼于遥远的未来。伴随着公司的成长，需要不断监控和调整公司在未来状态下的愿景，其可能在不同的竞争场合中获得成功。

案例3.4　"有温度的银行"的联名卡产品

案例背景

中信银行一直对外宣称的使命是"成为一家'有温度的银行'"。2018年年底，中信银行推出"中信银行-麦当劳联名卡产品"（见图3-8），将组织使命与麦当劳"让每位顾客轻松享受美味的时刻"的品牌承诺结合，为年轻的客户群体带来新的产品体验。中信银行麦当劳联名卡产品充分整合了双方资源，为持卡人带来独一无二的优惠体验，也将二者的合作推上了新的台阶。

图3-8　中信银行-麦当劳联名卡产品

（图片来源：http://www.bankbbs.com/index.php? ctl=bankinfo&act=show_item&id = 0ff626c1d921319f14877）

银行业产品管理实战精析

【案例分析】

战略是实现组织愿景和使命的手段,聚焦是战略的核心。中信银行选择与麦当劳合作,就是为了通过产品战略强化组织使命——"成为一家'有温度的银行'"。

中信集团是全国最大的综合业务公司,在全国各地都有网点,尤其是中信银行有1 400家网点。随着整体金融业务"下沉"趋势的推进,中信银行在三四线城市选址方面,对当地市场了解比较深入,这些信息和资源都可以与麦当劳(中国)共享。

另外,金融与消费密不可分,二者本身就蕴含着丰富的内在联系和互为加持的可能。中信集团旗下的中信银行和中信资本有着广泛的金融布局及丰富的海外市场服务经验,麦当劳则拥有庞大的国际网络和环球品牌价值。双方联名卡的产品既是强化双方组织使命的手段,又是开拓各自市场、强化品牌价值的有效方式。

3.4.3 价值观

价值观是指引一家公司的道德准则。从2001年美国的"安然事件"开始,关于道德问题,在过去的几年里我们已经听过了很多。从那时开始,美国政府制定了许多法规和条例以避免违反道德。比如,美国的《萨班斯—奥克斯利法案》。然而,模范式的领导才是一家公司可以秉持强大价值观的唯一正确的做法。

一家公司的高层管理者必须坚持垂范高尚的道德行为,这样做既鼓舞人心又为组织的道德行为做出榜样。价值观描述的是行为规范,以及在执行公司业务时所期望的员工行为。很多公司在员工的安全和规范遵循方面会包含价值观声明。

案例3.5 中国银联和招商银行的价值观缘起

案例背景

早年有一部叫《亮剑》的电视剧曾红遍大江南北,主人公李云龙曾说过一句话:"要有一股气势,要有一种拼到底的劲头,逢敌必亮剑。"这种精神在军队中叫军魂,如果用在企业中就叫价值观。李云龙说,一支部队的性格是由它的第一任军事主官注入的。同样地,企业的价值观往往是由创始人所决定的。这同样适用于今天的中国银联和招商银行,因为这两家金融机构的创始人中都有一个人——万建华。

万建华在五道口读研的时候,就和同学们一起编写了《中国金融改革战略探索提纲》,这就是大家后来所知的"中国金融改革蓝皮书"。后来与同学刘瑜一起起草了招商银行的申报报告和法律章程等文件,成立了国家从体制外推动银行业改革的第一家试点银行:招商银行,如图3-9所示。

图3-9　1987年4月8日招商银行成立

（图片来源：http://finance.sina.com.cn/meeting/2018-01-30/doc-ifyqzcxi3057906.shtml）

从1993年到2001年，万建华担任招商银行副行长、常务副行长。也就是从1993年起，招商银行发展开始起飞，从蛇口迁到深圳，率先从一家区域性银行走向全国。两年间，北京分行、广州分行、成都分行、沈阳分行相继开业；以"一卡通"为先导的零售业务发展战略在商业银行体系中独树一帜，闯出了一条区域性银行发展成为全国性商业银行的独特道路，为其他区域性股份制银行的发展提供了借鉴和参考，也奠定了招商银行在股份制商业银行中的地位。

2001年，万建华从深圳回到阔别8年的北京，负责组建中国银联，任中国银联筹备组组长。创业初期，待遇、工作和生活条件十分艰苦，团队仅10多名成员，筹备组设在西南二环的白纸坊。对于万建华从条件优越的招商银行来到一穷二白的中国银联筹备组的举动，熟悉他的人不太理解，但他毫无怨言，对中国银联的发展前景充满信心。2002年，80多家金融机构共同发起成立中国银联股份有限公司（见图3-10），并落户上海。

图3-10　2002年3月26日中国银联成立

（图片来源：http://www.sscf.sh.cn/sscf/infodetail/）

随着中国银联的运行，万建华也越来越坚信在未来商业银行朝零售业务发展的方向中，银行卡作为信息技术和金融服务的载体，市场将会前景广阔。从2001年至2007年，万建华担任中国银联党委书记、总裁和首任董事长。中国银联从最初服务各商业银行力求联网通用，到创建民族银行卡品牌、振兴中国银行卡产业，再到走出国门走向国际，只用了短短7年时间。

万建华说："创业者的人生，不是静止的，而是动态的、不断变幻的、不断组合的景色。创业生涯的感受与仕途不同，重要的不是高度，而是创业过程中丰富多彩的体验和一种满足感。"

【案例分析】

一家公司的高层管理者必须坚持垂范高尚的道德行为，这样做既鼓舞人心又为组织的道德行为做出榜样。万建华无疑就是用实际行动给中国银联和招商银行两家金融机构注入了企业价值观——"创业创新、丰富多彩"。

因此价值观描述的是行为规范，以及在执行公司业务时所期望的员工行为，这从中国银联和招商银行两家金融机构后来的发展轨迹就可以看出来。

3.5 战略框架

研究者对于有效的商业战略已经研究了数十年。哈佛大学商学院的迈克尔·波特是成功战略的最早研究者之一。波特的五力模型可能是最出名的，它描述了一家公司的竞争强度和市场吸引力的程度。在这里，市场吸引力指的是整个行业的盈利能力。

3.5.1 波特的战略框架

波特后来改进了五力模型，将三种通用战略方法包含在一个经典框架下（波特，1985），以解决市场吸引力的问题。波特的战略框架按照市场广度（行业）和公司的核心能力（独特性或成本领先）分类，展示了三种最成功的战略，如图3-11所示。

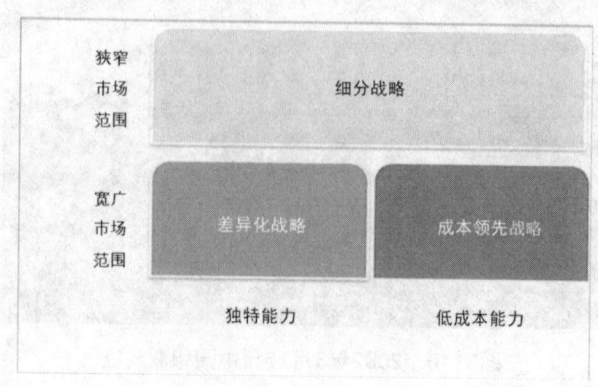

图3-11　波特的战略框架

波特在战略框架方面的工作为后来的研究者进一步研究具体的创新战略奠定了基础。你会看到，波特的经典战略框架中的基本主题反映在了后面所述库珀的五项技术战略（库珀，2013），以及迈尔斯和斯诺对变化的应对战略中（迈尔斯和斯诺，1978），这些将在本章的后续部分描述。

3.5.1.1 波特的成本领先战略

如图3-11所示，波特的成本领先战略往往结合运营和分销成本最小化的专业能力，有着广阔的市场聚焦点。这一战略框架是通过吸引关注成本的客户，或者所谓的"讨价还价者"来增加公司的市场份额。通常仅有很小比例的客户会仅仅通过商品或服务的价格来判断是否购买产品。买家对产品的感知往往包括以下几个方面：产品的使用价值、品牌忠诚度，或者使用一个特定的产品而带来的社会地位。比如，因为提供给客户的产品没有独特的差异化，客户也就感知不到其提供的特殊价值，所以这样的公司通常会遵循成本领先战略。

遵循成本领先战略的公司会努力提供较之竞争对手价格更为低廉的产品。为取得成本领先战略方面的成功，公司必须在如下方面取得优势：较之竞争对手更为低廉的运营成本，同时也要维持更为低廉的分销成本。成本领先战略在短期内可以使公司获得成功。然而，更低成本的竞争者通常利用现代的技术以甚至比现有制造商更为低廉的成本去制造和分销产品，这样就可以在任何时间进入市场。

通常达成成本领先战略有三种方法。

第一，公司可以有更高水平的产出。一般来讲，这意味着要利用运营规模并在经验曲线的低端运营。每单位生产设备的固定成本在下降，从而为公司降低整体产品成本。公司希望利用这些效应来获得市场上最低的生产成本，从而在一直维持盈利的同时，实现必要的市场规模，以便更好地匹配市场的最低价格要求。在成本领先战略下利润也因此相当微薄。

第二，公司可以通过提供"没有装饰"或"价值很小"的产品维持低廉的生产成本。功能很少的产品也可以帮助维持低廉的生产成本。公司同时也会遵循低廉的广告和分销模式，以及最小的研发投入。这种方法在短期内是有吸引力的，在这种战略下通过给它们的产品增加有吸引力的功能可以赢得竞争，并带来较高的利润率和更大的市场份额。

第三，公司可以优化供应链。最优化、低成本分销的一个很好的实例就是沃尔玛。沃尔玛属于采用消费性包装商品的大包装盒零售商。沃尔玛要求供货商提供标准化产品和实时的订单，从而使整体库存成本可以比竞争对手低很多。所以，公司利用成本领先的地位能够销售比众多竞争者更便宜的产品。

成本领先战略最大的弊病是产品和服务的质量通常会随着时间的推移而下降，为竞争对手留下进入市场的机会。比如，一个遵循成本领先战略的餐馆往往会鼓励餐桌的高周转率。这项策略不利于长时间的午餐商务会议，或者情侣一起喝咖啡、品甜点的场合。这样在市场细分领域里，客户可能感受到服务质量的低下。

然而，很多餐馆通过鼓励餐桌的高周转率做得相当成功。比如，那些在高流量的购物广场提供午餐、通过快捷的服务提供标准化质量食品的餐馆就获得了成功。

采用成本领先战略运作的公司通常开放性地接受低利润率。成本领先战略的另一个弊端是看重价格的买家往往不是品牌忠诚的消费者。如果一个竞争对手以更为低廉的价格提供了相似的产品或服务，精打细算的客户就会转而购买这一竞争对手的产品。遵循成本领先战略的公司通常被视为提供了低质量的商品和服务，并且因为公司以低利润率运作，所以创新通常会聚焦在制造和分销环节的优化上。

案例3.6　兴业银行独特的成本领先——机器人催收服务

案例背景

近年来，面对金融科技蓬勃发展的势头，兴业银行将信息科技的角色从支持保障向引领业务发展和促进经营模式转型，不断提升金融科技的战略地位，深入融合科技运用和金融创新，提高客户服务水平，增强市场竞争力。

该服务模式主要通过科技体制革新实现商业银行数据中心从传统的后台支持保障组织向专业化、产品化、市场化的专业服务组织转型。具体而言，就是在数据中心（服务提供方）、业务单位（客户）、合作单位（供应链企业）之间共建一个开放的生态环境，利用人力资源、流程和技术的有机贯穿构建互利共生的IT运营服务框架，为数据中心描绘一幅从运维到共享再到利润中心的路线图，促进科技和业务的融合发展。

以此为指导，兴业银行尝试新的激励约束机制，将长期以来作为成本中心的数据管理机构、研发机构视作利润中心进行考核，激发了员工的创新积极性；成立科技金融创新实验室，探索人工智能、区块链、生物识别等金融科技前沿，目前基于"区块链防伪平台"的合同管理系统已在多家分行投入使用，上线的信用卡机器人智能催收服务（见图3-12），可使催收效率提升40%，单户催收成本降低18%。

图3-12　兴业银行的信用卡智能催收机器人

（图片来源：http://www.ecovacs-c.com/information/detail?　id=201712075a28cf99c8500）

【案例分析】

兴业银行的信用卡智能催收机器人是采用金融科技、实现成本领先战略的业内案例。这个科技成果能大幅节省逾期催收的人工成本。兴业银行通过尝试新的激励约束机制来节约成本，将作为成本中心的数据管理机构、研发机构视作利润中心进行考核，激发了员工的创新积极性，奠定了金融科技成果实现成本领先的基础。

3.5.1.2 波特的差异化战略

正如成本领先战略那样，波特的差异化战略同样关注广阔的市场基础（见图3-11）。在差异化战略情形下，公司通过交付优越和独特的客户体验赢得市场份额和忠诚的客户。客户体验到超值的产品和服务，并且产品较之最近的竞争者在一个或多个方面有差异。

差异化产品的案例包括耐克运动鞋、雷克萨斯汽车和星巴克咖啡。这些产品没有定位在关注成本的消费者上。在很多情况下，产品是通过客户在产品使用过程中感知到的状态而生成差异化的。像耐克这样的公司，能够聚焦在竞争不太激烈的市场细分领域，这个领域有具体的客户需求，但这些需求在市场上还未得到满足。在其他情况下，率先面市的产品或服务可以在新兴市场作为差异化产品而赢得立足之地。

让我们来看一下星巴克。几乎每个人都可以售卖咖啡，但星巴克交付的独特客户体验就是其品质保证。星巴克的核心是其独特的客户体验，而客户体验是其客户服务模式下培训出来的咖啡师所提供的。星巴克服务于认可其品牌价值的目标细分市场。通常，像星巴克这样的公司，遵循难以效仿的差异化战略，其核心往往是一套商业模式或产品概念。这种商业模式的要素可能包括知识产权的保护、独有的技术经验或创新的流程。

差异化战略的一个主要弊端是公司必须让客户认可其独特的价值主张。所以上市时间至关重要，这样才能在新兴市场导入新产品或服务，并在上市的早期建立品牌忠诚度。请注意，如果不能持续创新和交付新的产品或服务去替代原有创新产品，公司则会面临仅仅能维持短期利益的风险。

差异化战略的另一个弊端是，如果没有选对客户价值，产品可能不会在市场上获得成功。比如，在20世纪90年代后期，苹果曾投资具有手写识别功能的"牛顿个人资料助理"。由于消费者没有接受苹果广告里所宣传的价值主张，这项产品没能够赢得青睐。这个设备太大、太昂贵，并且手写能力也不足。

作为一项战略，差异化战略通过新产品开发赢得长远成功，是最为成功的方式之一。差异化战略注重广阔的市场基础和交付独特的客户体验。

案例3.7 民生银行的差异化战略产品——国宝系列主题信用卡

案例背景

近年来,"传统文化"热度日趋高涨。为顺应国家提升中华文化影响力的政策趋势,结合市场热点,各家银行纷纷推出"传统文化"产品,成为现代消费金融与传统历史文化连接的纽带。

其中,民生银行信用卡中心力求差异化,推出国宝系列主题信用卡,如图3-13所示。该系列共甄选十余件国宝重器——越王勾践剑、兵马俑、大玉龙、掐丝珐琅缠枝花纹盏托、辅首衔环、兰亭集序、四羊方尊、金瓯永固杯、铜镀金蓝瓷奖杯式钟等蜚声海内外的文物珍品均被收录在此系列中。这是一套极尽工艺之能事的艺术品,是有较大市场区分度的"诚意"产品。

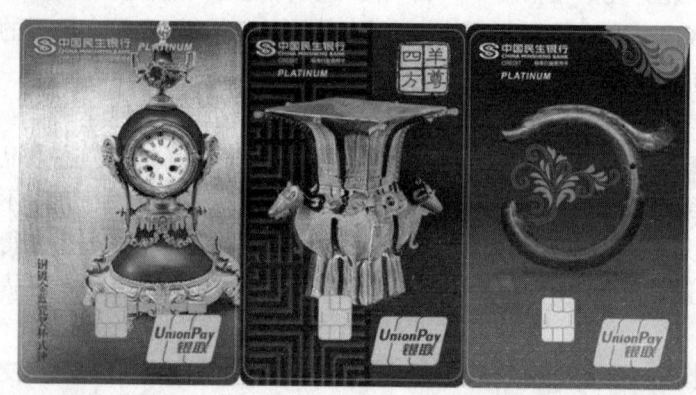

图3-13 民生银行国宝系列主题信用卡

(图片来源:https://weibo.com/2457425731/HjpbH4RJA?type=comment#_rnd1586152266138)

【案例分析】

民生银行的国宝系列主题信用卡通过差异化产品战略交付优越和独特的客户体验,从而赢得市场份额和忠诚的客户。客户体验到的不仅仅是银行卡权益,还有文化鉴赏,从而得到超值的产品和服务,与同类产品形成明显的差异。

3.5.1.3 波特的细分战略

波特的细分战略也被称为"聚焦战略"或"战略范围"。不像成本领先和差异化战略那样瞄准广阔的市场,细分战略聚焦于小范围的市场(见图3-11)。正是这种有限的聚焦促成了成功的商业战略。

通过小范围的关注,公司能够对关键市场深入了解。也就是说,公司比其他直接竞争者更加理解市场上的目标客户群。这些目标市场细分是截然不同的客户群,他们有着非常具体的需求。在波特的细分战略下，公司往往通过把市场营销力量聚焦到仅一个或两个专门的市场，来取得竞争优势。一个明确的优势在于我们可以获得对于目标客户的深入理解，并比任何其他竞争者都能更好地窥测客户的需求，从而带来高度客制化的开发产品。

在细分战略里，公司的关注点在于通过卓越的产品创新或品牌营销交付竞争优势。在这里请注意与成本领先战略的区别。例如，在成本领先战略里，公司的运营和供应链效率应该名列前茅。在聚焦战略下，公司可能为客户提供独特的能力或较之竞争者更为显著的成本优势（见图3-11）。清晰市场细分的高聚焦度通常会激发很高的客户忠诚度。

细分战略的一个弊端在于业务是依赖于狭小目标市场的健康程度的。如果这个市场开始下滑，那么业务就不能维持其长期的优势。有时新的技术会代替现有技术，导致了行业的整体下滑。例如，柯达和富士在摄影胶片制造上曾有突出优势。随着专业摄影师和低ISO胶片在小众市场的发展，制造商们能够专注于高利润产品线的目标细分市场。然而，当数码摄影技术占领了这个行业时，胶片市场开始下滑，并且细分战略对于柯达或富士来说也不再有效。从本质上来讲，比竞争对手更好地了解客户所带来的效益在面临新技术时被化解掉了。

另一个采用细分战略成功的案例是万科公司（中国）和塔塔汽车公司（印度，简称塔塔）。万科公司是我们所熟知的，它专注于住宅开发，成为中国住宅市场的领导品牌。塔塔制造了纳米汽车，它非常了解作为普通印度家庭对运输工具（低廉、安全的车辆）的需求。同时，塔塔改革了汽车销售的业务流程：很多新客户在购买车辆时还没有驾照，于是塔塔在其纳米汽车的销售网点同时提供了驾驶课程。

案例3.8 招商银行的哆啦A梦声音卡

案例背景

2018年10月，招商银行信用卡中心在现有哆啦A梦粉丝卡系列产品的基础上，重磅推出"哆啦A梦声音卡"，如图3-14所示。该卡为业内首张IP主题声音卡，并创新性地支持客户在完成线下支付过程中发出哆啦A梦经典背景音乐，是招商银行信用卡在IP特性与卡面工艺结合的一次全新尝试。

哆啦A梦声音卡刚刚推出，就引发众多哆啦A梦粉丝的强烈共鸣和热情讨论，并在抖音、微博等年轻人聚集的社交媒体上形成高流量传播。仅抖音平台相关视频的播放量就超过2 000万次，获得了年轻客户的广泛传播与好评。

图3-14 招商银行的哆啦A梦声音卡

（图片来源：https://www.sohu.com/a/270758842_398139）

【案例分析】

招商银行信用卡中心的产品战略就是刚才我们所说的市场细分战略。其产品仅仅是针对细分的哆啦A梦粉丝年轻群体，并且迎合这个细分客户群体，产品有以下三个关键特性。

（1）与抖音和微博合作，形成年轻人的高流量传播，迎合年轻人爱炫耀的心理需求。

（2）产品不是长方形的传统卡片形状，而是改成了精心设计的异形卡片，迎合年轻人追求"另类"的需求。

（3）卡片除正常的银行卡权益外，还享有开卡可获得哆啦A梦限量款拉杆箱300元优惠券，以及在潮宏基全国门店购买哆啦A梦系列珠宝首饰可享受8.8折惊喜优惠。

由上可以看出，产品战略没有好坏之分，适合业务特点和客户需求才是最重要的。

3.5.2 库珀的战略框架

另一种创新战略的框架来自库珀，如图3-15所示。经典的波特战略框架以市场规模和公司竞争力来分类，而库珀的战略框架是以技术和市场契合度的参数来建模的。接下来，你将会注意到这些战略的相似性。

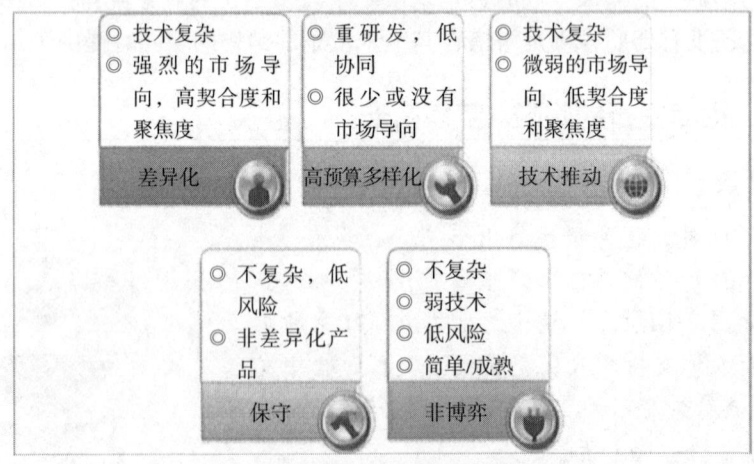

图3-15 库珀的战略框架

库珀的工作是从优于其竞争对手的业务中找到战略主题。再次说明一下，这种方法探讨了战略一致性的技术和市场维度。这些战略主题包括：

（1）聚焦于一个或几个关键领域。

（2）以技术为驱动的战略。

(3)明确的市场导向，高契合度和聚焦度，关注客户需要。

(4)进攻导向（也就是，瞄准市场份额增长的定位，而不是简单地保护市场地位的防御姿态）。

3.5.2.1 库珀的差异化战略

在这个战略里，公司是以有吸引力的、高增长的、高潜力的市场为目标，并结合高价格和卓越产品。新产品之间相互紧密关联，并且公司的重点在于交付高质量的产品，通过为消费者提供独特的特性和利益来满足客户的需求。其聚焦点是交付独特的、卓越的产品，并提供引人瞩目的客户价值主张。注意这一战略和前面描述的波特差异化战略是相似的。

不难想象，库珀的差异化战略往往能带来最大的创新成功（成功的度量标准是新产品销售、上市成功率和盈利能力等）。成功使用差异化战略的公司能保持对客户基础的深入理解，这些公司通常也仅在充分识别客户需求后才开始新产品的开发。

库珀的差异化战略高度契合和专注客户需求，而且这是贯穿开发过程始终的，包括了开发前、中、后三个阶段。技术维度同样也高度聚焦于由既定的客户需要而引入的战略机会。在利用最新的先进技术来交付满足市场需求的创新产品时，技术研究和产品开发的工作往往是复杂的。

3.5.2.2 库珀的高预算多元化战略

持续专注于技术开发就是高预算多元化战略。因为研发的工作是众多而零散的，库珀称其为"瓷器店里的公牛"战略。高预算多元化战略几乎就是差异化战略的对立面，它有如下特点：在研发方面大量投入，但在研发工作上没有强烈的聚焦；新产品的成功概率低，而开发成本却很高；在开发工作中很少关注市场和客户的需求，因此与竞争对手相比，这一战略通常会导致表现较差的创新绩效。

3.5.2.3 库珀的技术推动战略

技术推动战略是最为普遍的战略，约 $1/4$ 业务都有意无意地应用了此战略。和差异化战略类似，这些公司有着技术复杂的、高水平创新理念的新产品开发工作。新产品的技术复杂，但其整体的创新工作由业务的技术方面所主导。就像高预算多元化战略一样，缺乏对市场的关注。

技术推动战略存在诸多问题。例如，客户可能不采用新技术，新产品也可能是分散的，不具有吸引力的市场难以获取成功。我们可以考虑一下，技术推动战略在不了解消费者需求的情况下就去开发新产品，这对市场营销来说是一个很大的挑战。因为后续往往需要大力拓展市场，进行广告战，并说服消费者需要、想要，或者渴望这款已经制造完成的新产品，不难想象这将花费大量的营销成本。遵循技术推动战略的公司有可能只有"平均"的创新绩效。

案例3.9　中信银行的VR客服

案例背景

中信银行在业内首推VR客服，开启多媒体服务的新纪元，启动沉浸式体验服务，让客户不仅可以"身临其境"，还可以"实时互动"。这无疑是业内信用卡服务的又一次创新。

中信银行信用卡中心采用时下热门的VR技术，打造二次元客服实验室，如图3-16所示。在客服实验室中，持卡人可以与五位在线客服进行互动，并可根据自己的喜好进行选择。VR客服共有六个板块，分别是办卡咨询、查找还款、积分优惠、分期借款、增值服务和常见问题。

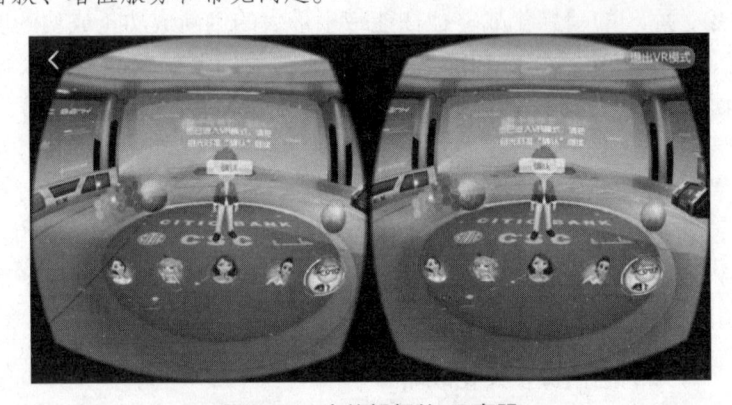

图3-16　中信银行的VR客服

（图片来源：https://m.sohu.com/a/237235088_660486）

VR客服的应用，是中信银行信用卡服务模式一次全新的探索，使其成为首家推出VR服务的金融企业。

【案例分析】

中信银行的VR客服是应用库珀的技术推动战略的案例。VR客服新产品由业务的技术方面所主导。VR技术是指借助计算机及最新传感器技术创造的一种崭新的人机交互手段。中信银行结合VR技术和客户服务，给客户提供全新的沉浸式体验服务。

3.5.2.4　库珀的保守战略

伴随着有限研发投入的低风险战略被称为保守战略。产品开发工作与现有产品线紧密相关，研发主要聚集于公司熟悉的领域。由此创造的产品很多都是复制品，或者"我也有"的产品，在竞争者当中只有微弱的优势。

库珀的保守战略和波特的细分战略有一些相同的特征。比如，公司非常熟悉新产品的技术，并且市场聚焦范围比较小。新产品展示出了与现有制造、分销和营销组件很强的协同作用。因为该战略缺少创新的长远目光，盈利没有达到最大化，所以保守战略的回报是适中的。

3.5.2.5 库珀的非博弈战略

最后，我们看一下库珀的非博弈战略。这一战略类似于将在本章后面讨论的迈尔斯和斯诺的反应者战略。非博弈战略趋向于生产复制品和"我也有"的产品（类似于保守战略），同时不能在新产品和现有生产过程之间建立联系。技术开发是不复杂的，与竞争者的定位相似。

从市场的角度看，非博弈战略无法在公司已有的客户基础上进行投资，并可能导致产品严重偏离其核心业务。所以，虽然技术开发工作风险低，而在市场方面风险却很高，这是因为在很多情况下，公司进入了其不熟悉的领域。

非博弈战略采用了防御姿态，并没有积极地追求新产品创新。正如我们可以预期的，遵循非博弈战略的公司其很多新产品会在商业市场上失利，绩效也会相当低下。

3.5.3 迈尔斯和斯诺的战略框架

雷蒙德·迈尔斯和查尔斯·斯诺在20世纪70年代后期研究了组织如何应对环境的变化。他们的研究起初聚焦于医院（根据美国新医保规定）、高校教材出版（根据行业调整），以及食品加工（根据技术应用的广泛变化）（迈尔斯和斯诺，1978）。迈尔斯和斯诺的研究引入了一个分类过程，以对在一个行业内不同的公司将怎样适应大规模的变化进行分类。因此，迈尔斯和斯诺的战略框架关注的是公司怎样适应变化，如图3-17所示。

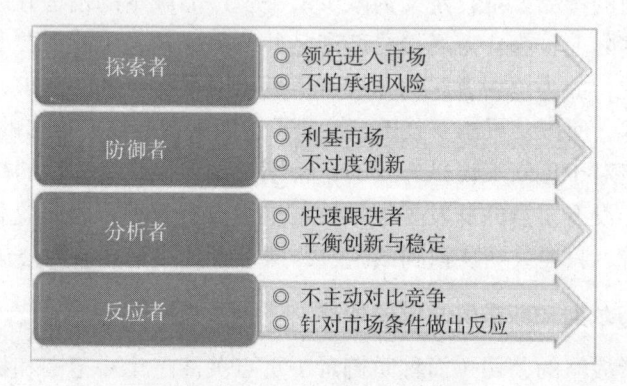

探索者	○ 领先进入市场 ○ 不怕承担风险
防御者	○ 利基市场 ○ 不过度创新
分析者	○ 快速跟进者 ○ 平衡创新与稳定
反应者	○ 不主动对比竞争 ○ 针对市场条件做出反应

图3-17 迈尔斯和斯诺的战略框架

公司怎样应对变化包括公司怎样在市场上应对入侵，以及它愿意承受的风险。所以，迈尔斯和斯诺的框架对于描述新产品开发的战略方法同样有用。公司所面临的主要问题是行政问题和工程问题。前者包括市场和分销，而后者包括制造和技术

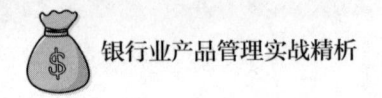

开发。

你将会注意到迈尔斯和斯诺的框架与前面讨论的波特和库珀的框架有些相似之处。注意，公司可能在一个业务单元中使用一种战略框架，而在另一个有不同产品和市场的业务单元中使用另一个战略框架。这并不罕见，所以理解不同的创新和商业战略，以及战略方法可能在一些实例中会产生重叠的事实是很重要的。

迈尔斯和斯诺应对环境变化的四种适应方法：探索者、防御者、分析者和反应者。

3.5.3.1 迈尔斯和斯诺的探索者战略

遵循迈尔斯和斯诺探索者战略的公司（简称探索者）更能"容忍"风险，并热衷于开拓市场机会。从技术角度看，探索者会采用灵活的、多重推动的开发原型技术。所以，探索者战略和库珀的高预算多元化和技术推动战略有着相似之处。

简而言之，运用新技术领先进入市场的公司通常会遵循探索者战略。探索者高度重视速度，并且会积极地寻求新的机会、新的市场和新的技术。公司不怕承担风险，通常为边缘客户首先引入新的产品，而这些客户往往愿意花更多的钱来获得拥有新技术的特权。

因为领先进入市场在整个产品的生命周期里往往会积累较高的市场份额，所以探索者战略可能是非常成功的。然而，将近50%的领先进入市场的产品输在商业化上。因为探索者的产品开发采用的是新技术，探索者必须准备好去教育客户如何使用新产品。正如技术推动战略那样，为没有确定客户需求的新产品去做营销和广告，其成本将会非常高。

进一步来说，当公司开始理解客户对新技术的需求时，每个新产品的进入将会"蚕食"掉先前的产品。蚕食定义为减少上一个产品版本的销售并以最新版本的销售取而代之。实际上，为让市场接受新产品并取得成功，可能需要经历不下于四代新产品。比如说，因为消费者起初并没有表现出对平板电脑的需求，并且这一产品有很多新的技术，所以苹果第一代iPad就是通过探索者战略来推出的。

探索者战略对于创新来说是有效的，特别是颠覆性或突破性的想法。另外，探索者会发现由于没有重点的开发工作导致了组织没有效率，因此盈利最大化是困难的。从长远来看，只要公司认识到该风险，探索者战略是能够为公司盈利的。

3.5.3.2 迈尔斯和斯诺的防御者战略

遵循防御者战略的公司（简称防御者）重点关注一个小范围和稳定的领域。公司符合成本效益，往往在其运营中利用垂直整合来最大化盈利率。防御者持续关注核心能力，或者一项单一的技术。总体来说，防御者会抵制激进的开发工作，但对竞争威胁会做出迅速和强势的反应。你会注意到防御者战略结合了波特的细分战略和成本领先战略，并和库珀的保守战略有着共同的特征。

防御者拥有全面的市场和完整的产品线，提供了所有可能的颜色、大小和功能插件。因为防御者厌恶风险，特别是与其运营相关的风险，防御者将会很少在其熟悉的市场之外的领域竞争。注意这种战略在风险承受和研发活动方面与迈尔斯和斯诺的探索者战略的对比。

对防御者来说，新产品的创新主要关注产品的改进，并且从技术的角度来说通常不会太复杂。在公司可能拥有几近垄断的市场份额情况下，这种战略能够成功。产品和服务包通常是和业务联系在一起的，以建立服务于特定市场的优势。同时防御者在卓越制造方面高于平均水平，它们非常重视其工厂稳定状态的运作。

例如，美国的通用、雪佛兰和道奇皮卡是主要的防御者产品，这些产品很少有颠覆式创新，目标市场也很少变化，并且新产品通常都是现有产品线的简单扩展。开发工作通常会专注于增加不需要大量的基础性研究并致力于改变游戏规则的功能。

基于市场的稳定性，从长远来看，防御者战略能够成功。很多防御者战略的成功来自谨慎的财务和运营规划。

3.5.3.3 迈尔斯和斯诺的分析者战略

分析者战略是在探索者战略和防御者战略优先级之间找到平衡。攻击路线在某种程度上比探索者战略更加保守，但比防御者战略更加能承受风险。分析者战略适合于混合的领域，开发支持现有产品线的技术方案，并关注新的市场机会。

遵循分析者战略的公司（简称分析者）通常会快速跟随探索者，在第一时间导入模仿的产品，因此有时称之为"快速跟进者"战略。相比探索者战略，分析者战略的风险承受力更低，但对生产质量的关注度更高，这通常能带来显著的市场份额。而且，分析者往往能后来居上，因为在探索者最初导入的、领先进入市场的产品里，客户通常会发现一些瑕疵，而分析者很可能找到生产新产品的低开销方法或能消除产品瑕疵的方法。所以从长远来看，分析者能够获得高收益。正常情况下，相比领先进入市场的产品而言，"快速跟进者"战略引入的新产品至少有一项具有竞争力的优势，而这会让产品消费者更愿意花钱去买。

从长远的角度看，分析者能够获得成功，这是因为分析者在新产品开发（具有高质量生产）的风险和稳定的业务流程之间做出了平衡。密切监视竞争者的动向对分析者的成功是很重要的。本田和日产的混合动力车就是分析者产品的例子，该产品的导入是为了应对丰田普瑞斯，同时还提供了消费者想要的和期望的新功能。

3.5.3.4 迈尔斯和斯诺的反应者战略

迈尔斯和斯诺的反应者战略从长远来看，是一个不太成功的战略。采用反应者战略的公司（简称反应者）通常是历经了行业、市场或内部商业领导的重大变革。所以，公司没有明确的战略目的和目标，并且在应对市场变化时，公司往往采用分散的、非系统化的技术开发和市场进入方法。例如，当发现已有产品的销量下降时，或其他各种原因（如觉察到的竞争优势或管理者偏好），反应者通常会简单地启动新产品的开发。

反应者会频繁地推出很多不紧密相关的产品，并且在某种程度上会采用随机的方法来进行研发和市场开发活动。有时，我们戏称反应者战略根本不是一项真正的战略。雪佛兰汽车就是一个采用反应者战略的产品案例。通用汽车是美国汽车行业的巨人，当它看到了森林人和其他电力混合动力车的销售情况时，作为反应，推出了雪佛兰Volt产品。

可是雪佛兰Volt产品的技术设计很糟糕，因此导致了汽车被召回，与其他更具侵略性的对手相比，其销售情况非常低迷。反应者战略因其对市场的变化反应太慢，并且也不愿意为了新产品线（像雪佛兰Volt那样的混合动力汽车）而破坏其基础业务（雪佛兰的皮卡汽车），因此经常导致失败。另外，就像推出混合动力汽车的雪佛兰那样，一个公司可能认识到了竞争威胁，但在新的市场上却拥有很少的经验。在没有相应的背景研究或没有设定清楚的商业目标时，就在新市场上推出产品，这样给公司所带来的商业结果通常是前景暗淡的。

因为实现商业目的通常采用分散的、非系统化的方法，反应者战略长期来看很难成功。正如前面讨论的那样，对市场和环境简单反应的公司通常是一家在其领导层历经了显著变革的公司。兼并的公司通常会经历一段遵循反应者战略的时期，直到其发展成为能交付强大、清晰、简明的商业目标的公司。然而，如果公司不能快速地做到那样的演进，它就不可能在行业内持续成为积极的、有竞争力的商业参与者。

案例3.10　广发银行的女性探索者战略

案例背景

随着"女性经济"的兴起和升温，城市女性对多元化、高品质的生活消费需求越来越大，她们在经济与心理上更加独立自主，且追求高品位的生活。广发银行专门针对女性发行了国内首张女性专用信用卡——广发真情卡，如图3-18所示，专供高品位、高收入且具有消费实力的现代白领女性使用。

图3-18　广发银行女性专属真情卡
（图片来源：https://guangfa.kameng.com/news98419/）

广发真情卡所有的功能优惠设计，都是从真情卡"自主、自立、自信"的品牌个性出发，让持卡人得以享有真正自主选择的权利，使真情卡的功能优惠更加贴近客户的需求，贴心的服务赢取了持卡人的认同。

2014年广发银行抓住市场需求,通过真情卡平台,与HR赫莲娜、阿玛尼、SK-II、纪梵希、万豪、佐丹奴女装、百丽、GODIVA、Folli Follie、芒果网等众多知名品牌合作,为金钻、银钻、粉钻三个级别客户提供涵盖护肤彩妆、服饰鞋包、饕餮美食、珠宝首饰及旅游度假等全方位的服务与优惠,每个季度为客户提供免费美容课堂及面部护理活动、新品免费试用、自助餐买一送一优惠等多重会员专享服务。

【案例分析】

广发银行是国内首家推出女性专属银行卡的金融机构,第一个"吃螃蟹"的人通常更能容忍风险,并热衷于开拓市场机会,因此广发银行的产品战略是迈尔斯和斯诺的探索者战略。从技术角度看,广发银行也善于"拥抱"新技术,尝试新的创意,推动全新的产品原型。

3.5.4　五个支撑战略

3.5.4.1　产品平台战略

商业长期的成功不是依赖于单一产品的上市,而是要为市场不断开发和导入持续的产品流水线。以核心科技为驱动,开发产品并投放到新的市场会让公司不断从创新中获利。

产品平台定义为一组子系统和接口,其形成的通用结构能够有效开发和生产衍生的产品流。因为拥有核心技术的平台会产出很多互相关联的产品成果(产品家族),所以术语"产品家族"通常是和产品平台互换使用的。另一个对于产品平台的定义为底层结构或基础架构,其通常跨越一组产品,将成为未来一系列产品的基础,并在未来几年进行商业化。

所以,产品平台包括有形的、核心的技术,比如,一种用于整个食品产品系列的配料,也包括无形的技术,比如,一组编程代码和架构,或者用于一系列以云为基础的软件产品的数据库管理协议。

理解产品平台的关键在于基础的技术发明被重用、重新定位的目的,以及操控多个产品、产品线和市场间的平衡经营。

使用产品平台进行创新的优势之一是它可以最优化使用制造能力和公司其他资源。另外,这些核心产品构造模块能够带来战略优势。产品平台是作为演进的实体被管理的,在演进过程中,设计组件是在一组产品中共享的。这一产品系列中规划了新产品的导入,这样就能够从核心技术的基础上有效产出一些衍生产品。

举个汽车行业平台产品的例子。汽车的发动机、变速器和底盘的整体变化是不常见的,可能每5~10年才有变化。然而,每年都会发布新款车型,这些都是建立在发动机、变速器和底盘的基础技术之上的。这些款式甚至可能有着显著的外形变化,尽管发动机、变速器和底盘的(平台的)核心技术会在日常工作中改进,但不会频繁地更新。这样就可以简化制造过程,同时也节省了资本投资。

使用产品平台进行新产品开发的优点包括以下几点:
◎ 公司和客户能清楚地了解产品平台的基本要素。
◎ 这种产品平台的核心技术的定义与公司其他平台或其他竞争者的平台有着明确的区别。
◎ 产品平台提供了较之其他竞争者来说,中长期的、可持续的优势。
◎ 单一的产品平台能够服务于单一的市场或市场细分领域。

此外,产品平台被用来定义产品平台战略,以便确定核心技术的构建模块、设计平台架构,以及开发产品系列中内在的衍生产品的路线图。

1. 产品平台的原则

因为在创新工作中使用产品平台有很多优点,所以公司能有效地基于产品族进行新产品开发的规划和管理。围绕着产品平台,跨职能的产品开发团队能更好地同步在一起,发展专业技能,市场活动也都是针对明确定义和熟知的客户细分领域。

如上面所说,因为衍生产品不需要较大的资本投资,因此通过使用产品平台,制造过程可以做到流水线化。关于制造方面的考虑应被整合到产品规划过程里,这样产品平台能够使生产系统同步设计,由此产生的集成制造设计可以使新产品更快投入市场。

而且,当从产品平台的角度去观察时,往往可以看到基于全球的市场。单一的新产品可能仅仅关注狭隘的目标市场,甚至可能是一个地理位置受限的市场。为了利润的优化,产品平台必须定位于最大的可用市场。新产品开发团队在开源技术上和市场活动中有必要放眼全球,定位国际舞台。

因为产品平台要导入更为广阔的市场,因此客户的反馈对于下一代产品、衍生产品的开发来说是重要的,因为反馈经常能协助开发团队识别潜在的、未能满足的客户需求。通过产品家族或特定的市场细分领域里的衍生产品,能轻易地增加和测试产品特性。因为很多产品的成功依赖于以高质量的核心科技来满足客户的需求,遵循产品平台战略的产品开发工作必须细致观察市场的发展趋势。

通过引入产品平台能够简化公司的产品组合。如后面所讨论的那样(产品组合管理),大多数公司发现它们正在做太多的低价值项目并且使公司稀缺的开发资源更加紧张。产品平台带来了简洁的设计并最终能更好地利用稀缺的产品开发资源。

产品平台允许使用模块化的结构,这对于制造者和消费者来说是另一种非常重要的简洁。模块化结构的一个实例是特斯拉的电动车。特斯拉销售了很多不同型号的电动车,但是统一的可替换电池可用到各种车型中。这能让电动车的交付系统按照模块化的方式进行设计和安装。因此,通过使用或重复使用核心技术构造模块,一个产品系列的产品制造成本和资本投资将会最小化。

2. 产品路线图

应用产品路线图通常有助于可视化的沟通产品平台。产品路线图是确定满足未来技术和市场需求的多个必要步骤的图形化过程。它能代表外部各方（如客户和供应商）的产品。另外，产品路线图可能是内部文档，展现了产品开发团队的战略发展计划。

产品路线图是产品平台战略的一种可视化展现，并且可能展示了3~10年内的产品、市场或技术路径。它对于最初平台产品和后续衍生产品的技术和市场规划特别有用。

产品路线图也可以作为销售人员与客户或分销商分享的有用工具，以此来提升品牌忠诚度。而且，产品路线图对于开发团队规划他们的工作，以及在行业内跟踪技术方向，都是一项极为重要的工具。

总结一下，利用产品平台战略来进行新产品开发的好处是非常多的。再次重申，决定性技术是增强公司关键能力的核心构造模块。同样地，单一产品的独特差异性源于产品平台，而不是源于产品平台的单个产品。通用架构是一个永恒的话题，涉及整个产品家族。

3. 产品平台的优点

因为产品平台的开发有具体的计划，并且衍生产品是精心规划在既定时间框架内的，所以管理层能够关注合适时间的关键决策。例如，管理层必须针对产品功能和市场细分做出决策。此外，衍生产品通常在单个产品的时间框架内集中推出，而底层产品平台在产生盈利的市场上持续保持不变。产品制造在市场发布前就已进行良好的规划。这样，资本投资、销售和分销的决策就可以通过及时、合理的方式来制定。

同时，衍生产品能持续、快速地部署。例如，苹果每年发布一款新产品，如iPhone X及其衍生产品，整个第二代产品发布的品牌影响力为其带来了进一步的利益。

产品平台战略还可以通过产品路线图从长远的角度来审视产品规划的过程。长期的专注能为公司带来最佳的整体创新水平和盈利能力。利用产品路线图并结合产品平台开发工作去描绘未来衍生产品的上市也能优化公司的资源利用。

产品路线图清楚地描述了管理层什么时间必须考虑更换主要的产品平台。例如，对于柯达来说，产品路线图清楚地展示了一次性相机需要商业化的时间点。这使柯达的制造和开发团队能够从长远的角度来审视产品规划。

4. 产品平台战略的另一种观点

如上面讨论的那样，应用产品平台战略有很多优点。在通常情况下，公司会专注于单一市场内的单一产品平台。然而，也有对单一市场提供多个产品平台的不同观点。在既定市场只利用单一产品平台可能会为竞争对手留下机会。例如，单一的平台产品可能不足以解决多个细分市场或目标市场客户基础的问题。

然而，同时工作在多个产品平台可能会延迟开发并同时会制约竞争能力。扩展资源去更新初始平台产品可能会导致漫长的开发时间和衍生产品的延期上市。另一个关于单一市场的多产品平台的争论是当众多产品提供的功能和利益有很多相似之处时，客户会产生疑惑。

整体来讲，产品平台战略对新产品开发工作来说，是有效的。结合高效研发、生产投资和运营效益，产品平台战略能利用水平和垂直的市场杠杆。

案例3.11　兴业银行、科大讯飞和京东金融打造物联网金融平台

案例背景

近年来，人工智能在全球范围内蓬勃兴起，语音交互、人脸识别等技术与传统金融业务快速结合，在推动金融业态转变的同时，也给商业银行带来了新机遇。2018年，兴业银行、科大讯飞、京东金融在北京签署战略合作协议，三方联手成立"AI家庭智慧银行联合实验室"，建立"金融智能语音硬件产业联盟"，共同布局物联网金融。

三家机构联合开发推出首台搭载金融服务功能的智能音箱——"兴业银行智能金融叮咚音箱"。此音箱可为兴业银行的零售客户提供账务查询、信用卡在线分期、智能语音客服等金融服务，其背后的技术是以科大讯飞语音云平台为基础的。

这款智能音箱具备两款功能：

（1）"家庭智慧银行"：以语音作为兴业"家庭智慧银行"的新入口，向兴业银行客户提供智能语音在线交互办理等功能服务。具体包括注册、登录、绑卡、账务信息查询、信用卡业务语音办理等功能，如图3-19所示。

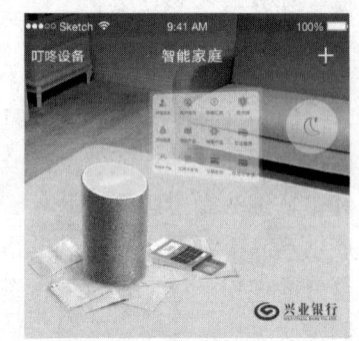

图3-19　兴业"家庭智慧银行"

（图片来源：https://www.sohu.com/a/217625618_473283）

（2）"虚拟营业厅"：基于叮咚音箱共同开发的兴业银行"虚拟营业厅"语音客服业务，为银行客户提供智能语音客户服务，具体包括兴业银行问题知识库内容问答功能、营业厅预约排队功能、客户经理电话预约功能等。

智能音箱作为智能家庭的入口级产品，使得银行能够将服务从营业厅迁到"客厅"，解决了银行营业厅的业务压力。

兴业银行、科大讯飞、京东金融三方还宣布共同建立"AI家庭智慧银行联合实验室"，致力于开发、定义家庭银行更广泛的应用，充分发挥参与各方在支付领域、云服务等方面的优势，共同探讨物联网支付业务的流程设计及应用等，未来可

实现将支付账户绑定到智能家居等各类AI硬件设备上，使客户利用AI技术简单、便捷、安全地完成交易和支付。

具体而言，AI家庭智慧银行联合实验室将充分挖掘利用家庭银行采集到的客户数据，构建"家庭智慧银行客户洞察平台"，在分析并了解客户居家行为大数据后，向客户提供高度个性化，并真正投其所好的金融产品和服务。

【案例分析】

兴业银行、科大讯飞、京东金融联合打造的物联网金融平台实际上是一个客户洞察平台，通过类似智能音箱等各类AI硬件设备，使客户利用AI技术简单、便捷、安全地完成交易和支付，并在这个基础上了解客户居家行为大数据后，向客户提供高度个性化，并真正投其所好的金融产品和服务。这无疑是"金融+AI"产品平台的典型案例。

5. 建设产品平台战略的步骤

（1）细分市场。

波特的细分战略是聚焦小范围的市场，并在这个目标客户群中建立客户忠诚度。简单来说，市场细分是一群客户或潜在客户，他们有着共同的购买模式或特征。例如，对摄影感兴趣但还不能使用昂贵相机的小孩，可能是柯达一次性相机的目标市场。另一个市场细分包括喜欢浮潜或潜水并想在水下照相，但还负担不起昂贵设备（这些设备的主要作用是保护普通相机的齿轮）的人。

除了高收益、高质量的市场，同样重要的是要看到"低端市场"——较低成本、较低质量的客户细分市场。在许多行业，低端市场体量很大，因此盈利度比高端市场更为可观。比如，客户可能更喜欢有少数功能的简单或便利的产品。另外，少数功能产品的价格也会更具吸引力，以鼓励大量的客户去购买。

（2）确定增长领域。

确定增长领域通常有三种考虑。首先，现有产品线在目标细分市场中当前销量如何？其次，你的公司在这一细分市场和整个市场的份额是多少？最后，对于这一市场预计五年增长率是多少？如果长期增长率不具有吸引力，可能更适合发展其他的产品系列。

（3）理解和定义当前的产品平台。

接下来，管理层必须理解和定义公司当前的产品平台。通用的技术通常来自公司最强的能力和制造优势，而很多公司利用产品平台战略却没有清晰的计划。

理解当前的产品平台可以使公司能考虑将衍生产品增加到产品系列中。另外，管理层可以选择进一步优化现有的产品平台。

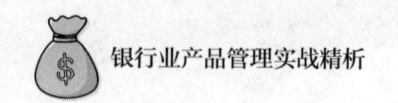

（4）分析竞争产品。

一直以来，监控竞争者是战略发展活动的重要一部分。如先前所讨论的，高层管理者有责任掌握适用于新产品开发工作的竞争趋势。这一信息有时被称为"竞争智慧"，并能协助管理团队掌握当前新产品平台的竞争格局。例如，高层管理者能够获得竞争对手是多还是少、技术是简单还是复杂，以及对于这些新产品的需求是多还是少的信息。

（5）考虑未来产品平台的发展并制订计划。

利用公司核心能力、现有产品平台和行业趋势的评估，高层管理者能够考虑未来产品平台的发展并制订计划。例如，在柯达的案例中，一次性相机的平台扩展成闪光的一次性相机的平台。对于玛氏糖果的案例，通过在巧克力糖果上提供生日、婚礼和毕业的定制化打印，产品平台在专业化市场上得以扩展。

产品平台战略在开发新产品时会非常成功，并且应该持续集成公司的新产品。创新战略应该审查产品平台战略利用的内在收益，从而更好地完成总体目标。

3.5.4.2 营销战略

营销战略和商业战略是类似的，聚焦点在于公司正在开发和改进的产品和服务的目标市场和消费者。结合每个独立的战略框架来看，营销战略和商业战略的六决策（上面所提到的）之间有重叠的部分。

有时营销战略被称为营销愿景，这就产生了创新的长期远景规划。创建和规划新产品项目的营销战略是非常重要的，尤其是当项目处于新产品开发过程的早期阶段时。营销战略在规划激进创新方面也是有帮助的，这个创新将会为客户引入新技术。

> **小贴士　营销组合**
>
> 营销组合（Marketing Mix）包含了营销产品所需的基本工具。营销组合通常又称为4P，即产品（Product）、定价（Price）、促销（Promotion）、地点（Place）。

营销战略的关键要素包括平台数量、衍生产品的数量及新产品引入的频率。这些要素将为技术战略提供反馈，以便确定新产品开发合适的时间点。营销战略尤其应该解决是什么（What）、谁来做（Who）、怎么做（How）和为什么（Why）这些基本问题。

首先，要提供什么样的产品？这包括确定产品线的广度和深度，以及产品系列中的产品。

其次，必须确定目标客户细分。重申一下，理解市场边界是一件重要的事情。这不仅包括理解公司将要参与的市场和细分领域，还包括公司选择不参与的市场。

通过向高端细分市场、商品细分市场，以及价值买家或价格买家的细分市场提供基于通用技术基础的不同功能，营销战略可以获得平台产品的优势。

再次，营销战略还应该包括对于产品将如何送达客户的考虑。例如，苹果的ITunes和亚马逊的Kindle电子书为了产品的即时交付而使用互联网平台。食品和饮料产品可能需要特殊的保鲜和保质处理才能送达客户。在一些情况下，通过对产品附加的特殊处理，政府规章制度可能会约束或限制产品的分销。

最后，营销战略必须定义为什么公司相信客户会更喜欢它们的产品，而不是竞争对手的产品。市场愿景的这一部分描述了通过使用产品的客户会得到的独特利益，以及为让客户获得感知价值，哪些属性是最重要的。通常，对于竞争的产品，通过朗朗上口的广告标语来传达这些利益，以便区分其与竞争者产品的不同。这些利益可能并不来源于产品的使用或具体的功能组，但是却能基于产品形态来传递。比如，购买奢侈品汽车的主要目的是作为交通工具，但对于购买者来说还承载了财富和声望的象征。

案例3.12　招商银行"10元风暴"

案例背景

为进一步提升活客、留客质效，商业银行积极研究布局信用卡消费生态圈，在连接流量、融合场景的基础上，开始基于大用户基数，形成自己的流量平台，进而把信用卡App打造成用户移动生活中心。

招商银行将"10元风暴"活动（见图3-20）与深受年轻用户追捧的"小招喵"品牌IP强势结合。用户在"掌上生活"App中完成品质饭票消费、生活便利服务、定制化金融咨询、智能AI客服互动等任务，即可累积"小招喵"，"小招喵"作为游戏代币，可以兑换相应的奖品。活动以"小招喵"作为基点，串联起"掌上生活"App的各项品质生活服务，以及信用卡的基础消费，实现了"帮助用户熟悉掌上生活App，完善品质生活服务闭环"的目标，成功刷爆朋友圈。

图3-20　招商银行"10元风暴"活动

（图片来源：http://www.51kaxun.com/news/11711.html）

【案例分析】

招商银行的"10元风暴"是一种营销战略。从营销组合4要素来分析一下营销战略：

（1）产品：招商银行的营销活动本质上是要给用户相应的权益，也就是各项品质生活服务，以及信用卡的基础消费。

（2）定价：10元。通过抢10元好礼，瓜分15亿积分。

（3）促销：促销形式是以用户在"掌上生活"App中完成品质饭票消费、生活便利服务、定制化金融咨询、智能AI客服互动等任务，即可累积"小招喵"，"小招喵"作为游戏代币，可以兑换相应的奖品。这种促销形式符合年轻人"累积"的习惯。

（4）地点："掌上生活"App和朋友圈。活动以"小招喵"作为基点，串联起"掌上生活"App的各项品质生活服务，以及信用卡的基础消费，实现了"帮助用户熟悉掌上生活App，完善品质生活服务闭环"的目标，成功刷爆朋友圈。

小贴士 营销战略的层次结构

制定营销战略，应考虑以下四个层次结构：
◎ 业务目标：在组织的愿景和使命中有阐述。
◎ 营销战略：为营销活动提供高层级的指导。
◎ 营销组合：产品、定价、促销和地点。
◎ 营销计划：设计具体的任务或活动，以实现营销战略和业务目标。

产品/市场矩阵或安索夫矩阵（安索夫，1957）是一种有助于定义营销战略的工具。在新产品开发中，一种经常被用到但并不一定正确的假设是每个产品都是要么采用新的技术，要么解决在新市场中出现的问题。实际上，新产品战略是相当宽泛的，涉及技术和市场很多维度的问题。高层管理者必须采取的一种战略决策包含了成长向量：当公司尝试在一个确定的市场提供其产品或服务时，公司依据当前形势所选择的方向。产品/市场矩阵是一种可用于协助管理层从营销的角度理解增长战略的工具，如图3-21所示。

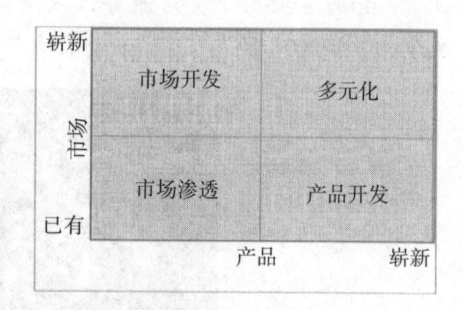

图3-21 产品/市场矩阵

进一步来说，已有市场并不一定意味着公司会立即赢得客户，但它代表了目标细分市场已确定的客户，以及将来可能购买产品的非客户。以同样的方式来看，一个崭新的市场就是公司当前没有涉足的市场。已有产品就是公司当前提供的产品，而崭新的产品就是那些公司仍必须生产和商业化引入的产品。依赖于市场定位和产品的新颖性，公司可能追求以下四种增长方式。

1. 市场渗透

公司可能采用通过提高销售规模来带动增长的营销战略。销售额的增长是通过卖给现有客户其他的产品组件，或将组件销售给先前没有购买过产品的客户来实现的。在产品/市场矩阵的左下角展示的市场渗透战略，关注公司已在销售的现有产品和服务，以及公司已经参与的市场。

例如，百事和可口可乐是相似的产品，每个产品在市场上都有庞大的市场份额。百事将目标定为可口可乐的消费者并使其转向购买百事的产品，正是利用了市场渗透战略。在这种情况下，百事将目标定为非百事消费者（可口可乐饮用者）并增加了销售规模。另外，百事鼓励现有客户饮用更多的苏打水，并且同样增加了销售规模。在市场渗透战略下，对苏打水重新进行包装，从六包的罐装改成了两升的瓶装。

从短期或中期来看，市场渗透战略是能够盈利的。它通常是四种营销战略中最为经济的，因为它利用了现有的技术和现有的目标市场途径，并建立在现有客户和产品知识之上。成本和失败的风险相对较小。

2. 市场开发

如图3-21产品/市场矩阵左上角所示，当试着去开发新市场和销售的客户基数时，市场开发战略利用的是现有产品技术。在这种情况下，为了实现销售额的增长，公司会寻求为现有产品线打开新市场的方法。公司充分利用了现有产品技术以抵御竞争对手。

比如，公司可能打开新地域市场或吸引更多的客户群来使用产品。该战略需要找到现有产品的新用途，或者识别出现有产品在新行业的应用。这种产品规划战略的优势是建立在公司的专有技术之上，并且也建立在组织内部可用的现有产品相关技术之上的。

市场开发战略的一个例子是在新的市场引入现有饮食产品，比如Chex麦片。Chex麦片作为早餐饮食在北美是比较传统的。然而，通过将麦片和椒盐脆饼、饼干和坚果包装在一起作为Chex派对混合礼包一起销售，公司已经将产品转移到了新的市场——休闲食品市场。在一些情况下，新市场和传统市场一样有价值，如Chex派对混合礼包的新市场，凡是有休闲食品销售的地方（如服务站和快速一站式服务）就有Chex派对混合礼包，而其传统麦片产品主要还是通过现有渠道进行销售（如超市和杂货商店）。

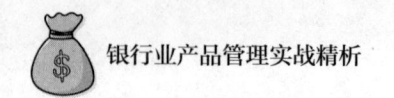

3. 产品开发

图3-21产品/市场矩阵的右下角所展示的是产品开发战略。这一战略寻求开发新产品来更好地满足现有市场的需求。由于公司为其产品增加了更多的特性，它能够抵御更加多样化产品线的竞争。其他的产品开发战略则包括开发各种质量的产品线（例如，奢侈版和经济版的产品分别进军高端和低端市场）。产品开发战略包含开发不同层级、型号或尺寸的产品。

产品开发战略解决了如下问题：我们能够提供给客户所购买的，并且他们当前并不从我们这里购买的产品是什么？通过拓展客户基数和学习对现有客户需求和行为的知识，为公司带来了销售额的增长。

很多新产品都采用了产品开发战略，比如产品平台里的衍生产品。例如，目前Apple iPhone 11是一个新的产品，它为现有客户提供了新的功能。现有市场的客户，比如先前使用过Apple iPhone 8的客户，渴望使用这些新功能，从而会购买这一新产品。

4. 多元化

在图3-21展示的产品/市场矩阵的右上角代表了多元化战略。因为这一战略对于商业增长来说既包括新产品的新技术开发，也包括进入未开发市场的方法，所以这一战略对于公司来说可能有较高的风险。然而，如果当前经济和行业趋势走向好，它的盈利能力是非常可观的。

多元化战略是长期的，并且当公司开始制造新产品和进入新市场时应该包括过渡期规划。对于面对衰退或过时的技术、正经历销售下滑或管理复杂的行业风险的公司来说，多元化战略是一个有吸引力的战略。公司可以选择遵循纵向（垂直）、横向（水平）或侧向多元化战略。

在纵向多元化战略里，公司会收购价值链上的其他公司。例如，三星不仅制造智能手机，也为智能手机生产集成电路。

与之相反，横向多元化战略会在新的市场生产新的产品。例如，销售冰激凌的公司观察到有购买时令产品需求的客户，遵循横向多元化战略会通过它们对客户深入的理解来调整业务，它们可能开始销售薄荷棒棒糖。这些新产品的内部开发往往要求有重要的资源和过渡期的保障（如薄荷棒棒糖在夏季推出），确立了公司强势的市场地位。

侧向多元化是进入崭新的行业。例如，已经在制造飞机发动机方面表现出色的公司可能会进入划水市场，以便对冲其在航空行业的劣势。成功的多元化战略往往要求公司对于自身的核心能力必须有清晰和明确的理解，同时必须拥有数据，可以对行业和市场趋势进行预测。

3.5.4.3 技术战略

除整体业务和营销战略外,独立的技术战略通常也是必要的,以便应对技术发展的高风险,如图3-22所示。例如,如果一个产品平台的扩展需要新的技术,那么技术失败的风险通常比开发独立产品的风险要大。如果不能满足技术进步的要求,并且新功能无法交付客户使用,那么可能会丢掉整个产品线的销售市场。

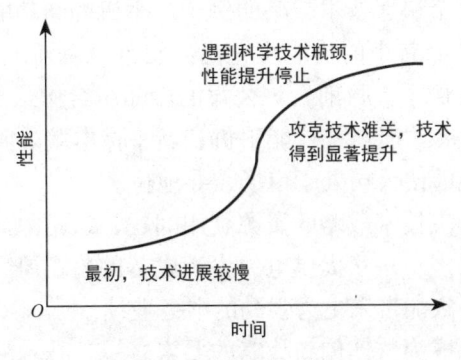

图3-22 技术S曲线

另外,根据研发工作的范围来说,技术战略通常和整体业务战略是分离的。很多公司投资于内部或外部的基础研究项目(通过与大学、合作伙伴、联盟合作)。必须把握住这些基础研究项目遵循的战略,才能使得工作保持一致;清晰定位公司未来发布的产品,使其与商业战略一致。实际上,很多公司会将其新产品开发过程分成两个不同的系统,一个是基础技术研究,另一个是确定传统产品开发阶段。

除需要理解怎样将新技术转换成有用的产品或服务外,技术战略必须解决开发新技术应用的内在原因问题。有时这被称为技术开发的"技术原理"。很多技术方面的原理是公司的高级技术专家所拥有的隐性知识。通过确定公司相应的具体能力,"专有的技术原理"能够帮助公司把重点放在技术战略上,这样公司就能获得竞争优势。

> 小贴士
>
> **技术路线图**
>
> 技术路线图是对产品路线图的重要补充,它可以确保一个新产品或一系列新产品上市所需的技术规划和发展与整体规划协同一致。对于在战略上极为关注创新战略和新产品开发所需技术支持的公司而言,技术路线图尤为重要。

技术战略涉及新技术应用的资源问题。新技术可能在内部研发,可能通过授权活动来进行收购,也可能通过与大学合作来获得。新产品可能利用多种技术引进的渠道。无论怎样,形成技术战略都是一件重要的事,这样公司才能够建立与整体业

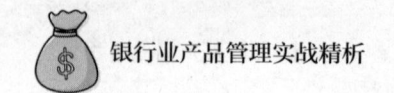

务和创新战略框架一致的方法。

高层管理者必须确定技术实现的时机和频率。极端情况是快速技术战略或"大跃进技术战略"。在快速技术战略里，公司采用小规模、频繁的技术变化来取得不断积累和持续的绩效提升。"大跃进技术战略"在技术开发领域并不常见，但它是对技术的大规模变革，以推动最先进的技术。

移动电话行业就是个快速技术战略的例子。手机的新功能和新技术发布得非常频繁，较之前型号的产品有小的功能改进就会发布。另外，苹果的 iPad 就是一个"大跃进技术战略"的例子。目前，该公司的产品组合中最新的产品是 iPhone，而 iPad 需要显著的技术发展才能填补智能手机和新平板电脑之间的差距。在苹果的这个案例中，技术战略能够使公司处于市场领导地位。

高级管理层必须解决技术战略的资源利用问题，这是因为新产品的创意总是比可用的开发资源要多得多。一家提供电力生产设备的公司研究发现：将组织资源和活动与技术战略保持一致能带来更为强劲的财务业绩。

因此，技术战略也成为整体创新战略的要素之一。技术战略不仅帮助公司解决在研究活动中的内在风险问题，而且使得研究活动与新产品组合的目标相一致。

案例3.13　微众银行的"ABCDE"技术战略

案例背景

微众银行自成立之初，就走出一条与传统商业银行完全不同的自主可控的科技系统建设之路。为此，微众银行利用一整套开源技术，按互联网主流的分布式架构搭建技术平台，搭建了可支撑亿量级客户和高并发交易的核心系统。

支撑微众银行的核心竞争力有两点：一是决策链比较短，架构设置灵活，鼓励自下而上的创新。整个组织会随着业务变化动态调整组织架构，整体相对灵活。二是微众银行重视科技，以科技为驱动力。微众银行的科技人员占比超过全行人数的50%，高层对科技方面的投入表态是"100%支持"。科技条线下面成立了科创部，下面有若干个如区块链、人工智能、金融云等团队，致力于研究新技术和应用落地，给业务部门设计产品提供参考。

微众银行把技术能力整合构建成"ABCD"（分别指人工智能AI、区块链Blockchain、云计算Cloud Computing、大数据Big Data）的金融科技基础服务，逐渐衍生成为E（Enabler），希望成为一个"赋能者"。

对于互联网银行来说，解决好客户身份认证和客户服务问题，是运营中的头等大事。微众银行将人工智能、生物识别技术应用到远程客户身份认证、智能客户服务等领域。基于公安部公民身份信息库和身份联网核查系统，结合腾讯优图的人脸识别及活体检测技术，微众银行建成了一套成熟的闭环式远程身份识别系统，整体差错率降到百万分之一。同时联合腾讯云推出智能云客服"微金小云"，使用效果上，目前一个智能机器人可替代400位人工客服，98%的客服服务均由智能云客服完成，不仅有效支撑了海量客户需求，提升了服务效率，而且极大地节约了人工成本。

单就人脸识别及活体检测技术来说，微众银行与腾讯优图合作进行了技术提升，把以前通过数字的活体识别改成光线活体识别，也就是利用屏幕随机颜色变化的光在人脸上反射回来后形成的3D人像，结合后台的其他防攻击模型，通过物理学原理来完成活体检测。该技术建立在密码学的坚实基础上，是目前已知安全级别最高的技术之一。

早在2015年，微众银行就开始探索区块链技术应用。2016年5月，微众银行联合多家金融机构发起成立了金链盟，目前成员已扩充至六大类行业、近百家机构。去年，微众银行联合万向区块链和矩阵元研发了国内首个安全可控的企业级联盟链底层平台——BCOS，并对外开源。在BCOS开源平台的基础上，联合金链盟的多家成员机构共同研发了BCOS的金融分支版本、国内首个金融版区块链底层平台——FISCO BCOS。此外，微众银行还联合腾讯云推出了国内第一个金融联盟链产品——区块链BaaS云服务。

底层技术平台完善后，微众银行对区块链的研究正在落地到具体业务上。比如，传统"批量文件对账"模式长久以来未能解决的成本高问题，区块链技术在这方面有了用武之地。2016年8月，微众银行联合上海华瑞银行推出了国内首个在生产环境投产运行的多金融机构间的区块链应用——基于区块链的机构间对账平台。截至目前，该平台已安全稳定运行1年多，零故障的同时，记录的真实交易笔数已达千万量级。

另一个实际的应用是"区块链+存证"。近年来，国家到地方相继对交易数据的保管提出了需要"通过第三方平台进行电子数据存证"的要求，基于FISCO BCOS区块链底层平台开发的"仲裁链"应运而生。2018年2月，广州仲裁委基于"仲裁链"出具了业内首个裁决书，该"仲裁链"是由微众银行联合广州仲裁委、杭州亦笔科技三方基于FISCO BCOS区块链底层平台搭建的。

"仲裁链"基于区块链去中心化、防篡改、可信任的特征，利用分布式数据存储、加密算法等技术对交易数据共识签名后上链，实时保全的数据通过智能合约形成证据链，满足证据真实性、合法性、关联性的要求，实现证据及审判的标准化。当需要仲裁时，后台人员只需点击一个按键，相应的证据便会传输至仲裁机构的仲裁平台上。仲裁机构收到数据后与区块链节点存储数据进行校验，确认证据真实、合法有效后，依据网络仲裁规则依法裁决并出具仲裁裁决书。通过"仲裁链"，仲裁机构可参与到存证业务过程中来，一起共识、实时见证，一旦发生纠纷，经核实签名的存证数据可视为直接证据，极大地缩减了仲裁流程。

此次仲裁实践，证实了通过区块链分布式存储、加密算法等特点，为司法提供真实透明、可追溯的实时保全数据的做法行之有效；同时，展示了区块链在精简仲

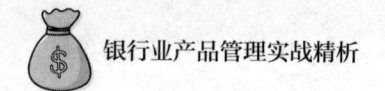

裁流程，节省各参与方成本上的巨大价值；也为司法机构应对日益增长的仲裁诉求，提供了高效可行的新方向。

而对于云计算，微众银行搭建了一个金融云，把包括ECC监控、分布式架构等一整套技术对外输出。再看大数据领域，微众银行所有产品基本上都用了大数据。在大数据基础平台上，微众银行逐步建立了业务分析、数据管理、平台管理等各级用户的完整工具系统。

微众银行把技术战略"ABCD"进行产品封装，成为E，赋能到合作伙伴。在赋能输出方面，微众银行具有"微动力"的品牌，开始把一些理财能力通过技术封装到软件开发工具包里，嵌入合作银行的App，使操作可以不脱离商业银行App而与微众银行的产品结合。其中，微业贷就是微众银行ABCD技术相结合的产品，现在微众银行也在尝试把包括白名单生成、贷中审核、贷后审核等能力一起打包输出，实现赋能者的角色转换。

【案例分析】

微众银行的ABCDE技术战略将人工智能（AI）、区块链（Blockchain）、云计算（Cloud Computing）、大数据（Big Data）四个方面的技术战略相结合，在形成自身的独特技术优势后，再进行产品封装，成为E，赋能到合作伙伴。

微众银行的ABCDE技术战略是为整体战略"连接一切"服务的。正如马化腾所说，"把半条命留给合作伙伴"，基于这样的集团战略，才能构建腾讯的生态圈。而微众银行的ABCDE技术战略无疑就是这种集团战略的体现与延伸。

技术的生命周期阶段

◎ 引入期。技术的最初启用阶段，技术性能往往有限。应用该技术的公司往往承担较大的风险，但引入期的技术可以给公司提供在市场获得早期立足点并成为市场领导者的机会。

◎ 成长期。技术发生显著改进，性能大幅度提高。此时，越来越多的风险厌恶型组织会考虑引用新技术，导致基于该技术的产品之间出现激烈竞争。

◎ 成熟期。科学限制和缺乏导致该技术无法实现进一步发展，新技术可能取代已有技术。

3.5.4.4 知识产权战略

知识产权（Intellectual Property）是指智力创造出来的东西，比如发明、文艺、艺术、设计、符号、名称和商业用途的图像等的所有权。像其他形式的产权（土地、建筑物等）一样，知识产权能够被销售、授权、交换，或者被拥有者放弃。

知识产权在产品开发中尤为重要，因为它界定了组织从新产品上收获价值的潜在可能。组织可以直接在其制造和销售新产品的阶段申请知识产权，可以将产品授权给另一个组织，也可以出售知识产权。对知识产权的保护是经营战略的一个重要组成部分。保护知识产权的法律途径有许多种，这些途径使得知识产权的所有者能够从他们的发明或创造中获得认可或财务回报。

知识产权的类型：

◎ 专利（Patent）：在一定的时间阶段内生效的、由政府授权或许可的权利，特别指禁止他人制造、使用或销售一个发明的独有权利。
◎ 版权（Copyright）：在一定年限内，给予原创者独家的、指定的法律权利，包括印刷、出版、表演、放映、录制文学艺术或音乐材料。
◎ 商标（Trademarks）：用于代表一个公司或者产品的经由法定注册或许可的符号、单词或词组。
◎ 植物品种权（Plant Variety Rights）：给予独家权利生产和销售某种可繁殖的植物。
◎ 商业秘密（Trade Secrets）：在一个组织内保持秘密状态的、与知识产权相关的信息。

3.5.4.5 能力战略

创新战略制定好后，需要正确地建立起一组执行战略所需的能力。建立能力的途径分为三种：聚焦内部能力；依靠外部能力；结合内外部能力，如图3-23所示。

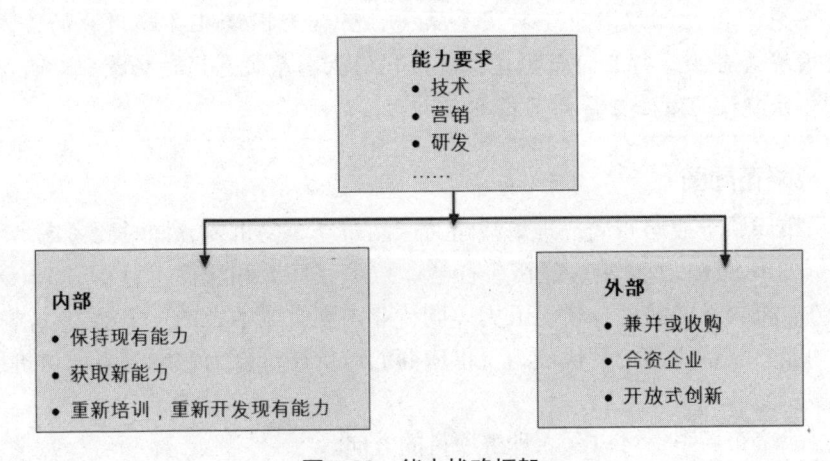

图3-23 能力战略框架

案例3.14　蚂蚁数巢的大数据开放式创新战略

案例背景

DT时代，数据开放式创新如同石油和电力，"滋润"经济发展，普惠大众创业和万众创新，让用户获得尊重与平等服务。蚂蚁数巢致力于打造国内数据开放与创新的第一平台，促进蚂蚁体系内数据服务开放和第三方数据开放。

蚂蚁数巢通过大数据的开放式创新战略，打造了一个安全、可信的平台。目前蚂蚁数巢已经支持了芝麻、口碑、保险和网商银行的数据能力开放。那么它是如何做到这一点的呢？

数据开放式创新平台需要面临很多问题，其中安全问题是最重要的。在构建这个系统的过程中，严格保护开放过程中的用户隐私数据安全、商业机密信息安全和数据的所有权，在此基础上建立数据与数据之间的连接关系，让数据能充分发挥网络效应和外部效应，实现"1+1>2"。同时建立数据的消费和度量体系，驱动数据的开放和基础设施的建设。

另外，大数据开放式创新的核心是创造商业价值，因此数据需要在一个业务闭环体系内进行流动，用户的真实数据不出闭环体系。因此需要回到商业本质上，蚂蚁数巢的大数据开放式创新是围绕着企业、行业的数据建立场景化的生态系统，紧密围绕业务和用户的痛点问题，驱动点对点或多方的数据合作和应用，通过场景驱动数据的闭环体系建设，以及数据价值的度量。

【案例分析】

蚂蚁数巢采用的能力战略是开放式创新，也就是为蚂蚁体系内数据服务开放，打造了一个安全、可信的平台。

开放式创新是一把双刃剑，既能引入更强的外部能力，也带来了更多的安全隐患。因此蚂蚁数巢坚持安全第一，并紧密围绕业务和用户的痛点问题，围绕着企业、行业的数据建立场景化的生态系统，通过场景驱动数据的闭环体系建设的做法值得学习借鉴。

3.5.5　战略布局图

产品布局始于战略布局。理解战略对产品布局至关重要，同时要考虑多方面的要素，例如PESTEL（政治、经济、社会、技术、环境和法律）分析、SWOT（优势、劣势、机会、威胁）分析、五力（同行业内现有竞争者的竞争能力、潜在竞争者进入的能力、替代品的替代能力、供应商的讨价还价能力、购买者的讨价还价能力）模型。

通过战略布局图，可以深入理解项目的方向。

在战略布局图中，关键是要画出价值曲线。战略布局图的横轴是客户的需求要素,更重要的是要把对客户的理解画出来,要深刻地洞察客户、理解客户,找到客户的价值主张所在。画横轴的一个简便方法,是通过标杆对照,研究行业惯例和竞争对手,解析出需求要素。

而战略布局图的纵轴,是要素的分值。我们要按照某个需求要素的特征,给这个要素打分。有些要素分值高,是让客户得到更高的价值。把所有这些需求要素的得分点连接起来,就形成了一条曲线。这些曲线,就叫作"价值曲线"。

案例3.15 战略布局图:美国西南航空公司的绝地逆袭

案例背景

我们知道,美国西南航空公司通过独特的战略定位,打造了一条绝地逆袭之路,不走波音航空公司的老路,而是另辟蹊径,找到了属于自己的战略蓝海。其战略布局图如图3-24所示。

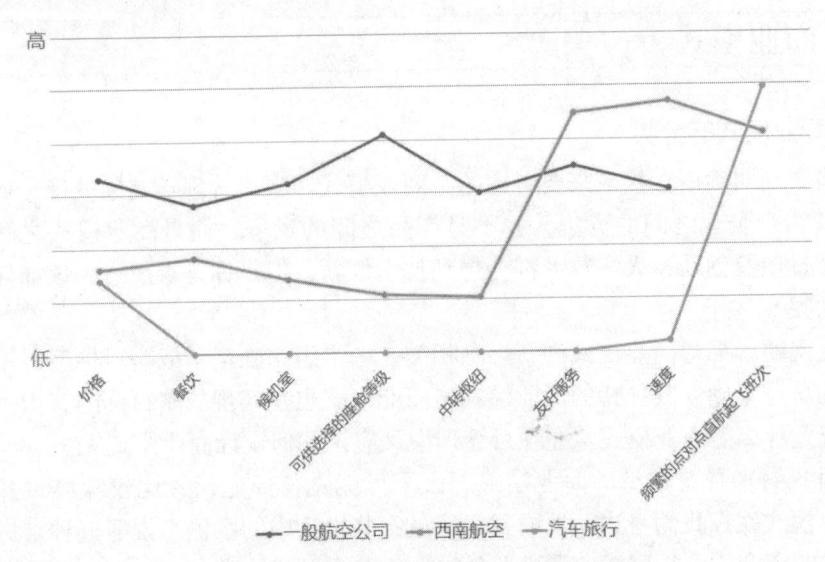

图3-24 美国西南航空公司的战略布局图

美国西南航空公司首先分析了客户旅行的诸多需求要素,包括价格、餐饮、候机室、可供选择的座舱等级、中转枢纽、友好服务、速度,以及点对点直航起飞班次频率,这些需求要素作为战略布局图的横轴。

美国西南航空公司的价值曲线,是通过和汽车旅行,以及一般航空公司所提供的产品之间进行价值曲线上的比较来获得的。

通常美国人要从出发地到目的地,一种方式就是自己开车或搭乘长途汽车去,这种旅行是点对点的,但速度很慢。它是很多美国人选择的方式。第二种旅行方式,就是乘坐飞机。一般航空公司的航线都是要中转的。

美国西南航空公司给自己定位的"价值曲线"与汽车旅行和一般的航空公司都不同。价格、餐饮、候机室这些需求要素比驾车旅行的要好，但因为其价格低、成本低，所以两者提供的服务基本相当，而航线是点对点的。美国西南航空公司把着力点放在服务的友善性方面，放在飞行的速度方面，放在直航快捷的安排上面。因为这是客户价值主张的关键，所以，这三项给予客户的价值感远远超过一般的航空公司。

【案例分析】

战略布局图可以帮助组织快速找到自己的战略定位。就是通过这样的定位，美国西南航空公司吸引了大量原来自己开车，或者搭乘长途汽车的人，改坐飞机，创造了经营的奇迹。而美国西南航空公司为了实现这样的经营逻辑，强化组织结构和文化建设的安排，让自己的商业模式最后落地。

3.6 商业模式

3.6.1 商业模式的分类

战略布局明确后，接下来要考虑的是商业模式。现代管理学之父彼得·德鲁克认为："当今企业之间的竞争，并不是产品之间的竞争，而是商业模式之间的竞争。"今日谈及创新，大多数人都会想到技术创新，但是你是否想过，该如何从创新中盈利呢？

以上问题，都与商业模式创新息息相关。一个组织确定了战略目标后，接下来最重要的莫过于确立其独特的商业模式，商业模式也是实现战略目标的有力手段。那么，究竟什么是商业模式？在项目管理中又应该如何设计商业模式呢？

下面我们来看看常见的商业模式。大家可能觉得商业模式比较深奥，其实不然，商业模式就在我们身边。下面我们通过一些生活中的案例来说明五种常见的商业模式：非绑定式、长尾式、多边平台式、免费式、开放式。

传统商业银行通常包括银行信息基础设施（如软件信息系统、服务器等）、银行卡产品（白金卡等）、客户关系（银行大都有客户服务部等，目的是维护客户关系）。这种模式与大多数互联网公司的商业模式有很大的不同。像这种通过基本业务，如客户关系、产品创新、基础设施来给客户提供产品或服务的商业模式叫作非绑定式模式。

近日争议颇多的拼多多，在短短两年半内拥有3亿的购买用户绝非偶然。拼多多的崛起，关键在于敏锐地抓住了一大部分"长尾用户"的需求：消费者需要的只是高性价比，因此绝对低价的商品，在占人口总规模比例极大、收入一般却能带来巨大流量的人群中，拥有广阔的市场需求。拼多多的商业模式是长尾式，其特点是拼团和砍价模式，为市场提供大量特价产品。

我们再说一下银联，银联的商业模式叫作多边平台式，它将发卡银行、收单银行、商户、持卡人等两个，或者更多有明显区别但又相互依赖的客户群体集合在一起，从而成为这些客户群体的中介来创造价值。平台运营商通常会通过为一个群体提供低价，甚至免费的服务来吸引他们，并依靠这个群体来吸引与之相对的另一个群体。

男士都对刮胡刀不陌生，手动刮胡刀数吉列最有名。吉列创造了一种商业模式叫作免费式模式，这种模式又称为"刀架+刀片"模式。刀架往往以成本价售出，促使消费者不断购买与刀架相匹配的刀片，而刀片因为是易耗品，因此购买频率较高，定价也较高，由此产生可观的利润。免费式模式是初始产品/服务廉价或免费，相关产品或服务收费。像我们所熟知的小米、360、爱奇艺都属于这种模式。

另外，我们再来看看开放式模式。这是通过与外部伙伴系统性合作，来创造和捕捉价值。既可以将外部的创意引入到公司内部，也可以将企业内部闲置的创意和资产提供给外部伙伴。开放式模式认为在一个以知识分散为特征的世界里，组织可以通过对外部知识、智力资产和产品的整合创造更多价值，并能更好地利用自己的研究。典型案例有宝洁、维基百科、开源软件等。

大家可能会问："哪种商业模式更好呢？"其实，商业模式并没有好与坏之分，只有是否适合战略和自身特点。下面我们来看看美国运通的商业模式案例。

案例3.16　百年运通的制胜法宝

案例背景

美国运通与中国市场的渊源最早可以追溯到1916年的香港。1918年，美国运通来到上海，是最早在中国大陆市场服务全球客户的公司之一。可以说，百年运通见证了中国人从"站起来"到"富起来"，再到逐步"强起来"的过程。在这个过程中，美国运通不仅加深了对中国市场的了解，也明晰了能带来的独特价值。

2018年11月，美国运通成为首家中国人民银行正式批准在中国境内筹建银行卡人民币清算网络的外资公司。作为一个有着169年悠久历史的全球服务品牌，从最初的快递业，到后来的旅游业，再到今天的金融支付业，美国运通传承百年的制胜法宝是什么呢？

作为全球最大的独立发卡机构（以刷卡交易总量计算），也是唯一同时拥有独立发卡和商户收单能力及全球经验的国际支付清算机构，美国运通同时兼容全球自发卡市场的"三方模式"（持卡会员、商户、美国运通）和众多合作伙伴市场的"四方模式"（卡组织、发卡机构、收单机构和商户）。这一独特的商业模式，赋予了美国运通业界三大独特的能力：产品管理能力、客户管理能力、风险和信息管理能力。

产品管理能力：以信用卡发卡业务为例，中国信用卡业务已发展了32年，真正大范围普及只是仅10年的事，尤其是近几年移动支付强势崛起。人均持有信用卡0.49张，这个数据远低于境外成熟市场。虽然这预示着中国的信用卡市场潜力巨大，但仔细观察不难发现，各地区经济与社会发展不均衡导致的信用卡市场发展阶段的地域差异，以及消费者和企业客户需求多样性的地域差异非常大。这些差异无形造成了制约信用卡行业快速增长的瓶颈。

而随着移动支付爆发式的增长，越来越多的消费者支付时不再依赖实体信用卡进行消费，这也直接导致了近年来越来越多的实体信用卡产品一经面世就迅速被消费者所"珍藏"（实体信用卡很少直接用，尤其是年轻的消费者，大多是将信用卡账户与移动支付账户做关联绑定后，实体信用卡就被搁置一旁，从此不再问津。在银行系统，这种现象被称为"信用账户化"）。如果过度依赖卡片颜值、材质、版权合作或营销噱头来刺激实体卡的发行，而忽视了产品本身的独特性和区别价值的打造，以及背后高稳定性的运营体系，长期来看不仅营销和经营成本高，而且很难真正留住辛苦获得的新客，更难留住现有客户的消费量。

所以说，过去"跑马圈地"的粗放式经营或"以生代养"的短线战术所造就的高度同质化产品扎堆，以及针对部分客群过度营销的现象，已经越来越无法满足这样复杂的市场需求，也无法完成发卡机构自身的经营目标，从而不利于整个行业的长远发展。"深耕细作"才是大势所趋。

那么，如何"深耕细作"呢？靠产品管理和客户管理，打造产品全生命周期和客户生命周期的结合，才有可能实现质和量同步发展。

美国运通在全球很多自发卡市场上有着63年独立发卡的经验，如百夫长绿卡（1958年）、商务卡（1966年）、百夫长金卡（1968年）、百夫长白金卡（1984年）、蓝盒子（1999年）和百夫长黑金卡（1999年，见图3-25）等，这些产品至今仍受世界各国用户的喜爱。美国运通在国际上有很多发卡业务和收单业务的成功经验，值得国内的卡组织或银行借鉴。例如，在发卡业务领域，如何打造一款差异化的优质产品、如何让一款产品经久不衰、如何搭建完善的产品体系以吸引和长期保留优质客户，以及如何打造适用于各类企业客户（大型、中型、小型、微型）的产品和体系等；在收单业务领域，如何为商户提供包括市场营销、预防欺诈和融资等一揽子增值服务等。

图3-25 美国运通百夫长黑金卡

（图片来源：https://www.rong360.com/gl/2014/10/17/58377.html）

客户管理能力：得益于互联网技术和移动科技的蓬勃发展，近年来越来越多的金融机构开始着力进行"千人千面"的个性化服务创新实践，旨在更好地满足客户多样化的金融和非金融需求。这从一定程度上显著提升了客户体验，同时也促进了交易量的持续增长和其他周边业务的开展。在借助云计算和人工智能等最新科技不断提升体验感的同时，也不应忽视人工客服在服务端与特殊客群，以及非标准化服务需求所起到的不可替代的重要作用。未来市场发展将会进一步多样化和细分化，服务在推崇智能和高效移动化的同时，也需要保留温度和人情味，这也对发卡和收单机构在服务端的平衡发展提出了不少挑战。

美国运通有一个核心理念：坚持服务是企业最明智的投资，而不是成本。一直重视对客户随时随地的服务，尤其是高端服务领域。成立于1915年的美国运通旅行及生活礼宾服务团队是著名的美国运通百夫长黑金卡产品真正的幕后英雄。不仅如此，美国运通也为遍布全球的合作商户提供一系列涵盖市场营销、数据分析和防金融欺诈等领域的高附加值服务和支持。

风险和信息管理能力：中国人民银行公开数据显示，近年来信用卡逾期的未偿信贷总额逐年上升。如何在稳增长的前提下充分运用数据处理能力来提高防范和化解风险的能力，成为银行业同仁所必须面对的问题。现今业界在最新的云计算、区块链和人工智能等科技领域都有尝试和令人瞩目的成果，也提供了一些解决方案的思路。如何集合自身特点摸索和建立一套高效的风险和信息管理体系，成为业务可持续发展至关重要的一环。

凭借独特的业务模式，美国运通的风险和信息管理贯穿整个支付链，覆盖从发卡、收单到清算的每个环节，尤其是在实时决策、高端客群、千禧客群、客户体验、高额度、全支付链和大数据管理领域优势更为明显。不仅如此，美国运通对反欺诈系统的长期大量投入，以及多年来基于大数据和机器学习领域的创新性研发和使用，不但确保了美国运通常年在所有清算网络中保持欺诈率最低，而且也在利用大数据精准服务客户方面走在行业前列。

【案例分析】

上面案例中提到的美国运通三大独特能力：产品管理能力、客户管理能力、风险和信息管理能力，其实都是源于美国运通其独特的商业模式。美国运通同时兼有全球自发卡市场的"三方模式"（持卡会员、商户、美国运通）和众多合作伙伴市场的"四方模式"（卡组织、发卡机构、收单机构和商户）。

银联的"四方模式"包括：卡组织、发卡机构、收单机构和商户。这种模式最大的好处是产业各方各司其职，如图3-26所示，形成一个完整的合作生态圈。

其劣势也很明显，那就是卡组织不能直接触达用户，用户所遇到的问题必须通过发卡机构和收单机构来解决。用户对卡组织没有直接的客户体验，也就没有很强的客户黏性。客户的直接消费数据也就很难掌握，更不用说去分析了。

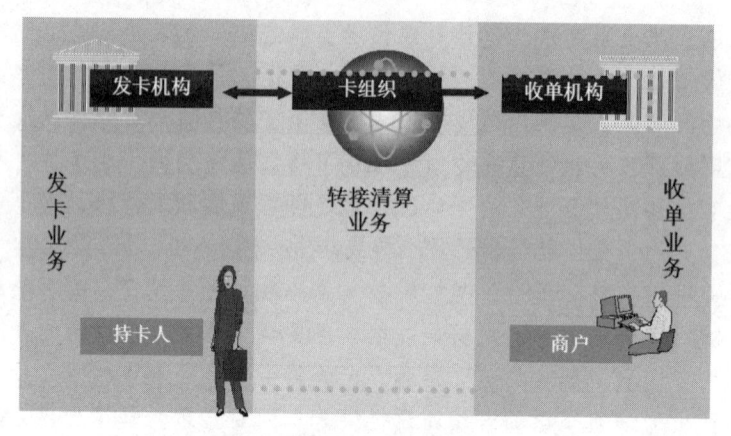

图3-26 四方模式的商业模式架构

而美国运通除有四方模式外，还兼有自发卡市场的"三方模式"（持卡会员、商户、美国运通）。这就意味着美国运通能更好地控制用户体验，以保证其优质的服务质量。一个被多次提起的例子是：三方模式下的百夫长持卡人，如果在某网站刷卡买到了伪劣产品，可以享受美国运通的先行赔付，持卡人仅需与美国运通交涉，即可解决用卡中遇到的问题。这也是为什么案例中提到美国运通能拥有三大独特能力，而且能针对客户的真实需求数据灵活调整产品布局、客户管理和风控策略，其秘诀就在于三方模式使美国运通能直接触达客户。

但中国的相关监管政策要求，发卡组织必须为商业银行，导致美国运通驾轻就熟的三方模式在中国失去用武之地，而只能适应发卡机构与收单机构分离的四方模式。

1997年以来，美国运通开始调整自己在中国市场的商业模式，将自己打造成一个更为开放的体系，与其他银行或金融机构合作，让其发行美国运通品牌的产品及协助拓展商户至美国运通网络。我们在案例中提到的，美国运通在中国地区布局的百夫长、蓝盒子两个系列产品，则各有特点。

百夫长系列产品，美国运通拥有很强的主导权；而蓝盒子系列产品，则给予发卡银行更多的自主权。前者能保证美国运通的高端形象，百夫长这个品牌本身就代表一种身份象征，而蓝盒子则可帮助美国运通更为灵活地渗透中国市场，目前蓝盒子系列发得比较多，面向的也主要是非私银客户。

由上面美国运通的独特商业模式，可以看出商业模式决定了产品模式。要想真正了解一个产品体系的特点，必须分析背后的商业模式的独特性。

3.6.2 商业模式画布

刚才我们了解了各种商业模式，那么如何设计商业模式呢？今天我们来给大家讲一种设计商业模式的工具——商业模式画布，如图3-27所示。

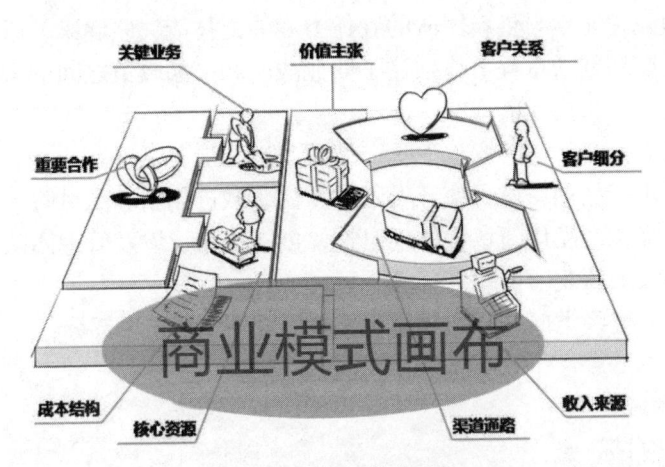

图3-27 商业模式画布

商业模式画布可以用一个中心三个环来描述。首先是以价值主张（Value Propositions，VP）为中心。好的商业模式必须要有一个有力的价值主张，例如"怕上火，喝王老吉"就是一个好的价值主张。好的价值主张由两方面组成：痛点＋解决方案。"怕上火"就是痛点，"喝王老吉"就是解决方案。

一个中心明确后，我们再来看看三个环。第一个环叫作客户环，客户环由三个要素组成：客户细分（Customer Segments，CS）、渠道通路（Channels，CH）和客户关系（Customer Relationships，CR）。以大家所熟知的共享单车产品为例，细分客户是乘坐公共交通的都市人，因为他们的痛点是"最后一公里"。我们可能要通过地铁广告或校园传单的CH将我们的VP传递到我们的细分客户，接下来可能需要通过提供免费乘骑的服务来维护CR。

第二个环叫作业务环。这个环也是由三个要素组成：关键业务（Key Activities，KA）、重要合作（Key Partnerships，KP），以及核心资源（Key Resources，KR）。还是以共享单车为例，KA包括自行车生产、自行车定位、资金清算（押金和使用费）等。考虑到不可能所有的业务都是自己来做的，我们需要KP，包括自行车厂商、高德地图、基金公司等。最后是KR，共享单车的KR是用户的骑行大数据，正是因为有这些大数据的KR，才可能吸引阿里巴巴和腾讯与ofo小黄车和摩拜的合作。

最后一个环是现金流环。这个环由两个要素组成：第一个是成本结构（Cost Structure，C$），第二个是收入结构（Revenue Streams，R$）。C$由业务决定，而R$则是由客户所决定。R$与C$共同决定了利润和现金流。

3.7 产品创新章程

产品创新章程（Product Innovation Charter，PIC）是一份书面战略文件。它把战略中所有的关键元素与创新团队的胜任力和能力技能关联起来，以成功实施新产品开发项目。产品创新章程最终描述了商业战略和产品政策之间的联系，也描述了各创新项目的边界和相互依赖性。

在项目层级，产品创新章程注重产品的改进和提升，以及拓展公司现有能力。其他项目则采用产品创新章程使开发团队专注于激进创新和高风险突破式的商业模式。在组织层级，产品创新章程体现出整体创新战略，以及管理团队应该如何看待新产品开发和未来商业增长的机会。

与商业计划有些类似，产品创新章程包括以下四个主要部分：
◎ 背景。
◎ 聚焦领域。
◎ 目的和目标。
◎ 特殊准则。

产品创新章程通常是一份相对简短的总结性文档。其他项目文档，如产品协议和团队章程可以作为产品创新章程的附件，并随着新产品开发项目的进展，出现在项目的各个不同阶段。

3.7.1 产品创新章程：背景

产品创新章程的第一要素是背景部分。此部分的目的是确认战略和项目目标。每个新产品开发项目都需要明确与产品创新章程中的战略保持一致。

另外，本章节也将描述通过情景分析或产品路线图所产生的关键创意所遇到的问题该如何解决。有关形成战略的项目有效性的假设，也记录在产品创新章程的背景中。通常来说，背景部分回答了"公司启动这个项目的首要原因是什么？"这样类似的问题。

背景部分将项目工作和企业战略及业务单元的目标关联起来。它描述了团队的角色，团队开发的具体产品或服务要与战略相一致。再者，立项原因需要清晰列明。团队会经常参考本章程，来"澄清"新产品开发项目的范围，并理解项目的限制。在项目的后期执行阶段，一些范围之外的建议经常会被提出。此时，产品创新章程有助于通过仔细勾画产品开发工作的边界来控制范围蔓延。

另外，产品创新章程的背景部分对记录项目假设很有帮助。例如，如果公司采取了领先进入市场战略，就需要在产品创新章程中列明项目团队速度的重要性。同理，如果公司采取的是快速跟进或分析者战略，产品模仿和竞争智慧将提供重要的战略假设，以确保项目与总体商业计划保持一致。

3.7.2 产品创新章程：聚焦领域

与项目为什么启动这个首要问题相比，项目的聚焦领域则描述了产品创新章程中的市场和技术。本质上讲，这部分回答了有关战略的问题，如"在市场哪里进行博弈"（目标市场），以及"如何进行市场博弈"（技术）。

每项新产品开发工作的关键领域是把技术和产品与市场关联起来。没有市场的技术，或者纯技术驱动策略，通常最终导致产品特性的冗余。此类产品导致了高定价，以弥补开发投入的成本，也就可能对很多消费者来说是很昂贵的。同理，没有技术因素的纯市场驱动策略，也可能导致幼稚的广告战，缺乏新的市场突破。因此，新产品开发体现了对市场和技术的共同专注。

因此，为了提高新产品开发工作的成功率，产品创新章程至少需要描述该项目要解决的某一技术维度或某一市场维度的问题。推荐的技术维度包括核心竞争力或已有技术。另外，市场驱动因素包括竞争领域，比如目标消费群、客户利益和分销渠道。至少应定义一项市场驱动因素，使项目与总体商业战略相一致，并解决市场战略要素的问题。

除了市场和技术驱动因素，将聚焦领域内的竞争者信息和行业趋势记录在产品创新章程里，是非常有用的。开放的市场往往缺乏竞争。例如，目标市场在项目启动时相对开放，但竞争迅速变得激烈，这些假设都需要在产品创新章程中有所描述，以"澄清"不同竞争反应对新产品开发工作的影响。随着新产品开发工作的推进，竞争冲击是项目团队应该深入理解的关键部分。此外，高层和中层管理者需要以正式的方式来识别这些项目制约因素，以有效地让项目和总体商业战略协同一致。

产品开发的边界可能包括竞争、品牌优势和生产或运营限制。产品创新章程的额外考虑是需要明确技术是自主开发还是采用开源方式，以及所追求的创新的程度。与逐步改进的现有产品相比，对于那些采用最新突破性技术来推动已知技术限制的产品，则需要采用完全不同的战略视角。甚者，采用激进型技术开发的战术也会是变化的，都需要在产品创新章程中进行描述。

3.7.3 产品创新章程：目的和目标

产品创新章程的第三部分详细描述了针对新产品开发项目的目的和目标。正如背景部分所描述的，项目的目的在本部分中进一步细化，涵盖了具体的运营产出。项目的关键成功因素以项目和团队的可测量标准和绩效指标进行了描述，这些都作为可实现的目标记录在产品创新章程中。

项目的短期和长期的目的和目标需要进行描述。例如，一项新技术被用于开发一个具体产品，而这个产品从长期来讲被用作公司新平台的核心组成部分。项目团队的成就包括了项目里程碑的粗略时间表，这将与新项目开发过程相关联。团队绩效的测量应涵盖在内，从而有利于在整个项目执行阶段激励和鼓舞跨职能部门人员间的关系。

在产品创新章程中，描述具体、可衡量的项目成功条件十分关键。通常，最好是项目团队自己能够定义出这些条件。当团队承担职责去定义这些成功条件时，他们将在项目执行期更好地朝着这些目标推进。团队成员也会更有动力相互协作去完成项目目标，而不仅仅是孤军奋战。

产品创新章程中常见的一些指标有利润或销售量、公告营业收入值（如增长的现金流或降低的运营成本）和市场份额。团队指标应该包括总体项目成功、里程碑实现及个人绩效提升的程度。需要注意，通过产品创新章程，某些特殊战略借助具体的指标集与产品开发工作关联起来。

举个例子，某家公司正在实施领先进入市场战略。该公司设定了一些指标作为项目成功的标准，如市场份额。着眼于领先进入市场的能力，公司跟踪销售产品数量的发展趋势并将其作为项目成功的重要衡量指标。相比之下，采取防御者策略的公司更关心的项目指标包括质量和客户满意度，旨在维持公司一定的市场份额。被竞争对手抢走市场份额，将摧垮防御者。

新产品开发工作的目标必须将总体创新战略和所期望的项目工作绑定在一起。高层管理者和创新团队会就新产品项目的大多数关键产出物达成一致。团队成员会将具体技术和团队的目标记录在产品创新章程中，以确保项目的成功。

3.7.4　产品创新章程：特殊指南

产品创新章程的最后一部分描述了创新工作的所有特殊考虑。某些情况下，创新团队也会在章程的这部分记录已确定的工作程序。在目的和目标部分，团队会记录成功的指标，这些指标要与管理层对项目的期望相一致。此外，团队也会记录特殊的"路规"，以确保团队能完成项目目的和目标。

举个例子，某全球化团队可能想在产品创新章程中确定基本的工作规则，如会议怎么开，什么时候开，面对面会议的频率，以及共享文件如何处理等。

管理工作包括特殊的项目指导原则，如新产品项目的高层级预算和进度计划。重申一下，产品创新章程的主要目标是使得商业策略和具体创新工作保持一致，以便在后续的项目计划阶段能制定详细的预算和进度计划。不过，初步的项目边界和制约因素需要包括可能会影响到新技术和新产品怎么开发的特殊考虑。

例如，产品开发的制约因素包括目标市场或客户限制、制造需求（如没有可供购买的新工厂、新设备）和技术采购（专利或牌照）。这些制约因素需要在产品创新章程中进行描述，与具体产品开发工作的总体创新策略、市场策略和技术策略关联起来。

其他特殊需求也需要在产品创新章程中进行描述，通常包括法律法规的需求。举个医药行业的例子，医药行业的产品研发需要美国食品药品监督管理局的测试和批准。这些步骤所花费的时间很长，往往需要好几年，同时还需要提供非常详细和具体的数据。该行业的所有产品开发工作都应包括这些测试，并且在产品创新章程中必须对美国食品药品监督管理局的测试要求进行详细的描述。

3.7.5 产品创新章程：其他考虑

在准备产品创新章程时，高层管理者和新产品开发团队都需要考虑一些额外的因素。

第一，谁负责撰写产品创新章程？通常项目团队成员主要负责编写项目指导原则。项目团队成员的个人意见很重要，因为他们将全程参与项目开发过程。团队绩效指标和扩展目标也需要由项目团队成员来设计，这通常会让项目团队更好地达成项目目标。

第二，管理层也需要全程参与产品创新章程的创建过程，因为产品创新章程的主要目标是，确保公司战略方向和具体的新项目开发工作保持一致。在项目启动会议中，将背景、制约因素和边界记录到产品创新章程中，是新产品开发工作的典型实践之一。这也能使得项目团队和高层管理者互动交流，以充分理解新产品开发项目的预期成果。

第三，产品创新章程后期能否被修改，通常反映了一个组织的文化。比如，一些公司要求产品创新章程一旦确定则不可再修改。另外一些公司则认为随着项目的推进，新市场或新技术的相关信息随之凸显出来，产品创新章程理应与时俱进。当然，如果产品创新章程修改得过于频繁，在项目推进过程中，团队就会感到项目目标飘忽不定。其他的文件，如产品协议可以作为原始产品创新章程的附件，这有助于在产品从创意到商业化的蜕变过程中及时捕捉到相应需求。

因为产品创新章程是一项章程或合同，一些团队认为团队签名将会有助于增强大家对项目的承诺。很多研究表明，当个人在项目文件上手动签名时，项目对个人的激励作用会提升。

总之，产品创新章程文档记录了高层管理者和具体新产品开发工作对所确立的战略目标的共同理解。产品创新章程提供通用框架，其中列明了期望和限制，使信息在组织中共享，并提升创新项目的成功率。

案例3.17　建设银行"慧兜圈"的产品创新章程

案例背景

消费者在医院的药房或药店买药，竟能知道药品来源？商户竟能把消费客户的精准数据掌握在自己手中？车主开车出行，竟能提前知晓目的地附近还有无空余车位……这些涉及百姓衣、食、住、行等各方面看似不可能的事情，已在一个智慧平台上逐一实现。

为顺应场景化、移动化的主流支付趋势，优化客群体验，建设银行依托新一代商户业务系统，开发设计出一个结合**商户、平台、用户**三者为一体、资金流和信息流相融的新型智慧收单业务平台——"慧兜圈"，如图3-28所示，借助智慧科技服务让百姓的生活更便捷。

图3-28　建设银行"慧兜圈"

（图片来源：http://caijing.mnw.cn/jsyh/news/1933840.html）

【案例分析】

"慧兜圈"智能POS是建设银行的金融科技产品之一，其产品创新章程如下。

（1）聚焦领域：建设银行将"慧兜圈"智能POS的创新方案运用在用户的日常生活场景中，目的是成为日常消费商圈市场份额的领导者及在3年内获得15%的投资回报，并要成为商户、平台、用户三位一体结合方面最具技术竞争力的公司。

（2）长、短期目标：通过建立目前的研发技术及尽可能地运用这些技术开发新产品，以达到长期目标。这些产品可以展现公司内部优越的技术，且只有必要时，才依赖外部资源。公司愿意投资必要的资金，以实现这些技术突破。

（3）特殊准则：需要引起注意的是，在新的项目开发中要定位于获得专利保护的项目，并且增加客户、公司员工的安全感。

实战技巧：如何准备产品创新章程

我们以美国布法罗咨询公司（简称布法罗）为例，看一下产品创新章程如何制定：
我们是谁？我们做什么？
◎ 提供专业的服务及资源。
◎ 激发创造性的潜力。
◎ 引导创造性的改变。
◎ 达成创造性的成果。
我们要充分运用什么样的技术或核心竞争力？
◎ 了解通过创造性解决问题的方法，帮助人们。
◎ 了解技术路线的设计。

- ◎ 了解评估技术。
- ◎ 人性化接口及高度接触性。

顾客是谁？
- ◎ 人力资源方面的专家。
- ◎ 事业单位及生产线的领导者。
- ◎ 资深经理人。
- ◎ 研究员（潜在）。
- ◎ 教授（潜在）。
- ◎ 新产品专家。

成长预期是什么？
- ◎ 利润每年40%的增长。

营销计划是什么？
- ◎ 以一个新的分销程度作为目标。

想要达到什么结果？
- ◎ 填补现有生产线的空缺。
- ◎ 维持或改进市场形象。
- ◎ 将现有产品推入新市场。
- ◎ 强化品牌名称。

客户的人口统计特征是什么？
- ◎ 西欧及北美。
- ◎ 锁定全球的工业化国家。
- ◎ 组织中的专家（营利、非营利、政府）。

将承担多少风险？
- ◎ 努力整合及综合目前的业务资源。

开发人员的行为特征是什么？
- ◎ 工作上有想法。
- ◎ 对研究有兴趣。
- ◎ 个人承诺。
- ◎ 开朗。
- ◎ 正直及诚实。
- ◎ 愿意协同及合作。

应如何选择时机进入市场？
- ◎ 越快越好。

其他重要因素考虑。
- ◎ 留意专利。

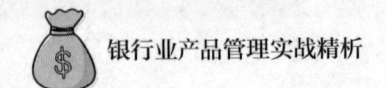

依据以上的问题及回答，开发的产品创新章程如下：

极富创造力的问题解决小组——布法罗，提供专业的服务及资源，以帮助激发人们创造性的潜力、引导创造性的改变、达成创造性的成果。这些服务及资源使用在培训课程、学习规划，以及与创造力和变革相关的咨询公司中。我们的客户在组织里是资深的专家，对"影响、改变及增加创造力"具有浓厚的兴趣。这些顾客主要位于西欧、北美，且在全球的工业国家中正逐渐增加。现有及潜在顾客与伙伴将成为主要客户。

我们希望通过努力及为合作伙伴提供更多的回报，取得利润每年40%的增长。新产品将弥补我们现有生产线的不足及改进形象与进行品牌识别。

通过提升我们的品牌及声誉，我们将投入现有产品及新产品进入新市场。整合及综合是我们的主要方法，且当产品有成效时我们将会投入产品到新市场中。我们将通过版权、专利、商业秘密，以及商标尽可能保护新产品。

3.8 颠覆式创新与常规式创新

与产品创新章程类似，颠覆式创新是一项新兴的实践。颠覆式创新的概念是，某种程度完全崭新的或在现实世界难于理解并应用的创新。美国创新学家克莱登·克里斯汀森首次在他的论文《创新困境》中描述了颠覆式创新这个概念。

为何有的公司经营失败，而有的能够成功？克里斯汀森注意到一个明显趋势，那就是，对于具有行业经验和大量用户基数的公司，它倾向于通过提高产品性能和增加产品特性来进行市场的升级。这类公司采取库珀的技术驱动策略，如提高产品性能，传统银行就是这样的实例：不断增强现有产品的性能。当公司响应为最优用户添加产品新特性时，产品性能水平通常倾向于超过那些简单用户所要求的水平。另外，简单用户往往愿意牺牲一定的性能，来换取其他的产品特性，如更便宜的价格和更好的便利性。

案例3.18　基于区块链的颠覆式创新——火星数字资产银行

案例背景

数字货币行业的"造富效应"，让大批对金融、区块链及渠道一无所知的投资者疯狂涌入，真正专业的投资者寥寥无几。在行业趋于理性、数字货币进入熊市调整期、专业玩家入局之后，大批散户像"韭菜"一样被"收割"，前期积累的高收益很快被消耗掉。越来越多的投资者发现，通过低买高卖的数字货币交易获得收益的门槛越来越高，难度越来越大。

火星数字资产银行（marsbank.vip）于2018年6月20日正式上线，目的是为一般用户提供数字货币质押、数字货币交易杠杆配资、受托数字货币量化交易、数字货币资产管理、数字货币保险、数字货币供应链金融等数字货币领域的金融服务。

"交易即挖矿"这种大家较为熟知的通证经济的模式，本质上是对交易权的争夺，完成一笔交易，即可获得相应的奖励，以激励的方式提高交易所的交易量和交易深度，实现社群、参与者及交易所多方的共识、共建、共享。

作为币虎全球生态成员，火星数字资产银行推出"投资即挖矿"的新型业务模式，其本质是区块链共识通证——币虎全球交易所平台币HUBI在币虎全球生态银行业务的应用。该模式围绕通证经济的发展，加速币虎全球生态系统内价值循环，为促进权益证明的流通提供了很好的示范，如图3-29所示。

通证需具备三个要素：权益、加密和流通。从火星数字资产银行所属的币虎全球生态系统来看，整个系统囊括币虎全球生态基金布局的币虎全球交易所、火星数字资产银行、币虎科技、币虎财经、矿场、矿池等，打通了数字资产上下游全产业链。

图3-29 币虎生态模式

（图片来源：http://www.gongxiangcj.com/posts/9249）

以HUBI作为币虎全球交易所的通证，共享币虎全球生态系统的红利，不仅可在币虎全球交易所交易，也可在币虎全球生态火星数字资产银行、币虎财经、矿场、矿池等系统内流通，或抵扣部分的交易手续费，或降低理财成本，或激励社群及用户积极参与，每一次对币虎生态的贡献，都会得到通证的奖励，可享受更广的权益，真正实现优质资源的最优化配置，调动社区参与者的积极性和创造性，充分激发出币虎生态的活力未来。

【案例分析】

众所周知，基于分布式总账的数字货币的发展，对中央银行和其他公共部门提出许多潜在的政策性问题。其中，与中央银行相关的问题主要来自中央银行在支付系统中的作用。例如，中央银行对提供数字货币服务的机构或为其他提供此类服务的公司提供结算服务的机构所负的监管职责的大小，货币政策的执行情况，实体货币的发行情况，以及维护金融稳定方面发挥的作用等。一旦数字货币或分布式总账得到广泛应用，将对银行甚至中央银行的业务和资产负债表产生潜在影响。

目前，数字货币在中国尚不能构成中央银行的政策性影响，但数字货币作为资产本身已经成为金融交易市场不可忽视的需求力量。火星数字资产银行所探索的"投资即挖矿"的新型业务模式满足了市场中一般用户的数字货币理财需求，是一种对传统银行业理财模式的颠覆式创新。

常规式创新公司持续开发提升性能的产品。产品性能可以是小步的逐步改进，也可以是在现有产品和下一代产品间的飞跃式提升。对于后者，创新被认为是"革命性的"，因为在性能上有大幅飞跃，尽管产品仍然是利用现有技术解决现有市场的问题。

通过常规式创新为熟知客户群提供性能不断提升的产品是大公司的优选策略。因为拥有占据大量市场份额的客户群，应用产品方案解决客户问题也就很复杂。通过常规式创新赢得成功的公司在自己的领域里通常技术改进缓慢，外部竞争威胁也较小。

然而，发现低端市场机会的公司，则可以利用颠覆式技术与大公司竞争。这些公司能满足边缘客户的需求，这些市场更小，吸引力也更低，边际利润空间往往也很小。技术改变的节奏或颠覆式科技的性能提升率，可以与维持性技术相比，甚至更迅猛。颠覆式科技的核心理念是，产品的初始性能可能比市场上的大型公司要低，然而颠覆式科技为新兴市场提供了其他利益，比如便利性或低成本，作为对低性能的补偿。

颠覆式创新非常适合这样一些公司，它们寻求新的增长点并愿意接受当前较低的边际利润，以换取将来的现金收入。通常，颠覆式创新需要高程度的尝试和试错，来解决新兴市场的需求，所以商业计划和运营团队也会更灵活。我们在后续产品团队的章节中将描述适用常规式创新和颠覆式创新的组织结构形式。简而言之，颠覆式创新引入了新的客户价值主张，从而使公司实施了与传统大型公司所不同的商业模式。

总 结

战略是贯穿新产品开发的重要主题。前期致力于创建有力的、可实现的创新战略的公司，从长期的新产品开发过程来看，往往是最成功的。

本章中我们描述了创新战略的基础。高层管理者在做正式决策、制定新产品开发战略的过程中扮演了关键角色。而且，高层管理者关注和支持的提升直接影响创新项目的质量。高层管理者必须通过识别市场、技术和产品导向的机会来确定公司的方向，同时管理所有新产品开发工作必要的资源。

战略的定义是公司为达成其长期增长目标的策略计划。公司的使命、愿景和价值声明共同构成了公司的经营战略，公司的商业战略确定了可以通过创新和新产品开发达成的目标，而新产品开发定位于具体的市场，并可以利用公司的核心技术来实现。

本章讨论了三个战略框架。这些战略框架在很多情况下是重叠的，并且在不同的市场、技术和产品要素中是相互关联的。

波特的经典战略框架确定了市场细分的广度和企业的核心竞争力。一个广阔的市场细分结合有效的运营就形成了成本领先战略，而聚焦于独特的客户价值主张就会形成差异化战略，对于小范围市场的关注就形成了市场细分战略。

库珀的战略架构通过市场和技术开发工作的范围来定义。差异化战略关注于明确定义的细分市场和高复杂技术的研究工作。技术推动和高预算、多元化战略也会大量投资于技术研究，但是缺少对市场的关注。相反，低预算、保守战略限制技术投资，而非博弈战略对于市场和技术的关注都很缺乏。

迈尔斯和斯诺的战略架构解决的是公司将会怎样应对环境变化的问题。探索者乐于作为市场的先行者，并将其战略重点放在新问世产品的开发上。分析者会识别新产品开发的需求，通常会跟随探索者在市场上快速地推出新技术。分析者重视稳健的运营和长期目标。防御者则更愿意关注有效的运营，但也会创新以保护其市场边界。每种战略长期来讲都能成功。另外，反应者通常是历经了重大内部变革，没能形成一个具有连贯有效的战略。在没有确定业务目的和目标的情况下，反应者不太可能在其业务领域内长期地存活下来。

最后，需要针对平台、市场和新产品开发的技术要素而定义具体的战略。产品平台战略会利用美国核心技术构造模块，在长时间内开发一系列产品。产品/市场矩阵帮助公司在现有和新的产品竞争领域内识别机会和竞争威胁。单独的技术战略也是很重要的，因为技术开发蕴含高风险，并且应该针对公司的技术收购提供支持。成功设计和实现创新战略（包括平台、市场和技术）的公司，通常都是新产品开发方面的佼佼者。

战略为成功的新产品开发提供了首要的目的和目标，商业模式创新、突破性创新和开放性创新等实践都对当今的竞争世界产生着重要影响。

首先，商业模式创新包括改变用户价值主张，以应对新的市场机会。商业模式包括创造可盈利的新科技或以独特视角打开新兴市场。商业模式创新的四个主要元素是：

◎ 客户价值主张。
◎ 利润公式。
◎ 关键资源。

◎ 基本商业流程。

具体项目或服务计划的新商业模式战略可以采用产品创新章程来实现。产品创新章程是一个指导性文档，它将管理层的期望和他们的商业战略观点与新产品开发项目的具体目的、目标和指标联系起来。产品创新章程应包括四个主要部分：背景、聚焦领域、目的和目标及特殊准则。产品创新章程应用于各种类型的创新项目，无论它们是激进型还是持续改进型的。

持续以提高产品性能来为用户服务的公司，会主动采取常规式创新的计划。常规式创新常导致出现特性冗余的产品，用户可得到由现有产品标准和用户满意度所衡量的增强性能的产品服务。与此相对，颠覆式创新服务于边缘用户，为他们提供初始性能较低的产品，但提供独特的价值主张，比如便利性或低成本。随着颠覆式创新的性能不断提高，常规式创新公司的市场份额会逐渐被蚕食。

最后，颠覆式创新是一项新兴的实践。公司采用内部和外部的创意和分销渠道。常规式创新专注于内部研发、领先进入市场、拥有知识产权等，而颠覆式创新则引入了通往市场的新途径，通过授权或利用合作关系来提高利润的方式来优化知识产权的价值。

第4章 产品组合管理

本章内容

- 产品组合管理的定义
- 高层管理者在产品组合管理中的角色
- 产品组合管理的目标
- 资源分配

本章案例

- 案例4.1 浙商银行通过组合管理聚焦资源，深化打造"趣发现"
- 案例4.2 广发银行"摆范儿卡"平台项目
- 案例4.3 中国银联的境外市场创新
- 案例4.4 商业银行的野猫产品——金融科技创新产品
- 案例4.5 民生银行的"鹰眼"风控
- 案例4.6 百行征信把握市场化风控之源

公司战略或经营战略及创新战略，为竞争性创新投资之间的权衡决策提供了整体方向和框架。在发展和持续性维护一个组织的产品组合时，总要面对一系列彼此竞争资源和投资的项目。基于创新战略的组合管理是一个重要工具，它确保了产品开发和产品管理项目的正确优先顺序和平衡关系。

按照项目管理协会（Project Management Institute，PMI）的定义："组合是以组合形式被管理的一系列项目集、项目和/或操作的集合。一个组合的构成元素未必是互相依赖的，甚至未必是相关的，但它们被集合成一个组合，以此为单位接受管理，以实现战略目标。"

在产品管理中，企业可以通过两种途径实现新产品开发的成功：正确地完成项目，完成正确的项目。组合管理讲述的是完成正确的项目。

4.1 产品组合管理的定义

产品组合管理与新产品战略紧密相连、不可分割。产品组合管理是一个决策过程，为公司选择最有效的新产品开发项目，从而优化稀缺资源的使用。相反，项目管理则是通过规划与执行一系列特定的步骤，来完成单个新产品项目的工作。对于

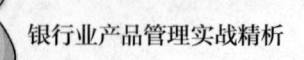

新产品开发工作来讲，项目管理包含项目的战术执行，这些执行工作大多发生在结构化的新产品开发流程中的开发阶段，而产品组合管理则是评价那些从可用项目池中选择出的最佳项目组合，目的是为公司创造最高的潜在价值。

产品组合管理的正式定义：产品组合管理是一个决策过程，其中商业活跃项目的清单被持续审查和更新。本定义中的每一个阶段对于描述产品组合管理在组织中的角色都是重要的。

4.1.1 产品组合管理要素

4.1.1.1 决策过程

产品组合管理是帮助高层管理者评价大量新产品概念，并决定哪些项目与公司战略目标相一致从而继续推进的过程。产品组合管理提供信息，辅助高层管理者决定哪些产品开发项目应得到投资，哪些应该放弃，以及哪些应该留待进一步考虑。那些得到高层管理者资源投资的项目被称为"活跃的"，并可以得到指派的资源及优先完成的权利。

4.1.1.2 组合的持续更新

持续审查与更新是产品组合管理过程的独有特点。一家公司中处于"活跃"推进的新产品项目的成熟度会有很大跨度，有些还只是在产品概念阶段，而有些已经是可以发布的商业产品了。回顾产品创新的框架，"产品"这个术语可以指有形的物品、无形的物品（如软件），还可以指服务，以及具有新客户价值主张的项目关联物品和服务。

一般认为，产品组合管理的范围只局限于新产品，并不包括过程改善方案，如供应链的效率提升或制造升级。然而，如果商业过程对客户关于质量、交付或产品功能的观点可能有直接影响，该项目则应包含在产品组合管理审查中。对有项目管理办公室（Project Management Office，PMO）的公司来说，新产品开发项目的定义应明确无误地记录。其他情况下，如果顾客有机会看到产品的变更，最好谨慎地将这些项目纳入组合规划过程中。

4.1.1.3 应对未来事件

应注意的是，产品组合管理需要在高度动态化的环境中应对未来事件。公司无法预先保证项目的技术或商业的成功。因此，风险和不确定性的因素与新产品开发和创新是一直如影随形的。

可以肯定，一个组织会持续获取关于产品技术方面的信息及目标市场的新信息。另外，产品组合管理过程会比较值得投资的项目和较低优先级的项目，每个项目的完成阶段或成熟度阶段也各不相同。因此，通过比较处于不同阶段的项目（例如，概念阶段的项目和原型阶段的项目）来做出组合的决策。再者，由于技术知识和/

或市场的变化，项目的状态也在不断变化，因此每天都会有项目进入或离开组合。

预测未来是非常困难的，对新产品开发的领导和高层管理者来说也是一样。产品组合管理的目的就是帮助决策者提升成功概率。高层管理者也必须认可和参与这部分决策过程，从战略层面识别不适合继续开发的项目。

4.1.1.4 资源

高层管理者在组合规划过程中的关键职责是管理稀缺和有限资源。当高层管理者选择通过开放式创新来扩展概念生成的过程时，内部开发资源必须要用在最高价值的项目上。

资源包括时间、金钱、人员和设备。当然，这些资源是与其他的业务职能共享的，并应在整个公司中适当分配以最大化利用资源。例如，试验工厂设备通常要在公司各业务职能中共享，如可以给工厂的试产做测试与故障处理，也可以为新产品开发工作制作原型，等等。如果设备不能用，新产品开发工作将延期或停滞。另外，当一家公司依赖开放式创新或与目标客户进行共创的时候，时间本身也是有限的资源。这些客户在合作的时候，不会像公司的新产品开发团队一样具有时间紧迫感。这种情况下，时间也是极为有限的资源，必须很好地进行管理，才能维持公司的市场竞争地位。

案例4.1　浙商银行通过组合管理聚焦资源，深化打造"趣发现"

案例背景

2019年上半年，浙商银行公布的业绩报告显示，该行信用卡累计发卡量361.73万张，实现消费额462.86亿元，同比增长76.16%。

浙商银行信用卡业务的快速增长，一方面得益于其信用卡产品的组合更丰富，另一方面通过产品组合管理，聚焦资源，强化线上发卡能力也是其优势所在。

在增进信用卡业务收入方面，加大场景类分期拓展，优化推出MBA学费分期等业务，不断完善分期产品体系；持续打造并优化"趣发现"品牌主题，统一主视觉形象，如图4-1所示；打造自助品牌活动"周周刷"，开展包括12306出行无忧、网易严选、在线"约惠"季等全国性营销活动，不断丰富用卡场景，尤其是在线场景的搭建，提升客户黏性，深化品牌认知。

图4-1　浙商银行"趣发现"统一品牌形象代言人redo

（图片来源：https://www.sohu.com/a/222584383_212625）

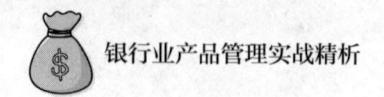

> **【案例分析】**
> 产品组合管理的作用是通过战略一致性的管理来达到资源优化配置的目的。浙商银行通过组合管理使营销资源聚焦于统一的主视觉形象——品牌形象代言人redo，再使用同一品牌形象去开展统一品牌化的营销活动，使营销与产品产生合力，实现战略效益的最大化。

4.1.2 产品组合管理的收益

研究表明，采用产品组合管理工具的公司绩效最佳，达成它们新产品利润目标所需的时间只有其他公司的75%。组合管理技术为公司提供了有效的架构，从整个可用项目池中识别和选择最具创新性的项目。其他的研究（如库珀2013年的研究）表明，使用产品组合管理工具的公司会得到更高的投资回报率。部分原因是它是适用于高层管理者的更好的决策框架，即通过对每个新产品项目与其他项目进行比较，将具有最高价值的项目优先投入开发过程中。此外，应用产品组合管理的公司能更好地基于风险和回报来平衡组合内的众多项目。

4.2 高层管理者在产品组合管理中的角色

如前面一章新产品战略所述，为了新产品开发的成功，高层管理者在决定要进行哪些市场、技术和产品等方面的活动中起到重要作用。高层管理者通过确定组合项目的类型将战略与战术执行关联起来，目的是达成风险与盈利间的平衡。组合平衡也反映了公司可接受的投资回报率（Return on Investment，ROI）的时间框架（短期或长期），并确立了适当的增长机会。高层管理者尤其需要评估能给各类项目提供的资金量。这些项目包括降本、增量改进、产品线拓展或加强，以及激进的创新（新问世产品或新公司产品）。

4.2.1 方向制定者

高层管理者的首要角色是从创新项目的风险承受力方面确定组织的方向。也就是说，有些商业组织愿意接受更大的风险或愿意等待更长的创新投资回报期；而有些公司则关注短期回报，风险承受力也小得多。选择投资哪些新产品开发项目类型决定了新产品组合与整体商业战略的一致性。

例如，一家积极履行探索者战略的公司会部署创新更为激进的产品开发组合，也显示出更高的风险承受力。相反，防御者战略公司的新产品组合大多充斥着低风险的并对现有产品进行增量改进的短期项目。

4.2.2 产品线架构师

高层管理者在产品组合管理中的另一个重要角色是产品线架构师。这反映了高层管理者在确保组织实施"正确"的产品与项目上负有关键责任。另外,这些产品必须在时间框架内按照市场吸引力的顺序进行商业化。项目选择技术、组合的平衡及新产品开发项目类型的混合都是项目组合管理的角色。

在这里,正确意味着项目与整体商业目标和特定的创新战略是战略一致的。高层管理者将采用组合管理的框架针对活跃的新产品开发项目捕捉需求,并选择项目集合,目的是为公司集成交付最大的战略价值。作为产品线架构师,高层管理者关于构建活跃产品组合的计划、设计和监督要始终与新产品战略保持一致。

另外,作为产品线架构师,高层管理者需要定义产品类型。常见的新产品开发项目的类型包括突破项目、平台项目、衍生项目、支持项目。其他的项目类型还包括新问世项目、新公司项目、产品改善项目及降本项目。在每个组织里,高层管理者应该定义一套标准的项目类型,从技术复杂度和市场导向的角度来描述创新水平。与组合管理相关的标准项目类型如下。

4.2.2.1 标准项目类型

1. 突破项目

出于产品组合管理的目的之一,突破项目是要努力运用新技术将新产品投放新市场。突破产品的创新既要有深度也要有广度,与现有实践有显著的区别。产品将服务于独特的、新型的市场细分领域,并采用了新的商业模式。突破项目通常应配给风险团队(又称创业小组),这些团队更愿意接受风险,同时更能理解新市场机会的规模与意义(详见第8章)。

简而言之,突破项目包含非常新的事物。这类项目有时也称激进式创新。当然,颠覆式创新也属于突破项目的类别。这两个词都描述了应用新技术,从根本上改变顾客选择的新产品。

一家公司可以通过突破项目来拓展其覆盖面。例如,一个生产碳酸饮料的公司冒险引进新的产品线。这与该组织目前的业务有很大的区别,因为这不仅涉及新技术和新的目标市场,还涉及新产品的分销渠道和新的商业模式。

2. 平台项目

如上一章所述,平台战略利用共有的核心技术来长期开发和商业化一系列的产品。衍生产品(如下)可以进入现有市场,也可以进入新的市场,这取决于平台产品中的具体技术。平台与衍生产品共同组成了产品族。

新平台包含在活跃的产品组合中,它有助于达成与新产品战略相一致的长期增长。开发新平台通常比产品改善更具有风险,并且经常需要采用重量级团队来实施开发任务和产品上市。

平台项目并不像突破产品那样具有激进创新性,然而,未来很多产品工作都将基于平台产品所开发的通用架构来启动,所以会给公司带来风险。通常,产品平台

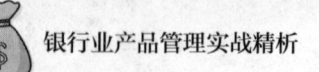

可以使公司利用单一技术就能进入多个市场，并且这一战略能为提升公司新产品组合价值提供强大动力。

案例4.2　广发银行"摆范儿卡"平台项目

案例背景

2018年，广发银行推出大学生专属信用卡系列产品，倡导"我做主、我负责"的理性消费观念，开启大学生的信用人生。它具有消费计积分等功能服务，同时享有众多商户折扣优惠，给大学生更多个性选择，尽享"摆范儿"生活，如图4-2所示。

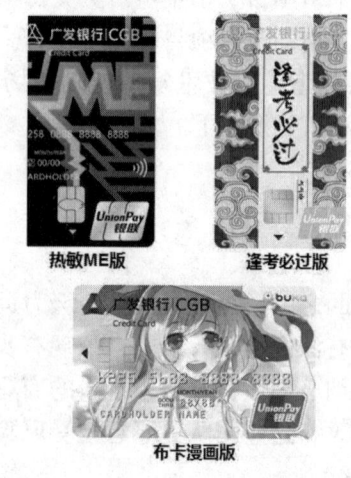

热敏ME版　　逢考必过版

布卡漫画版

图4-2　广发银行"摆范儿卡"产品

（图片来源：http://www.51kaxun.com/card/4366.html）

"摆范儿卡"是针对大学生的专属虚拟信用卡，目标客户群体是北京、上海、天津、重庆、广东等24个省市的在校大学生。广发银行在"摆范儿"产品平台基础上推出了多个产品系列，如"逢考必过""热敏ME""布卡漫画"等。

【案例分析】

广发银行的"摆范儿卡"是一个平台产品系列。最初的"摆范儿卡"服务于部分城市的大学生。后来，产品架构不断升级以增强其服务。利用升级的平台，广发银行开发并陆续推出了"逢考必过""热敏ME""布卡漫画"等衍生产品。在随后的开发工作中，大部分卡产品的核心架构和服务对象一直保持不变，从而保持品牌的连续性。

3. 衍生项目

与突破项目和平台项目相比，衍生项目带来的风险更低。衍生产品可能是平台的副产品，基于核心技术的通用架构来提供增强的功能与新特性。

衍生产品也可以填补产品线的空白，或者为产品提供更具成本竞争力的方法。产品线的扩展也可以通过衍生产品的开发来完成。很多衍生产品的设计、开发和执行是通过轻量级团队完成的。

正常情况下，组织会认为衍生项目不像突破项目或平台项目那么复杂。如前所述，衍生项目代表产品族的下一代产品。例如，某汽车制造商推出某款跑车的敞篷版，而该款跑车最初是基于成功的轿车设计平台来推出的。正因如此，衍生产品也称为"改良品"或"衍生品"。

衍生项目在正常情况下会成为公司新产品组合的重要部分。很多衍生项目对现有产品只提供适度的改良。例如，考虑给现有电话产品线增加一款智能电话，添加拨打Facebook或Twitter的按键。类似这样的软件应用功能的添加虽被认为是产品设计的适度改良，但可以填补空白，甚至达到超越竞争者产品的效果。

4. 支持项目

在所有的新产品开发项目中，风险最低的是支持项目。这些项目将解决产品的制造效率和增量改善等问题。例如，商业化产品不幸有缺陷或其他的性能问题，可以通过着手支持项目将产品再次推向市场。

考虑到有些购买者需要自己安装产品的情况，如市场上普遍的DIY家具，在产品推到市场后，很多客户会向公司抱怨，说他们并没有一些可用的常用工具（如通用扳手）。这一问题就可以通过支持项目来解决：在产品盒里提供便宜的、一次性的通用扳手，同时新产品团队对安装说明书做相应的更新。

在新产品开发中，支持项目最重要的目的是对产品线进行微小的改进，并扩展产品应用的范围。通常，某一部门的职能工作组将被指派来完成这一类项目。

4.2.2.2 产品线架构师的角色

因此，高层管理者作为产品线架构师的角色涉及决定对各种项目类型的适当投资水平。而且，该角色包括评估各种项目类型的平衡，确保新产品开发工作与公司战略的一致性。

高层管理者可以把关和审批研发预算，确保预算与各项目类型间的平衡（如突破项目20%、平台项目30%、衍生项目25%、支持项目25%），从而有力保持与战略的一致性。其他情况下，业务单元的支出会反映产品类型的平衡，这种平衡需结合公司在商业和创新战略中所确立的增长领域。

4.2.3 组合经理

产品组合管理的一个关键点是该决策过程的所有权必须是高层管理者。正常情况下，新产品开发项目下的组合决策应包含在活跃项目的集合内，需由高层管理者的团队共同做出。团队中的高层管理者来自多个部门，负责公司的研发、技术增长、市场、运营和商业战略等。

产品组合管理团队的成员将常规性地审查项目集合，包括正在活跃进行的项目、停滞的项目、刚刚创造的新创意项目等。通过这种方式，公司的高层管理者团队承担了组合经理的角色——做出决策，定义新产品开发项目的活跃集合。

另外，因为高层管理者对于商业战略和未来增长举措非常熟悉，他们也负责将项目执行与资源能力进行匹配。而项目类型及其类型的平衡已经由高层管理者作为产品线架构师的角色决定了。

我们来看一个例子，一家公司响应目标市场的强烈需求，正在开发一个云计算的解决方案。这家公司在软件编程方面已经具备很强的实力，但在互联网应用开发方面几乎没有经验。通过与战略方向相一致的组合管理，高层管理者建立了一整套技术开发项目，目的是推出云计算解决方案的产品平台。根据对商业战略的深入理解及组合管理的要求，高层管理者认为公司应该招聘具有互联网应用编程能力的人，另外可能的方案是收购一家已经具有这些能力并且与本公司文化较容易融合的初创公司。无论最终的选择是什么，组合经理都要负责识别和填补影响新产品开发项目战略执行所需的资源差距。

与之相似，如果公司同时开展几个新产品开发的工作，那么高层管理者需要确保有经验的技术和市场团队有足够的能力来处理众多的项目。因此，高层管理者具有组合经理的角色，目的是满足新产品开发所需的能力和资源的技能需求。

另外，高层管理者必须负责组合规划过程。高层管理者应说明组合审查的流程与频率：审查包括哪些项目？审查是每周，还是每月或每季度开展？新的产品创意与即将上市的产品是否遵循同样的排序和优先级定义的流程和标准？对于模糊前端和开发阶段是否存在不同的新产品开发过程？

当然，这些关于确立项目如何及何时被审查、是否包含在活跃新产品组合内或排除在外的决策是与结构化的新产品开发过程（或阶段和关口流程）紧密集成的。每个项目都应单独地按照既定的标准进行审查（见第5章）。例如，新产品开发过程更为合理的公司，组合审查会议的频率应比单个项目审查的频率低。

毫无疑问，沟通对有效的组合管理是非常重要的。高层管理者对公司的战略计划与方向最熟悉，然而"最基层"的员工与客户及潜在的新产品用户有最紧密的接触。因此，作为过程负责人和组合经理两者角色的结合，高层管理者团队必须通过选择与公司的风险承受力和利润目标最匹配的项目，将客户需要与公司的战略方向整合在一起。

组合管理是一种规划和决策技术，用于为公司选择最具创新性的项目。高层管理者在任何特定的时间，都要从公司可用的项目中选择最有价值的项目集合，因此组合决策的环境是持续变化的。

4.3　产品组合管理的目标

如前所述，产品组合管理的定义是关于活跃的商业项目列表被持续审查与更新的决策过程。因此产品组合管理的目标是获取一系列新产品开发项目，这些项目的特点有：

活跃、与公司战略相一致、交付最大价值。

产品组合管理有以下三大重要目标。

第一个目标是最大化新产品组合的价值，即获得这一创新投资的最大的财务回报。评价可用项目的常用方式既有财务的方法也有非财务的方法。早期阶段的项目倾向于用非财务分析（评分法）对组合的项目进行分级或优先级排序。

第二个目标是组合管理应确保活跃组合项目的良性平衡。我们拿退休财务规划打比方。为了实现目标，你可能需要股票、债券、房地产和货币基金的组合。更重要的是，在你的人生中，这些投资的平衡是会发生变化的。在刚刚开始工作时，你也许愿意接受更冒险的理财方式；而在结婚生子后，你的财务目标就会包括为孩子的大学教育而储蓄；最后，你的风险承受力和财务投资会随着环境变化进行调整，直到你在65岁退休达成退休财务的目标。

为了尽可能实现公司的战略目标，组合经理同样也在依据风险与收益的变化情况努力平衡新产品开发组合内的各类项目。与你个人财务投资的组合类似，项目的平衡会因公司、行业、时期的不同而有所差异。

第三个目标是确保活跃进行的项目与先前高层管理者制订的战略计划相一致。如前所述，由于产品组合决策与创新战略的高度相关性，高层管理者在组合管理中的角色是至关重要的。战略一致性不仅包括组合内项目的平衡与调配，还包括在期望的时间框架内进行资源分配，以成功交付项目。

> **小贴士**
>
> ### 组合管理的其他目标
>
> 有的书中还将管道平衡和财务稳健作为组合管理的目标。
> - 管道平衡（Pipeline Balance）：确保资源和焦点不会过于分散。多数公司在产品组合中往往包括了太多的项目。应确定正确的项目数量，从而达到管道资源需求和可用资源间的平衡。
> - 财务稳健（Sufficiency）：确保产品组合中所选项目能够实现产品创新战略中所设定的财务目标。

4.3.1 最大化组合价值

为了对活跃新产品开发组合中的项目进行分级和优先级排序，高层管理者需将每个项目与组合中的其他可用项目进行比较。最常用的方法是用财务方法来评估产品组合，如净现值（Net Present Value，NPV）或ROI。有些公司也使用其他的财务评价方法，如资本利润率、税前收益、预期商业价值等。

简单来说，NPV是一种允许不同的未来投资与现在价值进行比较的财务方法。任何未来的营业收入与成本都通过期望利率和上市产品的预期生命周期折算成今天的价值。期望利率有时也称资金成本，它因公司标准的差异而各不相同。例如，预期利率的常见估算是银行存款利率。

类似地，ROI是一种项目盈利能力的标准度量，用折扣利润与项目初始投资的比率进行显示。与资金成本一样，很多公司都有最低预期ROI，它反映了项目获批的最小ROI。例如，一家公司设定最低预期ROI为15%，这就意味着任何新产品开发项目的ROI只有高于这一比例才能获批，反之则会被拒绝。

4.3.1.1 财务评分——净现值

采用净现值（NPV）方法对新产品组合的项目进行优先级排序，只需要如下的几个步骤。

首先，NPV可用于任何新产品开发项目。这些项目可以是活跃的、进行中的项目，也可以是仍然处于创意阶段还没有启动的项目。组合管理的财务评分模型并不考虑项目的类型，仅凭财务指标（NPV或ROI）进行项目的优先级排序。因此，每个公司或部门正在考虑中的项目都要包含在这个清单中，不管是高风险、长期高回报的突破项目，还是低风险、短期内低回报的增量改进项目。

其次，所有项目都按照NPV由高到低进行分级排序。我们可以回忆一下，NPV包括未来销售营业收入的估算，以及开发和新产品分销的成本。

最后，因为每家公司都受到有限的新产品开发资源的制约，只有选中进入活跃组合的项目才能得到充足的资源。足够的资源分配是非常重要的，我们会在本章的后面详细讨论。

说明：对新产品开发的从业者来说，熟悉基础的计算方法是明智的。市场上许多关于金融会计和商业管理的书籍中说明了金钱的时间价值，读者如有兴趣，可以进行查阅。

1. 财务组合管理方法的示例

假设某国有银行经营信用卡业务，有大湾区信用卡、e分期和高铁贵宾厅服务等产品。公司最近得到了几个新产品的创意，高层管理者正在进行组合的评估。潜在的新产品如表4-1所示，既有针对现有市场的产品（如e分期和高铁贵宾厅服务），也有针对新市场的产品（如大湾区信用卡和金闪借）。

表4-1 某国有银行新产品财务排序示例 （单位：百万美元）

项目名称	NPV	项目类型	资源	开发成本
大湾区信用卡	112	突破	12	2
e分期	100	衍生	7	2.5
高铁贵宾厅服务	84	支持	3	1
金闪借	68	支持	2	0.75
宇宙星座卡	63	平台	6	3
奋斗信用卡	53	平台	10	0.5

示例项目中的营业额和成本估算是由新产品开发团队的负责人计算过的，表中所示的NPV单位是百万美元。作为参考数据，数据也包括产品上市所需的资源和开发成本（也是以百万美元为单位）。

这些项目按照NPV由高至低进行排列，大湾区信用卡项目的NPV是112（百万美元），而奋斗信用卡的NPV只有53（百万美元）。因为公司只有25名工程师、设计师和市场人员（资源）参与新产品开发工作，所以活跃的组合列表只包括大湾区信用卡、e分期、高铁贵宾厅服务和金闪借等项目，宇宙星座卡和奋斗信用卡项目则排除在组合列表之外。

财务分级排序方法是最简单粗暴的资源分配方法，目的是选择活跃的项目来形成产品组合。当然管理层还有其他可选的方法，比如招募并指派15名新的开发人员（追加更多的资源），这样就可以实施所有的项目了。但是，很多公司的做法是选择把所有的新产品开发项目置于活跃列表中，但资源不变，这就会导致活跃项目得不到充足的资源。创新项目失败的一个常见原因是开展的项目过多，而可用的资源又太少，项目的执行情况自然就会很差，且不能达成产品上市的期限。因此，把资源分配给最高价值的项目有助于确保更为聚焦的新产品开发工作。

另外，当管理层在考虑表4-1所示的产品组合时，他们应该质疑大湾区信用卡项目的NPV是否真的可以达到112（百万美元）。同样也要思考关于高铁贵宾厅服务项目的预测是否准确，是否比e分期项目创造的价值少。对组合项目进行财务排序的最大缺陷是该方法并没有考虑所有可用的信息（包括风险、技术能力和市场分析）。

2. 产品组合管理财务方法的问题

如上所述，在新产品组合中只使用财务方法对项目进行优先级排序存在多个问题。例如，财务计算很容易受以下因素变化的影响：机会成本、预期销售额，以及分析所使用的时间段。

首先，因为NPV和ROI要求计算整个产品生命周期的现金流入量和流出量，因此得到准确的数据是非常困难的。处于开发阶段早期的项目（如创意阶段），得到的未来几年的销售预测很可能是不准确的。在需要进一步技术开发和市场拓展的情况下，不准确度会持续增加，如突破项目中的颠覆性创新就是这种情况。颠覆性创新的新产品销售额和成本的估算往往会更加不准确，因此NPV和ROI的计算更加适用于近期上市的产品。

因此单独的财务分析通常会形成聚焦于短期的新产品组合，其中包括准备上市的新产品。这些新产品有利于需要更长时间开发的项目。但是，在组合中加入众多增量改善的产品会稀释整体创新性，并导致新产品质量的下降。利用这种方法，如果没有考虑具有更大风险和更长回报期的激进创新时，从长期来看公司往往会面临缺乏战略新产品的增长点，以及更低的市场份额等诸多问题。

其次，NPV和其他大部分财务工具都没有从技术和市场的角度充分考虑开发的风险。公司有时会采用不同的利率或结合技术和/或市场成功的概率来调整最终的评价结果（NPV或ROI）。虽然如此，这些调整还是比较主观的，并不能有效改变活跃的组合更偏向于短期内上市的项目（短期内上市的项目往往资金可以快速回收）。

最后，财务方法只考虑了营业额和成本，并没有反映必要的商业战略。某些情况下，组织为了获得市场份额或达成其他战略目标，愿意针对特定的产品来计算财务损失。例如，一家公司正在考虑产品线的整体设计架构和市场系统——系统中的任何产品都不能单独盈利，但如果没有整套产品组件和衍生产品，整个产品线系统也不可能成功售出。在这种情况下，公司就必须计算某个特定产品的财务损失。

举例来说，打印机和剃须刀常常会以成本价，甚至低于成本价出售。这是此类产品生产商常用的合理战略，因为生产商同时也以高额利润率出售部件和耗材（如打印机墨盒和剃须刀刀片），从而弥补硬件销售带来的损失。开发打印机或剃须刀的新产品开发项目对于公司来说是具有战略吸引力的，但如果仅通过NPV这一个指标来衡量新产品组合，这类项目可能会被淘汰。

财务指标在评估新产品组合时是很重要的。但如果组织只用财务排序法来决定活跃组合，组织就应该特别小心了。高层管理者也可以考虑通过替代方案（如评分方法）来排列项目的优先级，从而确保战略的一致性。

4.3.1.2 产品组合管理评分方法

如上所述，单纯的财务方法会使产品组合里存在太多短期的、增量的创新。还有一个原因是早期的创意阶段一般很难获得令人满意的销售和开支方面的准确数据。另外，长期的项目往往要求不可预知的技术开发和市场拓展的成本投入。并且，如果考虑货币时间价值（如NPV或ROI），遥远的将来所产生的收入通常会折现得更多。

解决早期阶段项目中财务分析问题的一个有效方法是采用非财务评分模型。这些模型可以通过结构化的方式来处理项目风险。只采用财务指标时，组合通常会倾向于选择更短期的、低风险的项目，这样会导致公司在推行更具颠覆式创新的竞争对手面前显得很脆弱。因此，评分模型将采用一套更全面的价值指标来补充财务指标，从而确保项目与公司整体的商业和创新目标具有战略一致性。非财务评分方法通常也会确定产品的技术和市场的可行性，目的是评估是否应对新产品开发项目做进一步的投资。

1. 评分步骤

步骤一：选择评分标准

在评分方法中，负责新产品开发和组合管理的高层管理团队会按照一套预设的标准对项目进行排序。对于需通过关口检查表来决定是否可以从一个阶段进入下一阶段的项目来说（见第5章），这些标准通常都很相似，甚至是相同的。评审小组的每一个成员将按照这些标准来评估项目的吸引力。通常项目的排序区间从强烈同意到强烈反对，分别对应1分到5分。在另一些情况下，项目标准只是简单地分为高、中、低三级。评分方法并不是为了严格的统计分析，因此排序方法应易于执行，并能针对各种项目类型得到一致的评估结果。

表4-2显示了产品组合管理一些建议的评分标准。这些标准可能包括战略一致性，市场吸引力（如较少或较多竞争对手），产品提供给客户的优势、风险和不确定性，技术可行性的程度，相关回报等。其他常见的组合评分标准还有资本投资和知识产权等。每个组织应针对所有的新产品开发项目采用一致的评分标准。

表4-2 产品项目评分标准表

战略一致性	市场吸引力	产品优势	技术可行性
• 适合商业战略	• 达到最小市场规模标准	• 满足客户需要	• 拥有或获取知识/专业技能
• 适合创新战略	• 增长机会	• 提供独特的价值主张	• 技术复杂性和风险是可管理的
• 利用技能和核心能力	• 提供竞争优势	• 有商业机会	• 成本收益比是可接受的
• 支持整体业务单元的需要	• 满足现有市场或客户的需要	• 无"致命变因"	• 与风险相符的投入产出比
• 提供平衡	• 无法规或环境障碍	• 不确定性是可管理的	• 整体生命周期盈利率是可接受的

步骤二：评估得分

接下来，将每个组合评审者的打分汇总在一起。前面提到，组合评审者可能包括高层管理者、事业部负责人、职能经理等。如上所述，评分在1~5分。根据评审标准，更高分数表示更强烈的同意。要注意的是，除了将所有评估者的分数汇总，有些公司还采用将评分取平均值的方法。从组合排序的角度来看，选择汇总或平均的方法并没有本质的区别。重要的一点是采用一致的方法来进行新产品开发项目的相互比较。

在有些情况下，组合团队会认为其中一到两个指标更重要。这些"必须有"的指标会加上权重，来强调该因素的重要性。例如，一家公司可以将所有战略一致性的评分乘以150%的权重因子，强调这是将项目纳入活跃的新产品组合的基本考虑因素。

步骤三：项目优先级排序

将所有可能的新产品项目进行加权评分并汇总后，项目列表就被排序了。在财务方法中，项目由高到低进行排序，活跃项目就被挑选出来，直至资源完全分配。

表4-3显示了评分方法的简单示例。

表4-3 产品项目优先级表（示例）

项目	战略一致性	产品优势	市场吸引力	核心能力	技术可行性	回报	分数	标准分数	资源数量	状态
A	5	5	5	5	4	5	29	97%	16	活跃
B	2	5	5	5	4	5	26	87%	20	活跃
C	5	4	4	4	5	4	26	87%	15	活跃
D	5	4	3	4	3	3	22	73%	20	活跃
E	5	3	4	3	4	2	21	70%	15	暂停
F	2	5	5	3	5	4	20	67%	30	暂停
G	4	4	2	4	2	4	20	67%	20	暂停
H	3	5	5	1	1	4	19	63%	25	暂停

上表的组合示例中，有六个标准得到了评估：战略一致性、产品优势、市场吸引力、核心能力、技术可行性和回报。产品组合管理评审团队对每个项目进行评分。5分表示项目在本类别上得分最高，1分表示得分最低。正如先前所述，一种替换的评分方法是组合经理对各标准进行评分，并计算每一个类别的平均分。

在表4-3中，每一类别都具有同等重要性，每一行评分的加总就是每个项目的总分，即"分数"那一列的数字。例如，A项目的分数是29分，而F项目和G项目按照组合标准的评分都是20分。标准分数代表了单个项目的总分与项目最高分的比率。在这种情况下，最大程度匹配每个标准的新产品开发项目会得到30分，如B项目和C项目的正常评分都是87%。

在NPV方法中（如上），也会注明完成产品开发直到产品上市所需的全职人员资源的数量。该示例中的公司有75人可用于新产品开发项目，因此配备充足人员的项目被认为是活跃的，其他项目则是暂停的。因此，A项目、B项目、C项目和D项目选择为活跃的项目，而E项目、F项目、G项目和H项目则处于暂停状态。

2. 替代的评分方法

在上例中，项目以平衡法进行评分，假定所有的标准都是同等重要的。然而，很多公司会强调一个或多个评分类别对于新产品开发的成功更为关键。例如，某公司正在进行突破式创新，同时所用的技术并没有完全被掌握。因此，组合管理团队决定技术可行性的标准是最重要的，那么这一评分方法可以很容易适应这种情况。

在组合分析中，技术可行性的类别被赋予200%的权重因子，以彰显其重要性。下面的样例中有一个项目得到了完美得分30分就是这种情况。表4-4显示了项目技术可行性加以权重因素的替代排序结果。

表4-4 组合分析的替代评分方法

项目	战略一致性	产品优势	市场吸引力	核心能力	技术可行性	回报	分数	标准分数	资源数量	状态
A	5	5	5	5	4	5	33	94%	16	活跃
C	5	4	4	4	5	4	31	89%	15	活跃
B	2	5	5	5	4	5	30	86%	20	活跃
F	2	2	5	5	2	4	25	71%	30	活跃
E	5	3	4	3	4	2	25	71%	15	暂停
D	5	4	4	4	3	2	25	71%	20	暂停
G	4	4	2	4	2	4	22	63%	20	暂停
H	3	5	5	1	1	4	20	57%	25	暂停

请注意，在本例中已经将A项目、B项目和C项目排序包含在活跃项目中。假定我们仍有75名全职人员资源能分配给新产品开发项目，组合管理团队就面临着如何对待活跃组合的决策。F项目是紧接着活跃组合（前三个项目）具有最大吸引力的项目。但是A项目、B项目、C项目和F项目会占用81名全职人员资源。这样，产品组合管理团队就面临着两个选择：选派更多的资源，这样F项目可以配满资源；或者暂停F项目，将多余的资源分派到三个活跃项目中。

3. 动态的项目组合

假设公司对所有潜在的新产品开发项目都进行了排序，随着对每个项目及技术和市场的最新信息的了解，产品组合管理团队需持续更新动态组合的排序。例如，当影响到D项目的竞争者和客户方面的新信息逐步明朗后，就应在接下来的组合审查会议上重新调整表4-3中所示的活跃组合。

基于新的信息，产品组合管理团队对D项目进行了重新评分，其中市场吸引力只得1分（最低分），可能的回报也降为了2分。这使得D项目的总分变成了19分（总分30），如表4-5所示。

表4-5 利用评分方法的未来组合

项目	战略一致性	产品优势	市场吸引力	核心能力	技术可行性	回报	分数	标准分数	资源数量	状态
A	5	5	5	5	4	5	29	97%	16	活跃
B	2	5	5	5	4	5	26	87%	20	活跃
C	5	4	4	4	5	4	26	87%	15	活跃
E	5	3	4	3	4	2	21	70%	15	活跃
F	2	2	5	5	2	4	20	67%	30	暂停
G	4	4	2	4	2	4	20	67%	20	暂停
D	5	4	1	4	3	2	19	63%	20	暂停
H	3	5	5	1	1	4	19	63%	25	暂停

假定其他项目的所有信息都保持不变,项目列表的排序得以重新调整。如表4-5所示,D项目从活跃名单被移除,同时E项目在列表中的位置上移,成为组合中的活跃项目。因为E项目只需要15个全职人员就能实现新产品的上市,所以组合管理团队并不会面对显著的人员资源方面的挑战。

评分方法在包含众多早期阶段项目的新产品组合中是很有效的。大多数公司为了选出最具有战略价值的创新项目,会在财务法和评分法之间平衡组合的各方面信息。

4.3.1.3 选择价值最大化的组合

产品组合管理的一个首要目标是识别能最大化组合价值的创新项目集合。如我们先前所说的,对新产品开发项目的组合进行排序通常有两种方法。

第一个是财务法,适用于处于后期阶段的项目,其特点是有足够的销售预测数据,可以有效计算项目的NPV和ROI。

第二个是评分法,是一种对组合内所有的活跃项目进行优先级排序的评分方法。评分法特别适用于处于早期阶段的项目,以及仍然处于创意生成阶段、尚不能提供完全明确的财务估算数据的项目。

无论何种情况,新产品开发项目都会进行优先级的排序,这样每个项目可以得到足够、必要的资源。平衡有限的资源是有效组合管理的重要成果之一。

下面以中国银联通过挖掘境外市场发展组织创新潜能的案例,分析一下如何进行产品项目的选择。

案例4.3 中国银联的境外市场创新

案例背景

2018年是中国支付业"走出去"的暴发年。中国银联积极响应"一带一路"倡议,加速全球布局,输出中国标准、产品和服务,在国际上巩固了中国品牌的地位,扩大了中国的影响力。

中国银联加大海外发卡力度,积极推广自有支付标准和品牌。随着中国经济的转型升级,人民币国际化进程加快。2018年10月,中国银联在英国发行自有品牌银行卡,12月在其他欧洲市场发卡,正式拉开了欧洲当地银行发卡、当地第三方机构处理交易的大幕。

此外,银联也将当地发卡模式扩展到了非洲。2018年5月,银联国际与乌干达邮政银行达成合作发卡协议,并与非洲当地银行合作专门针对贸易客户发行银联商务卡,助力中非之间及非洲区域内的商业资金流动。除了在当地发卡,中国银联还顺应非洲大陆居民的手机银行使用偏好,构建了国际跨境B2B综合支付服务平台,提供集跨境线上结算、在线收款、资金归集和电子订单管理等功能于一体的全方位商户服务。

2018年，中国将银联二维码支付标准引入非洲市场。二维码支付具有接入门槛低、硬件改造成本小、能较好覆盖小额支付场景、打通线上线下支付渠道等优势，对于手机覆盖率高、支付业处于初期发展阶段的非洲市场具有较强的吸引力，能帮助非洲市场以较高的效率提升支付的电子化水平，如图4-3所示。

2018年，中国银联陆续在肯尼亚、吉布提、毛里求斯开通二维码支付业务，覆盖酒店、交通、餐饮、购物等多个领域。银联国际还与肯尼亚主流机构合作，共同研发国际版"云闪付"App产品和电子钱包类产品。

图4-3 中国银联在境外

（图片来源：https://finance.sina.com.cn/roll/2017-07-07/doc-ifyhweua4325822.shtml）

与此同时，二维码支付标准在亚洲的推广速度也在加快。2018年，银联二维码落地越南；银联与新加坡NETS集团发行的电子卡支持二维码和近场支付，兼容银联和NETS的移动支付标准。此外，银联二维码服务还在2018年落地加拿大。自此，加拿大成为北美首个受理二维码支付业务的国家。

【案例分析】

从上面的案例中可以看出，中国银联在非洲投入的项目资源是比较大的。为什么会有这种资源倾斜？原因就在于项目选择。项目选择最重要的标准就是战略一致性和产品收益。从战略一致性角度来看，非洲市场处于国家"一带一路"经济带的西部，有着非常重要的战略意义。银联作为中国的银行卡组织，实现国家战略是重要的考虑因素；同时，非洲市场处于初期发展阶段，因此可以用低成本来布局市场，并能收到长期的收益。事实证明，非洲的项目布局很成功，迅速打开了银联在境外的蓝海市场。

4.3.2 平衡组合

如上所述，产品组合管理团队所从事的一项关键活动是将组合与创新和商业战略所确立的风险特性相匹配。高风险项目会有高的投资回报，但也会需要更长时间来达成。低风险项目会有中等回报率，但这些利润与更加激进的创新相比通常不会持续较长的时间。

因此，产品组合管理的第二个目标是确保选择的新产品开发项目集合与风险和公司的战略目标是平衡一致的。这与平衡股票、债券、不动产和现金等个人退休方面的投资组合是类似的。

除项目类型外，公司通常在更多的其他参数上寻找组合的平衡。以下是经常需要权衡的内容：

◎ 成本与收益。

◎ 风险与回报。

◎ 产品开发难度与市场吸引力。

◎ 技术可行性与入市时间。

◎ 战略适合性与新的行业机会。

用于决策过程的其他信息包括新产品开发结构化过程所处的项目阶段（见第5章）。为了很好地进行资源分配，项目规模、投资回报及退市产品投资占比等其他参数也都会考虑，这些对于高管团队的决策授权都是很重要的。

组合的平衡会反映与创新战略相一致的每个商业目的和目标。新产品组合将实现项目类型间的期望平衡，以达成这些商业目标，这就如同个人为达成一定时间段内的具体目标而平衡自己的投资组合一样。上面已经说明了新产品开发的项目类型，通常它们之间的平衡会通过一套可视化的图表来展示，这些图表说明了组合决策的权衡。

如前所述，产品组合管理实践通过选择在利益期内能交付最大价值的项目，来使公司的价值最大化。类似于个人的投资组合，一个人需要平衡低风险、短期的货币市场基金的收益与高风险、股票投资的长期增长机会。为实现新产品组合中所选活跃项目集合的价值最大化，产品组合管理团队要基于商业战略平衡这些项目的风险与回报。这包括平衡来自维护与支持类型项目的短期利润，以及更长时期内需要更多技术和市场开发的项目所带来的长期回报和高风险。

新产品组合可能因为商业职能或产品线的不同而不同，在多样化行业背景下企业规模很大的情况下尤其如此。这种区隔可以辅助决策流程，这样富有知识的高层管理者就能管理与具体商业单元战略相一致的组合。在这种情况下，每个组合会基于每个商业部门的创新目标而平衡可接受的风险和回报。

让我们回顾以下四种常见的项目类型：突破、平台、衍生和支持。突破项目通常要求最高的技术和市场开发力度，同时不确定性（风险）也最大，但如果项目成功也将会有意外的回报。平台项目要求相对较少的技术和市场开发工作（这些工作仍然涉及重大的风险）。平台项目被期望在中长期内能交付价值，因为平台能产生具有衍生产品的共同架构，从而在一段时期内能维持投资的利润。衍生和支持项目通常具有更低的风险，并在近期就能有一定回报（回报也较低）。衍生项目将提供现有产品族的产品完善或特性追加，而支持项目则会产生成本减少或过程完善的成果，伴随着非常短期的收益。

4.3.2.1 产品组合管理软件

有很多的软件工具可以用来帮助产品组合管理团队和公司,为其提供单独的软件解决方案。产品组合管理软件通常是作为企业资源系统的一部分来提供的。对于更小的新产品组合(小于20个活跃项目的组合),一般的Excel工具和图表软件就可有助于项目活动的排序和可视化,以便在决策流程中看到组合的权衡情况。

考虑到要在更高准确度上维护大量动态数据的困难,更大的项目组合则推荐使用专门的项目和组合管理软件。然而公司应特别注意,选用产品组合管理软件是为了确保管理软件支持公司的创新流程,而不是反客为主,驾驭公司系统的设计。

1. 风险与回报(气泡图)

新产品组合的平衡反映了公司的风险承受力,并由以战略目标和期望回报为最终成果的创新工作具体表现出来。在前面,我们介绍了产品/市场矩阵(安索夫矩阵)这个工具,它能有效评估公司的增长战略和相对于竞争对手的市场定位。产品/市场矩阵比较现有市场和新市场的现有产品和新产品。在组合管理的背景下,产品/市场矩阵能帮助组合管理团队深入理解具体风险和增加战略的权衡。

类似地,风险与回报也能从技术角度来进行评估。在图4-4中,风险由Y轴代表的技术成功概率和X轴代表的回报的净现值两者决定。气泡的大小代表了完成新产品开发项目所需要的投资。低风险、低回报的项目位于左下方象限,称为"瘦狗"。成功概率高但回报不高的象限称为"金牛",位于左上方象限。同时,低风险且高回报的项目称为"明星",位于右上方象限。最后,高风险且伴有高回报的新产品项目称为"野猫"。另一个关于风险/回报的常用表示是用海洋生物的类比,对应的术语分别是"白象""黄油面包""珍珠""牡蛎"。

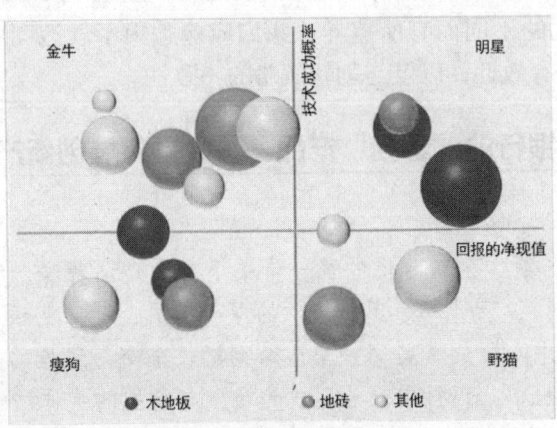

图4-4 产品组合管理风险和回报

图4-4可以用来模拟组合管理团队成员之间的对话。无论是否有充足资源来开展活跃项目,以及及时完成项目是否有期望的资金承诺,组合的讨论都应评估与创新战略相关的整个组合的风险和回报。例如,与以上具体组合相关的条目如下。

首先，低回报、低成功概率的项目往往有大量的投资——如同图中左下角象限显示的"瘦狗"。有时候可能会有很好的理由将这类项目包含在活跃组合中，但这些项目应进行战略适合性的审查，因为它们交付的价值较低。例如，如果"瘦狗"项目是某个系统项目或更大应用项目的一部分，它们应该加以转换，与组织的创新战略相一致。高层管理团队必须理解每个项目如何实现战略，以及如何有助于达成商业单元的目标。这些项目可能是新平台的组件部分，如果没有能将这些项目作为系统应用或市场进入工作一部分的战略依据，更好的决策是将稀缺资源分配到具有更大成功概率或更能产生潜在价值的项目上。另外，在木地板部门的四个新产品中的两个产品是"瘦狗"产品（见图4-4）。组合管理团队应评估采取什么措施来鼓励木地板业务的创新，从而实现公司的战略性增长。公司必须谨慎考虑每个商业领域的增长目标，以达到长期持续盈利的目的。

其次，因为该地板公司已经选取了探索者战略，努力以众多问世的新产品和新公司产品来使之成为市场领先者，组合团队就应质疑"金牛"项目的高额投资。反之，如果公司采用了分析者战略，图4-4中的项目类型分布情况与期望的商业和创新目标已足够匹配了。

最后，因为公司有几个业务板块，以不同颜色标注的气泡可视化地显示了组合平衡。

如果公司设计了战略计划：要实现地砖业务的增长，木地板业务和其他地板产品只是简单维持，图4-4所示的组合项目的平衡可能也会受到贴边项目的挑战。就如同图中所示，新产品组合的平衡基本上由木地板和地砖项目的数量所决定，同时也包括其他地板类别的更多活跃项目。

气泡图经常用于组合管理，来一起显示来自不同业务的项目，这些项目可能因风险和成本收益比的不同而有所差异。我们应熟悉用于气泡图中的基础架构和方法，以判断组合的有效性，以及与创新战略的一致性。

案例4.4　商业银行的"野猫"产品——金融科技创新产品

案例背景

在"互联网+"数字化新时代的社会背景下，大众消费观念和消费需求不断变化，有赖于对大数据、云计算等现代技术的深入应用，各商业银行纷纷启动银行卡产业向"以客户为中心"的覆盖客户全生命周期、全交易场景的全方位无死角业务模式转型。在此过程中，银行卡产业已成为金融与科技的绝佳结合点。

随着银行业不断加强对科技力量的投入，更多业务模式和机制得以创新。例如，利用智能科技与大数据技术，更为前瞻地洞察客户潜在需求；依托云计算和数据模型，搭建更为精准的客户全生命周期经营体系和全面风险控制体系等。目前，很多银行已在发卡获客端应用语音转文本技术、证件OCR识别技术（影像识别技术，如图4-5所示）；在卡片激活端引用智能语音外呼技术、网络办卡视频激活技术；在身份验证端应用声纹密码技术、人脸识别技术；在风险管理端应用语言机器人、智能催收技术；在客户服务端应用智能语音搜索、NLP（自然语言处理）技术和TTS（语言合成）技术等。

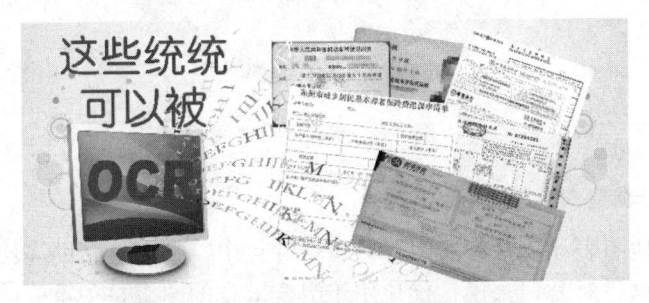

图4-5 商业银行的证件OCR识别技术

（图片来源：https://www.sohu.com/a/214884469_590567）

例如，工商银行信用卡"工银e生活"App通过OCR识别技术，解决客户服务痛点：一是新用户查询信用卡额度的难题，客户可以通过"扫一扫，查额度"扫信用卡卡面，OCR识别卡号后，输入卡片有效期、安全码、验证码后可以查看信用卡额度；二是客户身份证有效期更新的难题，客户可以拍摄身份证进行联机核查，在线更新行内存储的客户身份信息，实现业务的全线上办理。

【案例分析】

商业银行所应用的金融科技创新产品实际上是"野猫"产品，包括语音转文本技术、证件OCR识别技术、智能语音外呼技术、网络办卡视频激活技术、声纹密码技术、人脸识别技术、语言机器人、智能催收技术、智能语音搜索、NLP技术和TTS技术等。

这些金融科技产品之所以是"野猫"产品，是因为这些产品的市场增长率是比较高的，但目前的市场份额比较小，前景未卜，所以商业银行通常会将有限的资金投入到"野猫"产品中。

2. 研发支出（饼图）

用于产品组合管理审查的常用图表是图4-6中的饼图，显示了按照项目类型划分的投资情况（突破、平台、衍生和支持）。饼图显示了项目类型的研发支出，高层管理者可以快速评估既定战略实施的有效性。

图4-6所显示的组合饼图表明了公司已在衍生和支持项目上投资了60%的研发预算。同时这家公司在活跃组合中还有不少突破和平台项目，因此它在实现分析者战略上有较好的平衡。

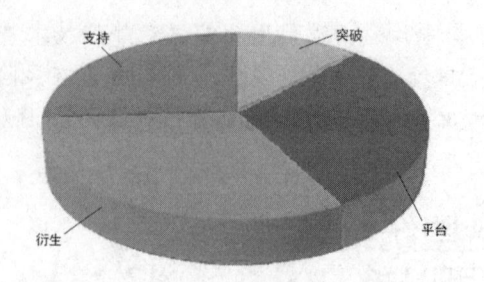

图4-6 组合项目饼图

3. 其他图表

有很多其他图表涵盖在产品组合管理软件包中，它们能帮助高层管理团队理解可用的项目数据。对公司来说，优化用于组合审查的图表是很重要的，这有几个原因。首先，信息应与每次的审查相符合，这样确保做出的决策有一致性。其次，组合审查会议的目的是将稀缺资源分配到新产品项目的活跃组合中。如果有太多的图表，那么会议的讨论将会低效，不能确保每个项目达成其战略目标。有太多低价值项目的组合，而能提供的资源又太少，这将妨碍公司实现其创新目标。最后，产品组合软件易于操作（通常是实时的），可以给产品组合管理团队提供其他的必要视角。通常，3~6个图表可以沟通活跃产品组合的状态，允许产品组合管理团队做出有效的新产品项目决策。

其他产品组合管理团队在审查会议中可能用到的图表包括简单的柱状图，用于显示每个阶段、每个业务单元、每个期望的发布日期的活跃项目数量。显示未来3~5年要上市的项目类型数量的柱状图，对于将活跃组合信息传达给决策团队也是有用的。

另外，如果来自一个或多个新产品的收入希望能资助下一代开发产品，显示投资回收期、现金流或成本时间比的图表对评估新产品组合的项目权衡是有效的沟通工具。

记住组合审查中的图表最重要的作用是提供正式的、一致的、细致的方法来两两比较所有活跃的项目。讨论应利用来自图表的数据，以评估新产品组合的战略一致性，而不是验证计算的方法。组合审查会议的成果应产生更新的新产品项目活跃组合。

案例4.5　民生银行的"鹰眼"风控

案例背景

鉴于行业特性，各商业银行都很重视风控产品，围绕制度建设、审批政策、征信管理、大数据技术引用等方面夯实信用卡全流程风险管控体系。有些银行持续优化组织架构、完善决策机制，推动大数据决策引擎在客户准入、机构管理、利率差异化风险定价等各业务环节中的升级及应用,强化全员风险意识,积极打造有效风险管理工具,推动智能风控体系和制度建设。

其中,民生银行不断完善全流程风险管控机制,引入外部共债数据、黑名单等第三方外部征信数据,通过关键变量识别出共债风险较高的客群并予以拒绝,积极防范共债风险。民生银行为此开发了一个"鹰眼"风控产品,从贷前和贷中两个方面来监控风险,如图4-7所示。

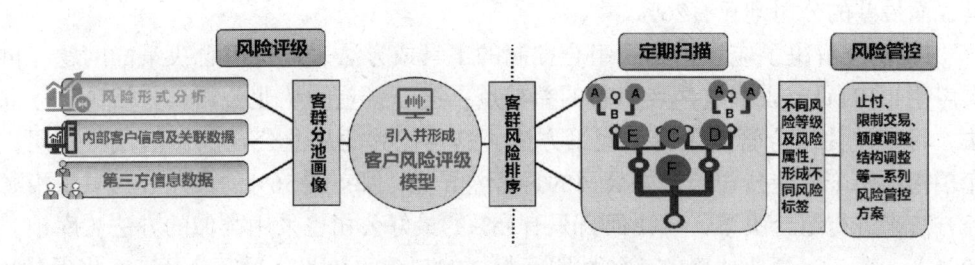

图4-7 民生银行"鹰眼"风控系统

贷前方面,民生银行搭建起集"数据、模型、策略、政策、监控"于一体的贷前风控体系架构,加强内外部信息整合及量化决策能力,从立体化、标准化、差异化、智能化四个方面对客户进行风险识别及评价,积极布局围绕业务准入资格、专项授信及定价的完整风险管理体系。

贷中方面,"鹰眼"风控产品以客户为中心,以评分模型进行基础风险排序,以行为特征区分风险类别,以经营角度综合评估风险,引入外部数据,综合评定存量客户风险。在M0(贷记卡逾期)阶段对风险客户进行提前识别、提前处置、提前退出等处理。

【案例分析】

民生银行的"鹰眼"风控产品属于典型的"金牛"产品:成功概率高、回报低。这里的回报更多是业务财务指标的回报,但从风险防范角度来看,"鹰眼"风控对于识别高风险客群、降低坏账率有非常强的指导意义。因此商业银行需要不断在风控产品上投资,强化风险意识。

4.3.2.2 产品组合最佳实践

美国产品管理学家鲍勃·库珀、斯科特·埃迪特和埃尔科·克莱恩斯密特在2001年发表了关于组合管理最佳实践最全面的研究成果。大约有两百多家从事新产品开发的公司参与了调研,并提供了其最佳实践经验。很多公司是美国工业研究协会(Industrial Research Institute,IRI)的会员单位,来自科技、尖端材料、医疗卫生等行业。正如产品开发与管理协会(Product Development and Management Association,PDMA)的研究所说明的,IRI研究成果将最好的从业公司与一般的从业公司，以及最差的从业公司进行了区分。最好的从业公司定义为前20%，衡量标准是它们成功应用了具体的组合方法。

IRI研究表明，有两点是很重要的。首先，很多公司（平均大约77%）采用财务方法来制定产品组合的决策。最好、一般和最差的从业公司都采用财务方法来制定组合决策。其次（也是更重要的），应用战略作为组合方法的业务公司则是最好和最差从业公司的巨大差异点——73%的最好公司应用战略一致性作为组合决策的工具，而最差的公司则只有26%。

IRI研究解决了应该用哪个组合控制的工具或方法来进行组合决策的问题。再次声明，IRI研究表明有两点显著的差异点：第一，差的从业公司过分依赖财务方法，将其作为组合管理主要的决策方法，这与优秀的从业公司的做法截然不同。库珀指出一个最差公司与最好公司的显著差异点，那就是56%的最差公司只采用财务方法来进行组合决策，相比而言只有35%的最好公司也采用类似的方法（库珀，2001）。第二，商业战略的一致性明确将好的与差的从业公司区分开来。将近40%的最好从业公司主要依赖战略一致性来进行组合决策，而最差的公司则只有10%把战略一致性作为一项关键的指标来评估项目是否应纳入活跃的新产品组合中。最后，最好公司利用多种组合工具，从而指派一系列活跃的新产品开发项目。通常情况，这些技术包含了战略一致性、财务评估（NPV或ROI）、评估模型等方法的评估。

4.3.3 确保战略一致性

当最大化组合价值和实现各项目类型的平衡后，产品组合管理的第三个目标就是确保活跃新产品的项目集合与商业和创新战略高度一致。如上所述，这也是高层管理团队的基本职责。使产品组合与公司战略目标相一致的方法有三种：战略桶方法、自下而上方法和迭代方法。

> **小贴士　产品组合管理进行战略调整的三大目标**
>
> ◎ 战略匹配：确保项目与战略相一致。
> ◎ 战略贡献：项目在多大程度上促成了经营战略中所定义的特定目标。
> ◎ 战略优先性：组合中的各项目投资额度反映了战略优先性，组合的项目比例应反映聚焦点。

4.3.3.1 战略桶方法

战略桶方法是产品组合管理的常用方法。这是一种自上而下的方法，用于确保新产品项目与创新战略相一致。当采用自上而下的方法时，高层管理者首先要清晰地制定达成创新目标的商业使命、愿景和价值声明。先设计战略，接下来基于预先定义的业务部分或项目类型（称为"桶"）分配研发支出。最后，采用先前描述的产品组合管理工具和图表来选择纳入活跃产品组合中的单个项目。

这样，在自上而下方法或战略桶方法中，管理层通过在前期选择如何分配新产品的支出，来确保活跃组合与战略的一致性。支出"桶"可能基于多种因素来分配，如创新程度（如突破、平台、衍生和支持类型项目）、业务单元（如汽车、卡车、货车和混合交通工具）或地理位置（如北美、欧洲、亚洲和南美）。

为了更好地说明，假定高层管理者在今年的预算期内已分配了1 000万美元到新产品开发项目中。基于激进的创新战略，高层管理者认为20%的项目应是突破项目，50%的项目应是平台项目，20%的项目应是完善现有产品线的衍生项目，只有10%的项目应是支持项目。那么，今年的新产品研发支出如下：

◎ 突破项目：200万美元。
◎ 平台项目：500万美元。
◎ 衍生项目：200万美元。
◎ 支持项目：100万美元。

从定义上来说，分派到具体"桶"的支出模式反映了高层管理者聚焦于激进创新战略的意图。

更进一步来说，我们假设某一家商业银行的信用卡中心，他们选择开展一项激进创新：人工智能支付业务，这项业务可能在未来几年内会有显著的增长。因此，这家公司会将新产品研发的预算进行如下分派：

◎ 人工智能：支付60%的研发预算。
◎ 手机银行：支付30%的研发预算。
◎ 传统信用卡：支付10%的研发预算。

这样，公司战略就通过新产品开发的支出得以实施：将人工智能支付业务作为突破增长点。而规模较小的、低增长的传统信用卡业务只得到边缘支持。

一旦新产品开发项目和研发支出得到高层管理者的分配，部门或产品经理就会将单个项目在这些"桶"内进行排序。在"桶"内的新产品开发项目可能包含新技术和新市场的开发，以及产品的完善。

战略桶方法的优点是它迫使高层管理者在前期做出强制的投资决策，决定资金应如何分配及分配到哪里，以获得期望的战略成果。缺点是由于自上而下方法的本质，单个项目的时机和风险不能被充分考虑。

4.3.3.2 自下而上方法

与战略桶方法相比，采用自下而上方法的产品组合，其战略一致性受到高层管理者的直接影响会小。事实上，当高层管理者没有提供其他确定的方法时，自下而上方法通常是用于组合管理的缺省方法。在自下而上方法中，项目决策是在各个项目审查中做出的，而且是相互独立的。这会导致组织中存在关于活跃新产品开发项目的单个组合。

如同第5章中所讨论的，结构化的新产品开发流程包括在关口评审中的单个项目评估。通常，推进单项目的决策团队由中层经理组成，而不是由负责设计战略和执行组合管理的高层管理团队组成。这样，项目由战略一致性、风险、期望回报等内部标准所测量，并没有必要进行两两比较。

如果公司有非常健全的关口标准，那么自下而上方法对创建与商业战略重点完全一致的产品组合就会很有效。但在许多情况下，更低价值、更小风险的项目得以继续推进，而这往往以更长期、更高风险的开发工作为代价。况且，由自下而上审查所得到的项目组合并不能达成上面所述的整体支出目标（"桶"）。

虽然根据预设的战略标准清单来评估每个单独项目是有优势的，但自下而上方法的一个缺点是项目只基于单个项目的标准来评估。如果使用纯粹的自下而上方法，就不会考虑如同自上而下（战略桶）的方法来进行新产品项目的两两权衡。

因为很多公司有现成的非常结构化的新产品开发流程，所以自下而上方法通常会成为缺省的项目选择技术。但是，高层管理者必须实施定期的组合审查，从而确保活跃项目可以达成他们所确立的创新目标。

4.3.3.3 迭代方法

如同名称所示，产品组合管理的迭代方法是将自上而下/战略桶方法和自下而上方法进行结合。对于那些刚开始执行产品组合管理过程的公司来说，迭代方法是实现组织战略目标的基础。

在组合规划与决策的迭代过程中，高层管理团队一开始会采用类似于产品和技术路线图的工具（见第2章）来制定清晰的创新战略，目的是说明创新产品什么时候上市，以及产品族什么时候得以完善，等等。因此，创新战略会在战略桶（如事业部或项目类型）中产生第一次通过的支出分配。接下来，各"桶"中的项目会被中层管理者关口审核小组进行排序，并通过自下而上方法来评估每个单独的项目。

迭代方法的一个优势是只有单一的组合，可以将一个业务单元的突破项目（高风险和高潜力回报）与另一个业务单元的衍生项目（低风险和低潜力回报）进行比较。对项目进行检查以确保它们与公司目标保持一致。

而且，高层管理者将定期审查整个组合，对独立的、自下而上的项目决策提供自上而下的反馈。组织的整体决策也会随着时间进一步改善，并且项目选择也将调优，从而有效地实施创新战略。

4.4 资源分配

确保新产品组合与公司的使命和目标在战略上一致，已经超出了仅仅挑选活跃项目将其纳入组合中的活动。产品组合管理被定义为一个决策过程，这个过程为公司挑选最好的活跃新产品开发项目，同时优化稀有资源的使用。高层管理者在产品组合管理过程中的角色是将公司的稀有资源（包括时间、金钱、人员和设备，如图4-8所示）分配给活跃项目。

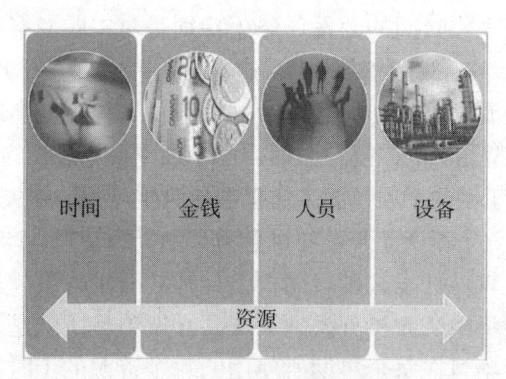

图4-8　新产品项目资源

令人失望的是，当首次启动产品组合管理流程时，大多数公司会发现它们有太多低价值的项目、太少的人员。项目没有得到充足的资源会导致低质量的项目实施，并严重延误产品的商业发布。由于低效率工作和竞争优势的缺失，不良的项目执行会有即时的财务成本。另外，团队成员会变得士气低落，因为他们被一堆低价值、平淡无奇的项目所埋没。更进一步来说，如果资源被过度承诺，几个团队成员的名字通常会重复地显示在需要并行处理的项目列表上。很明显，同时在多个项目上的专家并不能产生有质量的产品开发工作。

将充足的人力资源指派给组合管理规划流程中的新产品开发项目有助于提升每个新产品开发工作的资源承诺度。第8章基于工作复杂度讨论了新产品成功的团队和组织最佳实践，而指派充足和合适的技能资源（按照资源名称和功能）给每个新产品组合的活跃项目是高层管理者的责任。

小贴士　资源配置的原则

资源配置的原则通常有两个：项目资源需求和新产品的业务目标。

美国管理学家斯蒂文·威尔怀特和凯姆·克拉克早在1992年就率先记录了项目在资源生产力方面的过载情况。其他研究者后来也不断验证新产品开发项目的资源过度承诺问题，并就如何提升生产力给出了很好的建议（如卡特·布莱德福德，2012）。基于这些研究，我们发现：当指派给开发人员两个项目（一个大项目、一个小项目）时，生产力就会达到最佳状态。这种情况下，个人生产力能发挥出80%。

请注意，100%的生产力目标是不现实的，因为大多数组织都要求工程师、设计师和开发人员参与其他的任务，如完成用来核算工资的项目时间表，参加员工大会，以及学习规章制度。另外，项目日常支出也会每周用掉约5个小时，如（电话）会议的时间、应答电话或邮件的时间，以及偶然的"饮水机"对话（指办公室的休闲放松场合的对话，以饮水机来隐喻）（莫斯赛特里，2011）。但现在很多公司会向个人分配超过其工作时间的开发任务（特别是对主题专家通常会分配更多的任务，因为任何组织的专家都是稀缺的），这也是为什么现在"996"现象那么普遍。

相反，当开发资源（人员）只分配给一个项目，他可能会因为要等待实验数据或客户关于新产品原型测试的回复等原因，而导致项目有过长的停工期。因此只做一个项目的工作，相比于做两个项目的工作也会导致生产力的损失。因此，最佳实践表明：在通常情况下，两个新产品开发项目会为开发资源带来生产力的优化配置，无论开发资源是工程师、软件开发人员、网页设计师、营销人员，还是流程技术人员。

按照姓名和职能将团队人员分派到新产品开发项目团队是最有效的。一个简单的表格就能跟踪每个项目在每个星期所使用的每个资源的工时数，这样可以允许项目负责人确保每个新产品开发工作的生产力都达到最大化。类似Microsoft Project的软件或其他应用程序是为产品组合管理专门设计的，有助于开发带有充分人力资源分配的进度表。

小贴士　资源配置的角色

◎ 项目经理：负责完成项目要求，向资源主管汇报。
◎ 资源主管：将项目要求转化为相当全时工作量（Full Time Equivalent, FTE）要求，并将它们分配到项目中。
◎ 资源规划负责人：资源规划负责人每月与项目经理和资源主管会面一次，讨论资源配置的优化和"组合假设情景分析"。
◎ 项目规划负责人：项目负责人每月与资源规划负责人会面一次，讨论如何调整资源以实现资源的优化利用，每季度参加一次"组合假设情景分析"。

从上面的分析可以看出，资源和风险对产品项目的影响很大。而对于银行业来说，风险是不容忽视的因素，是必须作为战略来考虑的。下面介绍一个战略级风险产品的案例，供大家参考。

案例4.6　百行征信把握市场化风控之源

案例背景

一、个人征信全覆盖助推开拓长尾客户

2006年1月，在中国人民银行主导下，个人信用信息基础数据库在我国正式运行，标志着以政府为主导的个人征信体系的建立。由中国人民银行负责建设、运行和维护的金融信用信息基础数据库，收集信息和服务的对象主要包括以商业银行为主体的银行业及消费金融公司、小贷公司等，目前已经涵盖9.9亿自然人的信用信息。

2018年2月22日，百行征信获得中国人民银行批准的个人征信机构设立许可。百行征信主要通过市场机制，面向非传统金融、小微金融、消费金融和互联网金融提供信用信息服务，与国家金融信用信息基础数据库错位发展、功能互补，按照"政府+市场"双轮驱动的发展模式，共同促进实现征信系统全覆盖的战略目标。

百行征信采集的信息，与国家金融信用信息基础数据库形成互补，为金融机构的风险控制与管理提供了更加全面、准确的个人信用信息。个人信用信息越全面、越准确、越及时，对信用卡主体的信用状况的描述和评估就越精准。随着个人共享信息数据库的不断完善和壮大，高质量、准确、及时的个人征信报告必将成为消费者信用卡贷前审批、贷中监测和贷后管理，以及模型开发、产品创新和风控政策制定的重要依据。随着用户消费习惯的变化，信用卡市场也逐渐移动互联网化，用户不断从一线城市向二线、三线、四线城市下沉，年轻用户更加普及，相关机构对信用信息的共享需求在不断增加。补足消费者信息——尤其是消费金融在互联网端的共享信息，有利于减少信息不对称，防范信用卡欺诈风险，开拓信用卡市场的"长尾客户"和传统征信中的"信用白户"人群，扩大信用卡的市场覆盖率。

二、替代信息为风控提供更多参考维度

替代信息是指在金融机构的信用审批和风控中参考和使用的除信用信息之外的其他的可信合规信息源，一般具有3C的特征，即信贷属性（Credit-like）、覆盖度（Coverage）和集中度（Concentration）。替代信息包括政府类信息、公共类信息、生活类信息、支付类信息和其他类信息。其中，政府类信息包括学历学位、居民身份、交通违规记录、公积金、社保、民事裁决等信息；公共类信息包括个人手机费、水电费、燃气费等数据；生活类信息包括个人互联网消费、网络搜索、房屋出租、出行数据、工作背景、个人互联网社交数据等；支付类信息包括支付、交易、搜索等行为特征；其他类信息包括移动终端数据、App使用数据等，如图4-9所示。

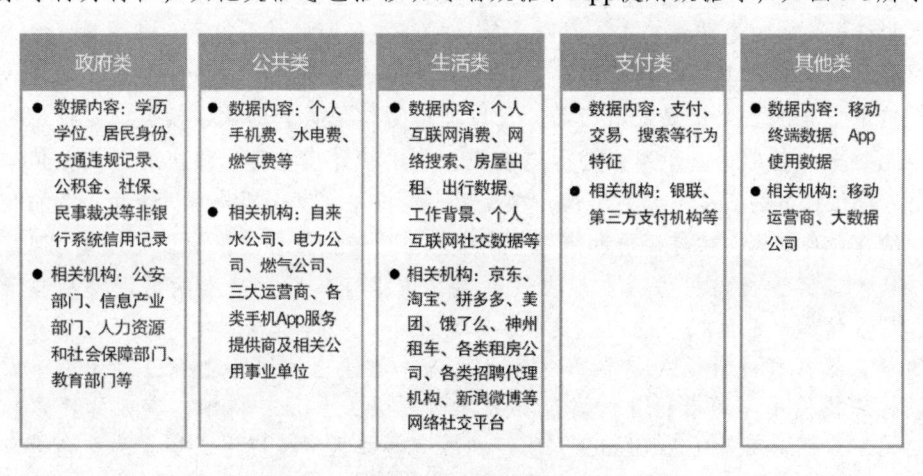

政府类	公共类	生活类	支付类	其他类
● 数据内容：学历学位、居民身份、交通违规记录、公积金、社保、民事裁决等非银行系统信用记录 ● 相关机构：公安部门、信息产业部门、人力资源和社会保障部门、教育部门等	● 数据内容：个人手机费、水电费、燃气费等 ● 相关机构：自来水公司、电力公司、燃气公司、三大运营商、各类手机App服务提供商及相关公用事业单位	● 数据内容：个人互联网消费、网络搜索、房屋出租、出行数据、工作背景、个人互联网社交数据等 ● 相关机构：京东、淘宝、拼多多、美团、饿了么、神州租车、各类租房公司、各类招聘代理机构、新浪微博等网络社交平台	● 数据内容：支付、交易、搜索等行为特征 ● 相关机构：银联、第三方支付机构等	● 数据内容：移动终端数据、App使用数据 ● 相关机构：移动运营商、大数据公司

图4-9 替代信息分类数据内容及来源

申请者没有或只有较少的信贷记录时，难以从正规金融体系获得贷款，或者获取贷款的成本较高，但并不表示无法对这部分申请者进行信用风险评估，而替代信息能够发挥重要作用。例如，这部分人群有一些日常的支付行为，如电信缴费、水电费、房租等替代信息，其价值虽然不能与信贷数据相比，但在一定程度上记录了其交易行为，将其与信贷数据结合后，会对用户进行一个初步画像，帮助信用卡发卡行提高信用评估的准确度。

市场化个人征信机构在做好个人征信系统的同时，可以根据信用卡发卡行的需求，在依法合规的前提下促进替代信息的交互和共享：一方面，可以满足信用卡大数据金融风控建模的需要；另一方面，可以帮助没有信用记录或信用记录较少的人群获得授信，扩大信用卡人群的覆盖面，为信用卡风控提供更多的参考维度。这在成熟市场中早有先例，如美国 Upstart 公司就通过一系列替代信息针对年轻人，尤其是刚毕业的大学生进行信用评估，利用其毕业学校、GPA、SAT 得分、所在公司的状况等信息，评估借款人的偿付能力。

市场化个人征信机构可以从制定相应的可信合规数据源的标准入手，制定技术认定、使用方法和流程，以及机构之间相互共享交换、加密安全等的标准，进行数据测试和验证，联合建模输出行业标准，保证数据质量和可信合规。同时，应该分清主次，分门别类。比如，学历数据源对信用白户信用判断帮助大；电信运营商数据源可能用来进行关系图谱的分析；社保数据源可以用于信审还款能力评估等。放贷机构向缺乏信贷信息的人群授信时，也要对这类人群进行信用教育，采取有效手段加强对这部分人群的贷后管理，并根据贷款风险情况，及时完善相关风险模型。

可信合规的替代信息可以使信用白户得到信贷服务，或者帮助信用信息不全或较少的客户进行合理的定价，并在获得贷款后，进入征信系统。

三、基础征信产品成为主要的风控依据

个人征信报告的内容包括个人基本信息、信用信息概要、信贷交易明细、商务信息明细、公用信息明细、本人声明、异议标注和查询记录等内容，与变量、个人征信评分等共同构成基础征信产品，是信用卡风控的主要手段之一。个人征信评分是基于信用报告的一个重要征信产品，可以理解为信用报告的数字摘要，是征信机构以多元数据为基础、基于用户的历史表现、利用统计模型计算得出的信用分值。由于个人征信评分的直观性和易用性，在信用卡风控中，发卡机构可以使用个人征信评分，结合自身建模，快速评价和衡量信用卡客户，使批量自动化信贷决策成为可能。

从人工阅读征信报告的主观决策到现在依据征信数据建立的信用模型自动决策，都依赖于对征信报告的信息提取。市场化个人征信机构开发个人征信评分，模型的变量选择和设计至关重要。变量也可以作为输出的服务之一，供信用卡发卡行风控建模使用。随着行业的发展和技术的提升，公正、科学、有效的提取信息的方式，即征信变量（Attributes）已经发展完善并且普遍应用。变量的总个数可能不同，但基本都会涵盖还款、历史债务情况、信贷历史、信贷需求、信贷组合等维

度。目前，消费金融发展成熟的地方普遍应用征信变量进行业务的数据分析，建立业务规则和模型。以美国为例，三大征信机构Equifax、Experian和Transunion都拥有为全行业提供的征信变量，所有提供消费金融服务的机构都使用这三家机构的征信变量。变量设计要求充分体现预测模型的需要，达到系统化、场景化、可衍生、可解释的要求。

在变量基础上开发个人征信评分方面，FICO（美国个人信用评级法）评分是最典型的个人信用评分，被广泛地用在商业银行信贷决策当中。评分模型主要考虑客户的历史偿还情况、信用账户情况、使用信用的年限、正在使用的信用类型及新开立的信用账户等信息。随着互联网的发展，美国也出现了一些新兴公司，如ZestFinance，通过收集传统信贷数据、水电燃气账单、社交网络数据等多方数据，得出变量后，开发出相应模型，对申请者进行信用评分，帮助没有信贷记录的人群或信贷记录较少的人群增加获取信贷的可能性，或者降低其获取信贷的成本。通用信用分一般会作为对优质客户进行自动化决策的依据，但对于风险较高的客户，仅仅依靠通用信用分是不够的，甚至还可能造成客户的"误判"或预测性不高。所以，信用卡风控机构一般会把征信机构的通用信用分与金融机构内部的风控评分交叉使用，综合分析。表4-6、表4-7分别为通用信用分在信用卡审批与额度管理的应用举例。

表4-6 通用信用分在信用卡审批的应用举例

通用信用分	申请数量	百分比	处理方式
低分	66	17%	进一步审查
中等	154	40%	传统审批
高分	164	43%	简化审批流程
总计	384	100%	—

表4-7 通用信用分在信用卡额度管理的应用举例

金融机构的内部行为评分	通用信用分		
	低分	中等	高分
低分	降低	不变或降低	不变
中等	不变或降低	不变	小幅增加
高分	不变	小幅增加	大幅增加

有关学者提出，未来的信用卡风控建模过程中，人民银行的个人征信报告和市场化个人征信机构的征信报告都会被广泛使用，个人信用信息也会出现重叠、交叉，市场化个人征信机构既要重视共享机构的特色，也要考虑与央行征信中心标准的兼容性，满足机构的不同需求，在变量服务和个人征信评分方面直接推出面向消费金融的信用卡行业的征信变量和通用信用分。

目前，市场上的征信评分产品大多基于不同场景，客群和产品个性化定制，不具备通用模型的综合性功能，通用信用分的模型产品并不多，优秀的通用模型需要市场和机构的深度合作与长期验证。

四、增值征信产品应用在风控各环节

近年来，信用卡收入占各银行零售业务的比重越来越大，国内各大银行都致力于通过持续发放更多信用卡来抢夺这一利润空间巨大但竞争异常激烈的市场。要想在这一市场具备较强的竞争力，银行除了需要具备贯穿信用卡服务全流程的风控能力，还需具备出色的精准营销能力。以信贷数据为基础的精准营销，也是风控的前置与加强。而市场化个人征信机构借助以大数据和智能认知为代表的金融科技手段，可以全新的视角赋能信用卡行业，去评估"传统"风控模式所不能及的部分，有助于从更全面的角度进行客户画像和风险识别。

从国际经验来看，国外征信机构的征信产品开发过程与其他行业类似，遵循需求导向原则，注重金融机构的整个生态需求，比如Transunion针对营销和客户细分、债务回收，以及医疗行业等开发出多个不同增值产品，如图4-10所示，来满足市场需求。因此，个人征信机构除了需要提供通用征信分等基础征信产品，还需要按照信用卡产品生命周期全流程，提供特色征信增值服务。

身份验证和授权 10个产品	欺诈检测和预防 8个产品	信用报告和评分 25个产品	债务回收 14个产品	数据泄露补救 3个产品	客户体验 3个产品
营销和客户细分 25个产品	客户获取策略 44个产品	客户分析 10个产品	贷款组合管理 18个产品	医疗患者访问 6个产品	医疗费用回收 1个产品

图4-10 替代信息分类数据内容及来源

另外，相比美国征信业接近200年的历史，我国征信业发展时间短，征信客户自身的发展程度和发达国家水平也存在差距，许多征信需求还难以提出。在这种情况下，市场化征信机构可以借鉴国际先进经验，与信用卡发卡行一起探索反欺诈、关系图谱等产品的设计，探讨与尝试征信产品与服务的创新，针对不同发卡行在不同阶段、场景的需求，在对个人征信数据进行挖掘与加工的基础上，为其个性化定制有针对性的征信产品与服务。

【案例分析】

我们知道银行业的根本是风控，风控的核心则是征信数据。而商业银行大多有内部风控评分，但仅仅依靠商业银行的内部风控评分是不够的，因为一个人的信用评分需要多视角观察才能客观。因此需要将通用征信分和商业银行的内部风控评分交叉使用，综合分析。

另外，不同发卡行在不同阶段、不同场景下对风控的需求是不一样的，所以需要与征信数据提供机构进行互动，要求定制化的产品或服务。未来，商业银行需要与官方的中国人民银行征信中心及市场化的百行征信机构建立密切联系，根据自身需求要求相应的征信产品，来强化自身的风控体系。

从这个角度看，百行征信的市场化个人征信产品是行业战略级产品，助力商业银行的信用卡风控。而商业银行与中国人民银行征信中心及百行征信是共生共存的关系，需要一起把行业的风控战略产品打造得更加完善。

总结

产品组合管理是新产品开发的有效决策工具。产品组合管理是一个评估整个新产品项目的交互系统，目的是基于组织的战略创新目标来选择将来工作中最有价值的项目。

因为产品组合管理通过定义一系列活跃项目来将战略与执行进行直接的关联，所以必须由高层管理者来实施。高层管理者在产品组合管理中具有如下角色：

◎ 方向制定者。
◎ 产品线架构师。
◎ 组合经理。

产品组合管理在创新项目中有三个重要目标：最大化组合价值；达到平衡；确保战略一致性。组合价值不仅通过财务方法，也通过评分模型来评估。非财务评分方法对于早期阶段的项目特别有效。

项目类型的平衡（如突破、平台、衍生和支持型），经常通过一系列图表进行可视化。这些图表通常说明重要的权衡（风险与回报、市场吸引力与技术能力等），这样高层管理者在动态化的决策过程能得到更充分的信息。

产品组合管理可以通过自上而下的方法来完成，在这种方法中研发预算按照战略方向来分配；也可以通过自下而上的方法，而这种方法是基于每个项目的。一个最佳实践是采用迭代的方法，即首先通过自上而下的过程来进行新产品开发的投资，然后对每个项目的将来工作进行单独的评估，从而反映整体组合决策。迭代方法特别适用于刚刚开始的产品组合管理过程。

选择并纳入活跃组合的项目应该分配充足的资源，包括时间、金钱、人员和设备。为了避免设计师和开发人员等资源的过度承诺，应特别注意新产品开发项目人力资源的分配。

第5章

新产品开发流程

本章内容
- 新产品开发的历史
- 标准的新产品开发流程
- 管理层在新产品开发流程中的角色

本章案例
- 案例5.1 交通银行秒级服务的秘诀
- 案例5.2 P2P为什么会失败？
- 案例5.3 建设银行电子社保卡的PLR

如何将一个产品从创意转化成能卖得出去的产品，又能保证其中的风险可控？美国产品管理学者罗伯特·库珀提出了一个有趣的说法，他将产品开发比作赌博（库珀，2001）。产品开发过程大致等同于一个"风险管理"的赌局，赌局的规则是：

◎ 如果不确定性高，则赌注下得少些；

◎ 随着不确定性降低，赌注增加。

对大多数组织而言，一个关键问题是："是否有可能降低失败率？"如果有可能，如何降低？答案就是门径管理体系。

5.1 新产品开发的历史

新产品开发是一个新的业务流程，第一次深入的研究是在20世纪80年代。与此相比，丰田早在20世纪70年代就率先把精益生产作为业务流程。20世纪末全行业的研究及由鲍勃·库珀、默尔·克劳弗德、史蒂文·惠尔赖特、金·克拉克和克莱顿·克里斯坦森等主导的学院研究引发了对这一过程的重大意义的深入探讨，并产生了成功的创新。现在许多研究人员继续通过大学和行业协会进行此领域的专业化研究。

最近产品开发和管理协会进行的标杆研究中，超过一半的受访公司报告使用了正式的、跨职能的流程来开发新产品，这个数字一直稳步上升。此外，一些公司的报告称对正式、连续过程的利用率提升了20%。这些趋势表明，结构化的新产品开发流程作为一种标准方法开始变得制度化，从而可以有效开展创新项目，并将新奇的创意转换成商业上成功的产品和服务。

标杆管理的研究还表明，企业认识到新产品开发过程中对灵活性的需要，即不但要同时捕捉到简单和复杂的新产品开发项目，而且要平衡短期和长期的计划。这些有效率的步骤可能包括使用"条件关口"，表明这些企业已经发展到第二代和第三代新产品开发流程。事实上，大多数新产品开发流程每两年或三年都应审核和更新，以匹配企业战略和文化规范。拥有最好创新绩效的企业都会通过持续改进的工作，不断把新学习到的内容融入它们的新产品开发流程中。

新产品开发流程受以下这些因素的影响：企业内部创新系统的成熟度、组织文化、市场变化的速度（快速或稳定）、业内竞争所需的资本密集度和技术障碍的复杂度。毫不奇怪，从长远来看，高级管理层对新产品开发过程的承诺对过程的成功起到关键作用。

5.2 结构化产品开发流程的定义

结构化的新产品开发流程是一组有纪律的、确定的任务和步骤，描述了公司重复地将萌芽创意变成可销售的产品或服务的常规方法。任何结构化的产品开发过程一般都会把产品开发活动分成几个阶段，包括审查工作和发生在两阶段间的决策点。早期的工作阶段被称为模糊前端。工作阶段包括创意生成、信息收集和原型测试。坚持结构化的产品开发过程可以降低新产品开发的内在风险，同时提高效率并缩短公司创新的上市时间。

5.2.1 有纪律的和确定的

有纪律的过程意味着该系统适用于公司的每个人，无论是科学家或软件开发人员，还是高级管理人员。确定的过程意味着，该系统包括一个正式记录的程序，所有在企业中从事新产品开发工作的个人都要熟悉新产品开发流程，并定期实践。

此外，公司的高层管理者和新产品开发实践者要商定出一组确定的任务和步骤。新产品的程序、清单、模板必须与公司创新战略、商业实践和组织文化相一致。结构化的产品开发过程中所需的步骤要让用户了解，并在整个公司中进行广泛沟通。

5.2.2 正常的和重复的

在新产品开发过程的定义中，正常的意味着其流程被公司所有人理解，系统也能持续使用。不论其部门职能是什么样的，公司内部的个体员工都使用相同的术语和方法来描述具体创意的开发阶段。正常的也意味着流程每天在组织的所有层级被坚定不移地实施。

结构化产品开发流程的定义表明系统可以反复将创意转化为商业化的产品或服务。在这种情况下，重复的意味着每一次新创意浮现出来时，都会用到新产品开发过程。换句话说，新产品开发阶段和关口不会为每个新创意而重新设计。此外，如果新产品没有被公司的结构化产品开发过程所定义的系统进行详尽的评估,就不能上市。

5.2.3 萌芽创意和可销售的产品

在结构化的新产品开发流程的定义中,萌芽创意包括任何新的想法,始于该想法在公司第一次被考虑到。因此,新产品开发流程有利于新想法的创新管理及成熟的产品开发项目。

最后,因为创新需要成功的市场推出,所以可销售就是新产品开发过程定义的一个重要组成部分。世界各地的专利局都视知识产权为没有商业用途的创意,但创新和新产品开发需要赢得显著的市场份额,以保持公司盈利。因此,尽管新技术的发明很有趣,但是作为新产品开发过程的最后一步,产品或服务必须卖到市场上。

5.3 标准的新产品开发流程

通用的(标准的)新产品开发流程,如图5-1所示。在这里,灯泡代表了一个正在进入这个过程的新产品创意。作为一个典型的流程图,矩形表示工作的阶段,新产品开发团队将在早期阶段进行一系列的测试和其他数据收集活动,而在后期执行生产和销售产品计划。在这个过程中,钻石形状指的是决策点,在这里新产品项目根据预选确定的标准进行测试,目的是前进到下一阶段的工作。

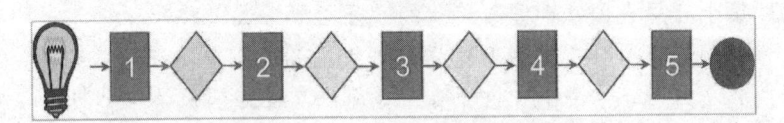

图5-1 标准的新产品开发流程

通常,关口的批准将引出下一阶段的工作。典型的新产品开发流程包括3~7个阶段和关口;虽然有些公司可能会有10个阶段和关口。服务行业的公司或从事简单产品改进项目的公司,往往比那些有更复杂的或激进创新产品开发的公司有更少的阶段和关口,尤其是那些需要大量技术工作的公司。

产品上市后的最佳实践是新产品开发过程的审查将会不断改进过程本身。产品上市后的审查包括审核财务指标和项目的战略目标是否得到满足。上市后审查在图5-1中由圆形表示。

案例5.1　交通银行秒级服务的秘诀

案例背景

近年来,各商业银行注重以技术驱动服务效率提升,以产品驱动精细化管理。一方面,在概念上借助大数据、人工智能、云计算、5G新技术,打通服务渠道,提升服务效率；另一方面，通过稳定可靠的产品实现服务精细化管理。

其中，交通银行持续升级自身的秒级服务，开卡用卡服务渠道更多，场景更全，实现直销、柜面、网络发卡线上线下全覆盖；争议秒赔性能升级，创新性引入交易异议在线秒审核、优化客户标签识别功能。

新增航班延误快速赔付服务，为用户提供在线自助理赔，全程电子化，无须纸质材料，最快当日到账。

新增智能客服场景，线上线下全渠道引用客户标签识别系统、语音识别系统、智能应答知识库，实现"秒级"人机交互体验，为用户提供了全面快捷的精细化服务，如图5-2所示。

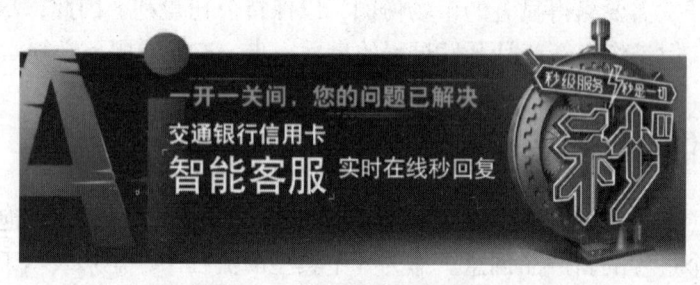

图5-2 交通银行秒级服务

（图片来源：https://creditcard.bankcomm.com/content/dam/pc/activity/mjfw/index.html）

2018年年底，秒级服务获得由人民日报社指导、人民网主办的"2018中国质量高峰论坛暨第十五届人民直选匠心奖"的"匠心服务奖"称号。

那么，交通银行为什么能做到这样的秒级服务呢？产品管控体系是关键。交通银行通过门径管理体系，如图5-3所示，实现产品管理的风险可控性，保障产品的稳定可靠。

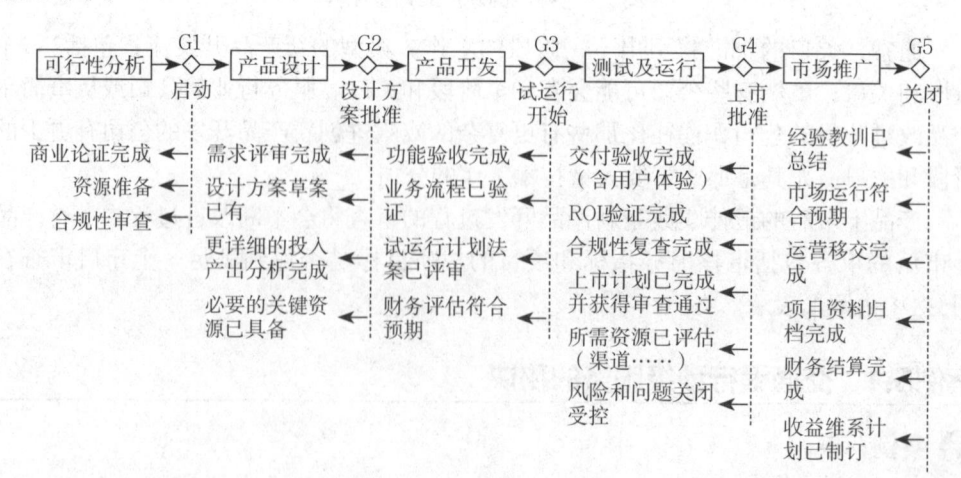

图5-3 交通银行产品门径管理体系

【案例分析】

从上面的案例可以看出，银行产品和系统的稳定可靠性是实现服务快速响应和良好口碑的关键。根基不牢，再华丽的大厦也无法平地而起。交通银行的产品门径管理体系看似朴实无华，但其中包括可行性分析、产品设计、产品开发、测试及运行、市场推广五个阶段。

每个阶段有必须达成的阶段成果，而这些成果是否如期如质完成又决定了产品是否能通过关口进入下一个阶段。阶段关口有产品决策委员会来把关，每个关口的成果有明确的通过条件。而且值得一提的是，鉴于对产品稳定可靠的高要求，在可行性分析阶段和测试及运行阶段都有严格的合规性审查和合规性复查的步骤，确保产品合规和质量过关。

5.3.1 新产品开发流程概述

新产品开发工作的阶段由单独的时间段来区分。通常，新产品开发团队将在后续阶段工作开始前完成前阶段的所有工作。然而，工作不会自动流转到下一个阶段。关口评审将确保未来的工作计划是可以接受的，以及新产品项目继续符合所需的战略标准。

在每一个阶段，具体的工作任务由新产品开发项目团队承担。尽管所有成功的新产品开发项目中存在一些共性，但每个公司都会根据自身情况确定每个阶段应完成的特定活动。通常情况下，早期阶段（阶段一至三）将涉及更多的探索与发现工作，而后期阶段则包括大规模的设计、开发、原型测试、制造和产品上市并投放市场等工作。每个阶段所需完成的典型任务会在下文描述。重要的是，要了解必须完成的特定活动，以便宣告一个阶段的完成。例如，产品创新章程（见第3章）必须在第一阶段完成，它能够将战略与新产品开发团队的工作联系起来。

产品创新章程文件的完成被定义为第一阶段的里程碑或可交付成果。每个新产品开发团队都会概述单个项目的关键可交付成果和里程碑，并且这个项目必须在新产品每个阶段的工作中完成。除此之外，还可能需要额外的可交付成果来满足公司的整个产品开发过程。

例如，一个新产品可能在第三阶段需要完成里程碑可交付成果，从而可以在实验室环境中产生产品原型。新产品开发团队将会针对这个具体项目的可交付成果达成一致。同样地，在第五阶段产品上市前要求完整的知识产权搜索可能会是一个里程碑标准，而这一标准对于组织里所有新产品项目都是必要的。

5.3.2 新产品开发流程关口

再次说明一下，关口在如图5-1所示的标准的新产品开发流程中由钻石形状表示。这个通用的过程是建立在工作的五个阶段与四个关口评审的基础上的，每个开发阶段之后都有一个关口评审。关口反映了在早期阶段新产品开发工作完成之后的决策点，以及批准进入下一开发工作阶段的决策点。请注意，最后阶段涉及新产品的商业化，因此没有任何决策点或关口审查。图5-1中的图形指的是，一个或多个上市后审查可以紧跟在新产品完全商业化之后进行。

> **小贴士　决定关口管理流程中的阶段数量的因素**
>
> 有三个因素决定了关口管理流程中的阶段数量：
> ◎ 新产品上市的紧迫性：时间越紧张，流程受到挤压，阶段就越少。
> ◎ 知识与信息的丰富度：与新产品的不确定性和风险相关的技术及市场现有知识，这些知识面越广，风险越小，所需阶段就越少。
> ◎ 风险水平：不确定性越大，所需信息越多，流程就越长。

5.3.2.1 把关者

来自不同职能部门的跨职能管理团队通常需要在新产品开发过程中批准某个项目。这些管理者可能来自技术或研发、销售和市场、运营和制造、金融或财务等部门。我们经常称这群人为把关者。把关者可以打开关口，也可以把它关闭。项目通过特定的关口，从而不断推动新产品开发工作，并表明该项目符合产品创新章程中所描述的战略目标。把关者如果做出了"禁止通行"或"终止"的决策，就会关闭关口，阻止项目继续前行。

成功的创新项目和失败的创新项目的一个重要区别在于新产品开发过程中使用的关口评审类型。在前期阶段，利用退出关口来批准这项工作，并主要聚焦于已经完成的工作。另外，进入关口不仅评估以前的工作是否符合可交付成果的标准，也评估下一阶段的工作计划对满足其战略目标的单个项目是否合适。

重要的是要认识到，能够决策推进项目前行的管理者必须有批准下一阶段安排工作的预算审核职权。很多企业陷入了使用退出关口的陷阱，它们批准通过了在前期已经完成的工作而没有深入思考即将到来的计划开发工作。为了通过进入关口来批准将来的工作，把关者必须有充分的预算审核职权来批准下一阶段的工作，以及拥有分配给项目足够和合适资源的能力。

5.3.2.2 关口决策、关口的条件通行、关口标准

1. 关口决策

当新产品开发项目团队展示前一阶段的里程碑和成果，并提出下一阶段的计划和可交付成果后，跨职能的把关者团队就需要做出决策。这个决策有三个独立的结果：通行（有时，"通行"的决策被称为关口"通行证"）；禁止通行（有时，"禁止通行"的决策被称为"终止"决策）；重定向（有时，重定向的决策被认定

为"回收"或"暂停")。

（1）"通行"决策。"通行"决策授权新产品开发项目团队可以投入一定的资源，通过下一阶段来推进新产品项目的开发。把关者授权预算支出，并就由新产品开发团队设计的可交付成果达成一致。

（2）"禁止通行"或"终止"决策。相比之下，"禁止通行"或"终止"决策意味着该项目将被叫停。新产品开发团队仍需完成项目的上市后审查，以转移和沉淀组织的知识资产。但是，该新产品开发项目不应再开展额外的测试或开发工作。把关者和高级管理者应确保新产品开发团队成员很快被安排到其他具有挑战性的项目。组合信息也随之更新，从而及时反映项目取消的情况。

（3）"重定向"决策。把关者有时可能会做出"重定向"决策。因为新产品开发过程的定义为不断识别和推进有吸引力的新产品开发工作，所以"重定向"的决策应谨慎使用。常见的情况是，"重定向"决策要求项目团队对早期阶段进行"回收"，以收集更多的关于新产品的详细信息。把关者也可以根据特定情况选择"暂停"项目，如当市场采用的新产品是不完整的，或者没有足够的资源分配给新产品开发项目。再者，这些决策必须传达给组合管理团队，以确保整体产品组合反映了当前信息。

2. 关口的条件通行

关口的条件通行是指把关者认识到在前一阶段的开发工作中，并不是所有的可交付成果和里程碑都能满足，但支持"通行"的决策可能又会使项目不能按照可接受的节奏进行。例如，可能会发生这样的情况，即必须购买资本设备但交货时间又较长或新产品需要延长测试期（如产品寿命测试）。

3. 关口标准

与产品组合管理不一样（见第4章），在每一关口都将进行单个项目的审查。在组合管理中，对整个可用的新产品开发项目集合进行审查，最大化组合的价值（这些组合受有限资源的制约）。在关口审查中，跨职能管理团队将针对在产品创新章程和具体项目的可交付成果中描述的标准，对每个新产品开发项目进行审查。

在许多情况下，关口标准类似组合管理评分标准。高层管理团队概要描述创新战略，并负责组合管理。他们最有可能协助制定一套开发决策的标准，该标准决定单个项目的关口通行。一致的决策标准将提高新产品项目创意的质量，并确保项目与公司的创新战略相一致。

在新产品开发过程中使用的一些典型关口标准如下：
- ◎ 这个项目是否符合整体的商业战略？
- ◎ 是否有明确的客户需求？
- ◎ 市场有吸引力吗？

◎ 这个项目在技术上是可行的吗？
◎ 我们如何利用我们的核心竞争力？
◎ 我们可以制造一个优于其他竞争对手的产品给客户吗？
◎ 在环境或安全方面有什么特别的考虑？
◎ 风险与回报是什么？
◎ 有没有一个完整的成本/收益分析？
◎ 跨职能管理团队是可能会破坏这个项目的（必须扫清的）障碍吗？

关口标准可作为单个或群体的把关者要完成的检查清单。如果跨职能管理团队一致认为符合关口标准，包括可交付成果和开发工作下一阶段的资源计划，那么项目将进入下一阶段。

其中一个最佳实践是，针对决策的标准及如何做出与公司创新战略相一致的决策来培训新产品开发的把关者。由于不良的把关实践而导致企业不能终止新产品开发项目是司空见惯的。而更不幸的是，没有决策或推迟决策坐等未来的发生，这与做出"不能通行"的决策结果是相同的，但却伴随着持续的成本支出。没有高层管理者的关口批准，新产品开发项目将会陷入困境，并且产品组合充斥着低价值、不具吸引力的项目。

项目关口的决策必须及时进行。对特定产品的上市来说，商业市场窗口往往是有限的，并且技术开发也必须及时启动，以满足产品上市的具体时间表。因此，关口决策的时间是很重要的，应该在把关者培训中重点提及。

许多公司将针对个体新产品开发项目的自下而上方法和针对组合管理过程的自上而下方法结合起来做决策。这种迭代的方法通常会达成高质量的最佳项目集合，确保全局的战略一致性。

5.3.3 新产品开发流程的阶段

如图5-1所示，一个标准的新产品开发过程包括五个阶段和四个仲裁关口或决策点。通常情况下，分阶段的和关口的新产品开发过程包括3~10个工作阶段及相应的关口。阶段的活动和名称会因公司或行业的不同而不同。许多公司将工作阶段的名字命名成容易被记住的简称，并绑定到整体的新产品开发流程中。五个阶段在产品管理中有明确的术语，这些工作阶段也常用在世界各地创新公司的新产品开发流程中，包括：阶段一——机会识别；阶段二——概念产生；阶段三——概念评估；阶段四——开发；阶段五——上市。

一些旧的文献可能将阶段三称为"技术预评估"，将阶段四称为"技术开发"，但是，无论是市场营销还是技术开发活动，都应在所有阶段并行开展。在上市阶段完成后，产品移交给销售团队并不再被认为是"新的"。如果公司利用产品生命周期管理，在第五阶段完成后产品也将进入标准的品牌和生命周期管理流程。

在进入正式的新产品开发流程前，有些公司会有所谓的开发前过程或技术阶段——关口系统，而大多数都将前三个阶段称为"模糊前端"。

模糊前端是名副其实的，因为产品概念在第三阶段（概念评估）之前通常是不明确的。此外，模糊前端的工作通常在更正式的产品开发阶段前。应该指出的是，产品项目中的项目管理工具涵盖范围、进度和预算，通常在第四阶段（开发）部署，显示了正式的新产品开发过程的后期阶段更加结构化的本质。

早期阶段的开发工作奠定了新产品开发项目的成功框架。模糊前端包含了新产品开发工作的早期"入门"阶段。在新产品开发流程的早期阶段，即公司在确认客户需要和问题的过程中，工作是不可预知的，产品概念也是不明确的。模糊前端是由第一阶段到第三阶段的新产品开发活动组成的。

5.3.3.1 阶段一：机会识别

我们首先来看第一阶段——机会识别，它是和战略发展紧密联系在一起的，同时也涉及可用市场的搜索，在这个市场中，公司应参与其中以实现其战略目标。在阶段一，组织主动将市场和商业战略计划与新产品的技术机会联系在一起。组织的所有层级都参与了该项活动。高层管理团队负责战略；销售和营销团队往往是最接近客户的群体，可以更精准地识别客户的需要和期望。

在阶段一中完成的一项特定活动是确定市场需要。重要的一点是，任何识别出来的新产品开发机会，都应符合公司的商业战略和创新战略。有吸引力的机会是这样一些机会：开放的市场，没有太多的竞争对手，开发产品在技术上是可行的，并几乎没有"致命变因"（Killer Variables）。

"致命变因"有时也称为"障碍"（Showstopper）。为确保新产品的上市，在创意阶段也要设计测试来验证能否通过。例如，在医疗行业，新药品必须经过严格的动物试验，才可以进行人体试验。如果一个新药物的动物试验失败了，这将被认为是"致命变因"，因为它将停止这个项目将来所有的开发。

宝洁的前CEO拉弗雷说过，他在所有的项目审查会议上都会问一个问题，那就是："你的'致命变因'究竟是什么？"新产品开发团队需要证明这些潜在的障碍在早期过程是可以克服的。不能一味追求新产品的开发，因为在后期阶段才找出这些问题会付出非常昂贵的代价，如试点生产和消费者研究等手段都可以找到终止项目的技术或市场障碍。新产品开发团队需尽早确定这些"致命变因"，并尽快以经济的手段来消除它们。如果"致命变因"不能克服，那么项目就不应该继续，资源应该分配到更具吸引力的新产品开发项目中。

案例5.2　P2P为什么会失败？

案例背景

自从2018年中国P2P金融"爆雷潮"后，2019年的P2P行业情况更为严峻。从叮咚钱包全员跑路，到"中国车贷第一股"点牛金融被立案侦查，再到厚本金融被

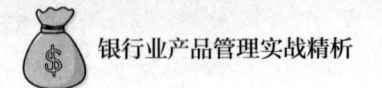

合作方中华财险报案……

我们不禁要问，P2P为什么会失败？表面上来看，P2P过度放贷带来的暴力催收，引起了打黑除恶，甚至造成了银行正常的催收都受到影响。

进一步来看，有广泛融资背景的非传统金融企业在拿到金融牌照、参与金融业务后，为了利润的增长，引入非法集资和风控不严的财富管理产品。这与政府所呼吁的金融企业回归本源、服务实体的要求是严重违背的。一些互联网金融企业引领服务长尾客户的理念，对一些低收入阶层（如大学生）过度放贷，使得毫无收入来源的学生群体背上了沉重的债务。如还款压力太大，不还款那就是失去信用的人。

经济学家许小年也曾对"P2P为什么会失败"的问题做过深入分析。大部分的P2P没有创造价值，原因是P2P做的个人贷款产品只是充当一个"婚介所"的作用，并不负责"婚介"的成功率，也不解决"男女"双方的信息不对称。

金融业务的价值是帮助市场克服信息的不对称，核心是尽量消除贷方和借方之间的信息不对称。而消除这种信息不对称的手段就是信用评级，利用贷方以往的信用数据进行信用评级，从而帮助借方了解贷方信息，合理决定贷款的数量、期限，严控借贷风险。

【案例分析】

P2P金融产品失败的原因众说纷纭，但从产品管理角度来说，P2P产品是有"致命变因"的，这就决定了这款产品在一开始推出的时候就有失败的风险。其核心的"致命变因"有三个：

第一，某些P2P公司为了利润的增长，引入非法集资，而非法集资有不合法、不合规的政策"致命变因"。

第二，多数P2P产品不注重贷款风险控制，而对放款风险进行控制，这是另一个"致命变因"。

第三，最重要的"致命变因"是价值方面，正如许小年所说，P2P的核心价值是帮助市场克服借贷双方的信息不对称，而这方面大多P2P产品远没有做到，仅仅是充当一个传统婚介所的作用，也就注定了P2P产品的失败。

第一阶段的关键可交付成果是产品创新章程。我们曾在前文讲过，产品创新章程是一份指导性文件，描述了市场和技术的机会、具体开发工作的计划、项目团队的"路规"，以及新产品的其他特殊考虑（如法规或法律要求）。

除产品路线图外，一些公司在这一阶段还有市场机会评估图。市场机会评估图检查市场区隔的整体规模、潜在增长率、预期利润率、物流（供应链）的优势，以及目标市场的威胁。

5.3.3.2　阶段二：概念产生

第二阶段被称为概念产生阶段。在这一阶段，公司寻求识别尽可能多的想法，来解决在第一阶段确定的客户问题。新产品开发团队在第二阶段的主要问题是："我们如何满足市场机会？"

头脑风暴是一种传统的工具，用来创造众多解决问题的潜在想法。对于新产品开发，头脑风暴会议应包括产品专家及相关领域的人，来产生更多的想法。如果具有现有产品解决方案知识（只限于现有产品解决方案，提升聚焦性）的个人也参与的话，则可以提高想法的质量。公司在这个阶段应寻求内部和外部来源的想法，一些公司在第二阶段也会利用开放式创新或共同创造。

此外，在第二阶段，公司将进行初步的技术评估。这些就像做"论文研究"或文献审查，以确定以前已经尝试过什么；还包括初步的市场评估、了解产品的竞争对手提供什么，以及目前提供的产品如何满足消费者。

概念产生与初步的技术和市场评估，将带来新产品的早期估算，以及制造成本和销售量的粗略估计。阶段二的关键可交付成果是产品概念说明和初步商业论证。

1. 产品概念说明

产品概念说明是口头或原型的表达，解释了在产品或服务上将有什么改变，以及客户如何从变化中获益。产品概念说明应明确产品的好处（用潜在客户的话来说）、产品设计将采用什么形式，以及完全开发和商业化该新产品的具体技术。

小贴士

产品概念的要素

产品概念的要素包括市场需求（利益）、形式和技术三要素。

例如，可乐饮料的绝佳口味被看作是利益，深色的可乐饮料说明了形式，而带有新型甜味剂的可乐则代表了技术。因此，形式是新产品的物理描述，技术展示了来源，通过它可以获得形式。在这个例子中，可乐饮料的甜味剂和着色剂分别展示了产品概念的技术和形式。有的产品概念说明可能会是这样："新的深色的天然甜味的可乐，味道好极了，给大家带来了欢乐。"

产品概念说明最重要的一部分是对潜在客户的利益描述。利益必须针对客户将从产品中获得什么样的价值来表述——客户必须对产品有需要时才能购买它。一般来说，利益有着情感联系（见第6章市场研究），同时产品概念说明还必须表达新产品的形式和技术。

> **小贴士**
>
> **产品概念的生命周期**
>
> 产品概念存在着生命周期，从机会识别阶段一直到产品上市都存在。
>
> **阶段一：机会识别**
>
> ◎ 机会概念（Opportunity Concept）：这时的概念是一家公司的技能或资源，或者一位顾客的问题（假设脱脂牛奶饮用者告诉我们他们不喜欢看上去像水的饮料）。
>
> **阶段二：概念产生**
>
> ◎ 构思概念（Idea Concept）：这时的概念是构思的初次出现（也许我们可以改变颜色……）。
>
> ◎ 陈述概念（Stated Concept）：这时的概念是一个形式或一项技术，加上一个清楚的利益陈述（利用我们公司的专利方法将蛋白球破坏，可能使液体更稠）。
>
> **阶段三：概念或项目评估**
>
> ◎ 测试概念（Tested Concept）：这时的概念已通过了最终用户的概念测试，且已确定需求（顾客说他们可能非常喜欢喝这样的牛奶产品，并且提取这些牛奶的方法听起来很好）。
>
> ◎ 全面地筛选概念（Fully Screened Concept）：这时的概念已通过与公司情况相适应的测试。
>
> ◎ 协议概念（Protocol Concept）：这时的概念是一项产品定义，包含目标市场用户、问题认知、一种水分较少的脱脂牛奶该有的利益，以及任何被要求的特征（我们的新产品必须尝起来与现有的脱脂牛奶一样或更好，并且其必须要有完全相同的营养价值）。
>
> **阶段四：开发**
>
> ◎ 原型概念（Prototype Concept）：这时的概念是一种暂时性的实体产品或系统程序，包含特征与利益（供应少量味道较浓郁的脱脂牛奶，可被饮用，虽然尚未进行批量生产）。
>
> ◎ 批量概念（Batch Concept）：这时的概念已经完成了与制造过程首次的全面的匹配性测试，应该可以制造。产品规范已经完成，准确定义了产品，包括特征、特性与标准（脱脂牛奶成分：维生素A、脂肪、纤维……）。
>
> ◎ 过程概念（Process Concept）：全部的制造过程完成。
>
> ◎ 中试概念（Pilot Concept）：一项新产品的供应，由中试生产线进行更多数量的生产，以提供给最终用户进行实地测试。

> **阶段五：市场导入**
> ◎ 市场概念（Marketed Concept）：从中试进入大规模生产——实际被销售的牛奶产品，既是用于市场测试的产品，也是全面导入市场的产品。
> ◎ 成功概念（Successful Concept）（如新产品）：达到项目开始所设定的目标（如某产品的市场份额已达24%，获利颇丰，且竞争对手已在跟我们协商，希望取得我们的技术授权）。

2．初步商业论证

在阶段二中，新产品开发团队会准备初步的商业论证。该商业论证包含了广泛的案例，在销售预测和开发费用估算方面可能达到20%~50%的准确率。尽管商业论证中的成功概率范围很大，重要的是要了解如果没有潜在的利润，那么该项目应在关口评审时停止。如果利润概率足够高，市场有足够的吸引力，那么该项目就应向前推进。总的来说，初步的商业论证可以针对领先的概念或针对新的市场、技术和产品来进一步开发。

5.3.3.3 阶段三：概念评估

阶段三被称为概念评估阶段。在第二阶段产生很多的想法和头脑风暴之后，新产品开发团队开始将这些想法的范围缩小至一到两个概念，然后会对其进一步测试。推进到下一阶段的概念，应该是技术可行的，且能满足市场需求，并给客户提供实实在在的利益。一些较旧的文献把第三阶段称为技术预评估阶段，强调关注客户的需要和早期的技术可行性。

在这一阶段，新产品的市场需求通过概念测试来最终确定。概念测试是一种特定的市场研究技术，在第6章中有关于产品概念的银行业案例的详细讨论。在阶段三中，新产品开发团队将调查明确的新产品概念能否满足客户的需要，并努力消除不好的产品模型。理想情况下，只有一个符合目标客户需求的产品概念会被确定下来。

在结构化新产品开发流程的这一时点上，产品开发团队将正式定义产品属性。产品属性是关于产品功能和技术规格（为客户交付特定产品利益所需的）的清单。对于新产品开发团队来说，属性和产品功能都可以用技术术语来描述，而产品利益则要站在客户的视角，并基于产品的情感联系，用形象生动的语言来进行说明。

在第三阶段，新产品开发和管理团队的其他考虑因素包括新产品开发工作的财务因素。基于产品设计的领先概念，可以估算出销售预测和制造费用。此外，如果生产新产品必须要建立工厂或改善生产线，资本投资的需求也是可以确定的。财务分析的草案是用于在关口评审时，通过组合管理过程进行项目评估的。

阶段三的重点是确认产品概念是否符合消费者的需求。一种在市场研究中使用的技术称为质量功能部署（Quality Function Deployment，QFD），它用来将客户需要匹配到新产品的工程规范中。产品属性利用QFD方法进一步细化。QFD最初用于提升日本汽车行业的质量，是一种"客户心声"的市场研究方式。QFD在后续章节中会有更详细的讨论。

正式的QFD方法虽然在许多行业并不普遍应用，但每个确定的客户利益都应匹配产品特征或属性这一基本理论广泛应用在许多成功的创新公司。同时，产品在阶段三中应通过概念测试来进行评估，确保潜在客户认识到新产品能解决他们的问题，并为客户提供比现有竞争对手的产品更大的利益。

阶段三的关键可交付成果是产品协议、商业论证和项目资源计划，这些都是为最后的开发阶段的工作所提供的。

1. 产品协议

产品协议是一份书面协议，确切表明到底需要做什么才能完成新产品开发工作，并实现新产品的上市。这是为余下阶段而做的基础的推进计划。产品协议声明还会沟通新产品团队所有成员的必要活动及任何辅助功能。它用来作为设计师、开发人员和营销人员的指南。产品协议集成了所有的新产品开发行动，并提供了工作结果的目标。重要的是，其中的需求都是以可测量的术语来说明的。后面第8章将会有针对产品协议的银行业案例讨论。

2. 商业论证

第三阶段起到了新产品开发项目模糊前端工作的总结作用。小规模和技术可行性测试完成，而概念测试验证所设想的产品是否将满足客户的需求。当产品开发团队为即将到来的第四阶段工作而验证了产品设计和计划时，就会发生重大投资并要做出权衡。选择某一个产品概念而不是另一个的决策，也包括消除替代产品的解决方案的决策。此外，产品概念测试收集了直接来自客户方可能的销售数量和定价数据。因此，商业论证从第二阶段产生，到本阶段将进一步细化，并会有更高的精度。

例如，基于概念测试结果的销售预测（包括时间和规模），会有更加合理的测算精度。在第三阶段，新产品开发团队将针对产品的最终设计和规模来开发详细的项目管理计划，以及准备新产品的上市策略。类似项目的信息可以从上市后审查中来收集，从而为项目的余下阶段确认适当的资源计划。因此，完成开发所需的资源（时间、金钱、人和设备）和商业化工作方面的预测就会有高的精度。

3. 项目资源计划

在日常工作中注重归档新产品开发项目的上市后审查的公司，对每种项目类型都会有资源需求的标准。资源包括将第三阶段确认的新产品概念转换为商业的可行产品所需的时间、金钱、人和设备。例如，公司的经验可能会证实一个衍生产品项目在第四阶段将需要12个星期的开发时间，同时新产品开发团队要配备3名全职设计师、6名产品工程师及4名营销专业人员。根据历史数据，完成这一阶段的成本估计是新产品开发团队的直接劳动成本乘以某个比例（如50%），这样能包括在材料、供应和产品使用测试方面的投资。

这项练习是针对每个单独的项目完成的，并在第三次关口评审时作为第四阶段计划的一部分来展示。如果产品概念是激进的或突破性的创新，应采用传统的项目管理估算工具来开发后续的项目计划。

第三阶段是结构化产品开发流程的关键一步。概念评估包括在众多的产品概念间做出权衡决策，以及与潜在客户一起进行的大量测试。不好的概念将进行排除，不能归档到组织的产品创意库。只有能推进到下一阶段的少数概念才能进行实质性的评估。

5.3.3.4　阶段四：开发

阶段四通常被称为"实战检验"阶段，这意味着在这一阶段要完成新产品开发的工作，并且产品完成制造。虽然以前的阶段可能会涉及小规模的测试和文献检索，但阶段四则会涉及多个部门人员的共同努力、供应商和分销商的合同，以及制造新产品的可能资本投资。阶段四会依赖于前期阶段工作输出的质量，而且通常是一个时间较长且成本更高的工作阶段。

第四阶段的目的是开发和规划生产市场上的最终产品，因此最重要的一项活动是开发产品原型。产品原型都是工作原型，有最终产品的外观和感觉，这样它们就可以由目标市场的实际客户来进行测试。原型和最终产品之间的唯一区别可能就是生产的起源或方法。例如，一方面公司可能在小规模生产的设备上制造针对市场测试的原型，但另一方面规划大规模工厂的最终生产。其他的替代方案可能是，初始的生产可能限制在一家工厂，而世界各地的其他设施在后续将生产规模扩大至全面生产。

具有完整功能的原型对产品使用测试来说是非常重要的。产品使用测试是一种特定类型的市场研究。简而言之，产品使用测试允许客户使用原型来观察新产品是否真的具备它的设计功能，能否真的解决客户在早期工作阶段中所发现的问题。产品使用测试确定了客户对产品的满意度。

在阶段四中完成的其他活动还包括制订战略上市计划和生产规划。例如，在战略上市计划中的众多任务之一就是销售账户管理。跨职能的新产品开发子团队将确定哪些现有客户应该被转化到新产品上或成为新的销售目标。在阶段四启动的其他销售任务包括确定新产品可接受的销售周期，以及管理针对新产品或服务的客户沟通。同时这一阶段也要准备好市场营销的资料，包括沟通计划、销售文书和网站，以及展示与新产品利益相结合的情感联系的广告。

在开发阶段中，任何明显的监管或法律问题都需要解决。其中重要的一点，要在产品由客户正式测试之前确保专利、商标、版权、商业秘密和其他知识产权都已准备就绪。没有适当的知识产权保护，新产品就会毫无限制地暴露在竞争对手的面前。同样，监管测试通常是政府机构强制执行的，目的是在一定情况下合法销售产品。

1. 验证的产品原型

阶段四开发的关键可交付成果包括验证的产品原型和全面的商业论证。将验证的产品原型作为阶段四而不是阶段三的可交付成果，看起来可能似乎有悖常理。然而，阶段三的概念评估可能会产生两到三个可行的创意，这些创意则需要进一步调查有关的市场、技术和产品的创新需求。在阶段四的早期，必须选择这些概念中的一个来继续进行，并进入产品的商业化。这个最终的选择就是最好的产品概念，同时也精确定位了验证的产品原型。

对验证产品原型的其他考虑是其必须具有完整的功能，满足客户的需求。在新产品开发工作的阶段中，新产品开发团队应确认验证的产品原型能完全满足潜在客户，并对全面生产是合适的候选产品。

2. 全面的商业论证

与早期的财务估算相比，全面的商业论证将有更高估算的准确度。这种准确度是新产品开发工作中完成早期的测试和开发阶段的一个成果。在阶段四中，新产品开发团队要在合理的时间内得到关于新产品潜在销售量的较为准确的预估，以及新产品的定价和成本信息。

5.3.3.5 阶段五：上市

上市是正式新产品开发过程中的最后阶段。在阶段五中，新产品、服务或计划进行商业化的上市并导入市场。因此，第五阶段的关键活动是以新产品上市为导向的，并确保新产品在市场上全面销售时维持其适当的库存水平。

市场测试是新产品销售计划的第一次验证。判断潜在客户对新产品和营销材料的反应有几项技术。如果客户的反应是不理想的，或者如果销售没有达到预期的水平，就实施战略上市计划（在阶段四中制订的）。

如上所述，第四阶段进行的一项关键活动是设计新产品或服务的战略上市计划。在阶段五和后续阶段，新产品开发团队将监控营销计划的有效性。如果某些触发事件发生，战略上市计划的纠偏措施就会实施。例如，如果某个具体的营销活动没有达到预期的销售反应率，新产品开发团队将通过改变广告媒体、营销材料的内容或调整参与新产品销售的其他因素来实施战略上市计划。因此从本质上说，战略上市计划是一种风险管理工具，这特别体现在协助新产品创新工作的市场营销方面。

注意，在整个开发工作中使用跨职能团队，可以大大提高战略上市计划的执行速度。营销计划包括如客户价值主张、产品利益的情感联系、产品如何在市场上定位及竞争对手对产品销售的影响等方面。例如，如果概念研究和市场研究表明潜在的客户感觉产品精致典雅，那么产品的情感联系和定位就可以放在奢侈品市场或炫耀购买上。跨职能团队的成员需要熟悉在早期开发阶段获得的研究信息，并可以根据战略上市计划积极影响阶段五所需实施的纠偏措施。

营销传播与营销计划紧密相关。一旦确定了针对新产品或服务的产品定位和情感联系，营销传播就要解决以什么样的最好方式传达到目标受众。文献、小册子和网站都是与潜在客户进行连接的良好途径。今天，如微信、Facebook和Twitter等社交手段也是新产品或服务重要的传播途径，在营销传播计划中不应该被忽视。作为新产品和平台的品牌推广的有力手段，广告和抽样也被视为战略上市计划中传播管理的一部分。

商业化上市的管理也涉及管理新产品制造设施的生产能力。对于国际公司而言，这可能涉及供应链、物流和分销渠道等问题。在某些情况下，新产品最初的销售货源来自小型的生产设施，随着销售量的上升，生产规模不断扩大。当运营扩展到全面量产，并且制造扩展到全球多个设施时，新产品开发团队和技术服务团队必须密切监控产品的质量。

新产品的生产和分销计划也需要制订。新产品开发团队的关注点包括产品库存的来源、生产产能提升的速度、生产的质量和分销渠道的可靠性。

第五阶段中，新产品开发团队和管理团队的关键活动之一是将新产品移交到主流业务。值得一提的是，团队可能急于转到下一个项目的工作，但团队成员拥有大量关于新产品的设计和功能的隐性知识。因此，一些公司在产品上市后继续在一段时间内保持新产品开发团队不解散，以确保能顺利过渡到主流的销售和客户支持功能。

阶段五的基本可交付成果是新产品的市场导入，有时也称为商业化。商业化的定义是新产品从开发到市场的过程。它通常包括产品的上市和上升期，部署营销材料、客户和销售人员的培训，以及开发客户服务和支持的协议。

5.3.3.6 上市后审查

许多研究表明，学习型组织在新产品开发中富有更高的效率和生产力。学习型组织是一个不断评价工作绩效的质量并采取改进措施来减少和消除浪费的组织。产品的上市后审查（Post Launch Review，PLR）在新产品开发流程中是关键的一步，可以鼓励组织学习，不断提高和改进创新流程。

在实施和执行新产品项目时，建议经常记录所学到的经验教训，这在产品上市后显得更为重要。新产品的PLR是每个新产品开发项目的关键反馈环节。它有时被称为上市后审计、项目事后回顾、经验教训审查、实施后审计、回顾或上市后对照研究。无论采用哪个术语，对于持续改进都是至关重要的，即开展商品化产品和相关项目工作的审查，从而丰富组织知识，并为创新过程提供反馈信息。

案例5.3　建设银行电子社保卡的PLR

案例背景

全国电子社保卡服务平台建设是党的十九大报告提出的建立全国统一社会保障公共服务平台的重要组成部分，也是人社部"互联网+人社"2020行动计划的重要建设内容。因此，商业银行纷纷涉足电子社保卡领域，助力民生服务。

以建设银行为例，建设银行电子社保卡（见图5-4）于2018年7月完成全行平台搭建，7月底在江西省分行实现同业首发。在总结了江西省分行产品上市的经验后，2018年年底又在广东、四川、青海、云南、山东、新疆等分行上线，同步测试河北、辽宁、吉林、浙江、福建、贵州、陕西、宁夏等分行电子社保卡。

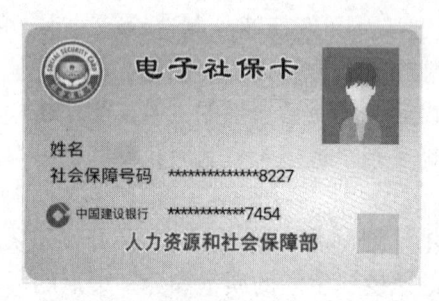

图5-4　建设银行电子社保卡

（图片来源：http://feng.ifeng.com/c/7qslrE7Z0fR）

电子社保卡作为社保卡线上应用的有效电子凭证，与实体社保卡一一对应，由全国社保平台统一签发，相关功能入口部署在手机银行App龙支付及悦享生活频道，并实现电子社保卡签发、个人参保信息查询及养老资格认证功能。后续根据人社部安排陆续开通医保结算、缴费及待遇领取、金融支付等功能，并推进电子社保卡在人社部、政府公共服务、金融等领域线上线下有机结合，为社会发展服务民生赋能。

【案例分析】

从上面的案例中可以看出，建设银行电子社保卡产品的PLR经历了三个阶段：首先是江西省分行产品上市，测试产品的功能是否符合市场需求和人社部的要求，及时调整产品功能；其次是在广东、四川、青海、云南、山东、新疆等分布于华东、华西、华南等地区的7家分行上市产品，测试市场对产品的真实接受程度；最后是河北、辽宁、吉林、浙江、福建、贵州、陕西、宁夏等分行全面部署，测试产品预期的社会效益。

建设银行电子社保卡产品通过三阶段的PLR，及时总结经验，快速有效地实现了全国电子社保卡产品的顺利发布。

1. PLR要解决的基本问题

PLR有三个基本问题要解决。

PLR要解决的第一个基本问题是:"这个项目哪里做得比较好?"这个问题包含了产品开发工作的成功之处。学习型组织会细致地记录这样的能力:通过利用特定的程序、政策或导致产品成功上市的流程,从而提升成功概率的能力。做得好的事情列表可能包括:采用结构化的产品开发过程,利用跨职能团队的技能,在开发周期的早期与潜在消费者一起进行市场研究,遵循明确的战略目标,以及团队凝聚力等。

技术成功也应该在PLR中记录,比如手上有适合的测试设备、利用专门培训的设计师和开发人员、适当的技术测试和审查进度计划,以及使用软件和硬件工具,从而增强新产品的技术开发。

值得推荐的一项最佳实践是以产品开发工作的成功亮点来开始经验教训的审查。首先描述成功将有助于建立团队间的信任,并确保PLR是关于产品和开发过程的,而不是针对工作中所涉及的人员和个性的。

PLR中的第二个基本问题是:"项目哪里出了问题?"了解产品开发工作中哪里有障碍,可以极大地帮助下一个产品开发计划,特别是对项目类型相近的情况尤其有效。

对于以前没有进行过PLR的公司,对于"哪里出了问题"的发现可能包括压缩的进度计划、扩大的目标(称为范围蔓延)、专职开发工作的资源太少、预算限制和冲突的优先级。此外,许多公司还会发现其他问题,如有太多项目要做而能安排的人太少,以及市场研究并没有在流程的早期开展,而导致最终的产品交付没有令客户满意等问题。

PLR要解决的第三个基本问题,同时也是最重要的问题:"做什么以便在下一次中进行改进?"毕竟,记录项目哪里做得好及什么地方出了问题是很好的做法,但提供建议,从而使下一次项目按不同的方式做事是PLR的最好成果。

2. PLR有什么好处

例如,如果第一个问题(哪里做得好)启发了新产品开发团队关于产品良好质量和市场研究时机的思考,那么这些做法应被纳入新产品开发的结构化过程中。在未来,如果某个新产品的创意没有潜在客户需求的研究,是不允许通过初步的关口评审的。

如果第二个问题(哪里出了问题)揭露了现有的新产品开发过程在每一个阶段包括了太多重复的审查表,那么新产品开发过程的推动者可以通过精简流程阶段和关口审查表来提高新产品开发过程的整体效率。

将从PLR中学到的东西整合到过程改进中尤为重要。PLR在新产品开发过程中经常被忽视,当它完成后,经验教训一般会存档或存储,而后续却没有任何与将来的新产品开发团队领导或项目管理办公室更深入的沟通。新产品开发过程推动者的角色在这一章的后面讨论。然而，应该指出的是，他负责沟通和实施新产品开发的过程改进，包括从所有产品PLR到提高整个企业的新产品开发流程的效率和生产力。

此外，来自PLR的反馈回路的重要性不能被夸大。如果标准衍生项目的多个产品开发团队认识到完成阶段三的工作平均要12周时间，而新产品开发过程的标准假设仅分配8周时间，那么几乎每个项目都会落后于预计的时间。关于开发新产品所需的工作，对管理层和新产品开发团队的领导来说，诚实和尊重实际情况很重要，而不是简单的乐观和希望。

不仅PLR会对新产品开发项目的进度排期提供重要的反馈，而且经验教训的总结也为提高将来类似的新产品开发项目的成本估算的准确度提供信息。通过适当的排期来最佳地估算知识型员工的成本，而PLR还可以就概念测试、产品使用测试和其他市场研究工作的成本提供具体的数据。

3. 什么时候实施PLR

这是一个持续评估项目标准和流程执行步骤的最佳实践。然而，实施PLR有三个关键时间。在阶段五中，新产品或服务上市后且在新产品开发团队解散前，应实施第一次PLR，称为PLR-1。团队审查时学到的经验教训对提高结构化的产品开发过程也许是最关键的。三个基本问题即哪里做得好，哪里出了问题，哪里可以改进，聚焦于结构化的新产品开发流程的执行。PLR-1的成果描述了在阶段化和关口化的开发过程中的系统障碍，以及任何悬而未决的问题，如关于市场或客户的研究、时间、长度和过程中每一阶段的成本估算，以及沟通或协调制约。

PLR-1的输出是持续改进新产品开发过程的关键。如上所述，最佳实践表明，领先的创新企业持续修正和完善新产品开发流程。相反，表现最差的公司大约5年才重新设计新产品开发过程。PLR-1的反馈将使新产品开发流程的推动者持续修正和更新新产品开发流程，优化新产品开发的效率和生产力。

另外，PLR-1的经验教训评审对任何在开发后期取消的项目也应进行。在这种情况下，管理者应当确定为什么当战略一致性、技术评估或竞争环境表现不良时，这样的产品创意还允许通过关口。再者，经验教训可以改善整个系统，并有助于错误在未来重复发生。

第二次PLR（PLR-2）使团队有时间来实施和评估必要的战略上市计划。第二次评审的目的是确定新产品的销售量是否达到预期的水平、客户是否满意新产品，以及产品库存与市场需求是否保持同步。例如，如果销售滞后于预测，那么营销计划应根据战略上市计划来调整。另外，如果消费者产品服务热线记录了大量关于新产品质量或服务方面的投诉，则应立即执行战略上市计划和风险管理计划的相应部分，从而立即解决这些市场需求问题。最后是比较乐观的情况下，产品供不应求，生产计划可能需要根据库存要求加以调整。

PLR-2的时间应与产品销售周期一致。对于大多数产品来说，PLR-2可以在商业发布短短几周或数月后进行。在这一时点上，往往会有来自早期应用产品的客户的充足销售数据和反馈，从而评估营销计划，做出任何必要的变更。

如某些食品、饮料和手机等产品，通常有非常短的生命周期，每代产品替换时间平均是12~18个月。在这种情况下，PLR-2应在商业化上市前开展，而不是在之后进行。每一个公司和行业都能根据创新和市场经验确定PLR的适当时机。

不管在什么时机实施PLR-2，公司都应评估数据，从而确保新产品在市场上获得认可，以及产品盈利能力符合预期。在少数情况下，调整营销计划可能不会明显提高销售量，而且该产品可能还需要放弃。这种情况应该通过经验教训评审过程做进一步研究，以保证将来低劣的产品概念不能自动通过新产品开发系统。

第三次PLR（PLR-3）应在销售周期完成后针对最主要的客户开展。PLR-3开展的时机可能因为产品类别和行业的不同而各有差异。但是，对于大多数中长期生命周期的产品来说，上市后约1年的时间是较为合适的。PLR-3评审不仅从财务角度检查销售收入和生产成本的信息，评审团队还应充分评估项目目标是否完全达成。

另外，PLR-3评审的反馈为未来的新产品开发团队，以及新产品开发流程的完善提供了重要信息。此外，来自PLR-3的信息能给管理团队带来关于创新战略的健康和优势情况方面的强烈信号，而这是通过评估后续新产品在满足市场、技术和产品类别的机会中能否成功来获得的。

5.4 管理层在新产品开发流程中的角色

高层管理者在新产品开发过程中的积极参与会带来更大的创新成功。在新产品开发过程中，有两个管理角色，他们对实现能够将萌芽想法转换成可销售的产品或服务的高效系统来说是很有必要的。这两个角色是新产品开发流程的所有者和新产品开发流程的推动者。

5.4.1 新产品开发流程的所有者

新产品开发流程的所有者对新产品开发过程中的战略结果负责，因此他们与新产品开发流程的运营经理工作非常密切。战略结果包括创新程序的诸多要素，如系统的吞吐量、新产品开发创意和项目的质量，以及整个企业组织的跨职能参与。

例如，新产品开发流程的所有者将与其他高层管理人员一起工作，确保所有新产品和新服务的创新项目都通过阶段化和关口化的系统。确保每一个新产品项目都依照结构化的产品开发过程进行，确定项目的价值被持续地记录，同时确保该项目在既定的质量标准中执行。通过组合管理流程自动评估最早期阶段进入新产品开发过程的新想法。因此，绕过新产品开发流程的任何项目都不应该包含在活跃的项目组合中。

通常新产品开发流程的所有者是高层管理者，他要发挥积极作用以确保所有产品的想法都通过新产品开发过程实现市场导入，还要主动帮助平衡资源需求，以此作为组合管理决策的结果。新产品开发流程的所有者也可以作为组合管理团队的一员。我们提过，成功的新产品开发项目需要针对成功实施的跨职能团队，而新产品开发流程的所有者能够为活跃的新产品开发项目协商足够的人员资源配置。

此外，新产品开发流程的所有者通过与新产品开发流程的推动者一起工作，帮助沟通公司的战略目的和目标，确保创新和商业战略正确反映在阶段和关口标准中，以及提供新产品开发过程本身的培训和实施。特别是在自下而上的组合决策的情况下，活跃项目包括在基于关口通行的组合中，新产品开发流程的所有者必须确保关口标准能清晰地反映战略一致性。

新产品开发流程所有者的其他角色和职责包括：
◎ 领导整个公司的新产品开发流程的实施。
◎ 在新产品开发过程培训中激励新员工。
◎ 作为所有创新工作的管理集中点。
◎ 确保在新产品开发过程中公司目标的战略一致性。

5.4.2 新产品开发流程的推动者

新产品开发流程的所有者可以是一个执行经理的兼职角色，而新产品开发流程的推动者的角色则是一个全职的工作岗位。如果组织使用PMO，新产品开发流程的推动者会被分配到PMO，以协助项目的领导者并对创新过程进行培训。在其他公司，新产品开发流程的推动者可能领导新产品部门或可能在技术、营销或研发团队中指派高级角色。

不管怎样，新产品开发流程的推动者具有广博的关于公司新产品开发流程的知识，负责该系统的大部分实施。他是一个在新产品开发每个阶段的详细步骤和任务方面的专家，并对任何项目进入下一阶段所需通过的关口标准提供其同时具有深度和广度的理解。通常情况下，新产品开发流程的推动者不会被指定为项目的把关者，但他将出席许多关口会议，以确保项目从阶段之间的转换中平稳过渡，并使过程像他设计和记录的那样正常工作。

当然，参加关口会议将为新产品开发流程的推动者提供不断改进产品开发流程的反馈。新产品开发流程的持续改进和修正，对保证系统高效运行是必要的，并且也可以通过新产品开发计划来积极实现企业的战略目标。鼓励整个组织的全员参与是新产品开发流程推动者的另一个基本责任。

新产品开发流程的推动者的其他重要活动包括培训新产品开发团队、把关者和新产品开发过程中的其他用户。加入产品开发组的新员工，将接受公司新产品开发过程的培训，目的是确保通用的词汇和术语都能被整个组织所理解。通常情况下，新产品开发流程的推动者在必要时将给新产品开发团队的成员、团队领导和把关者安排群体培训或一对一的培训。

因为持续改进是成功创新计划的一个标志，新产品开发流程的推动者将在PLR过程中起到关键作用。他通常会参与PLR，确保经验教训主动纳入系统改进措施计划中。结合系统的不断完善，PLR的一个直接结果就是把新产品创意的提升质量输入系统中。

大多数公司发现，随着每个阶段所需的关口通行标准和步骤在整个组织中广泛传播，创意的质量提高了，并且它们更专注于企业的战略目标。新产品开发流程的推动者和新产品开发流程的所有者直接对公司内部的新产品开发过程的实施质量和持续改进负责。

5.4.3 新产品开发流程的设计和实施

结构化产品开发流程的总体设计通常是由高层管理者发起的，而创新的日常实施则是由新产品开发的推动者领导的，他直接汇报给新产品开发流程的所有者。能否持续改进，并建立可重复的、高质量的新产品开发计划，这通常取决于公司关于将创新项目与企业的整体经营目标相结合的长期承诺。

一开始，结构化的新产品开发流程必须符合公司的文化。例如，在传统业务领域的许多大公司，如石油和天然气行业，在某种程度上会有更加正式的新产品开发流程和大量的阶段及关口。关口评审会是正式的会议，只有总监层和管理人员进行清单签字的阶段完成才会被接受。许多这些公司，在技术和市场开发的更正式的阶段化和关口化过程之前，将包括技术开发的模糊前端过程。通常一个权力下放的研究部门将负责确定新的技术机会，同时集成的制造和销售团队将为新产品开拓市场和竞争机会。

规模较小的公司，特别是像软件开发的服务企业和那些非传统行业，一般倾向于有较少的阶段和关口。关口评审只需要一个管理者的签署。在先前阶段的工作演示可能有点不太正式，并遵循不同的格式，这取决于创新的复杂性。与传统的职能性组织相比，这些较小的公司往往涉及更为自然的跨职能团队，以达成源自一种创业文化的特定愿景和目标。

接下来，主动和可见的高层管理者有助于确保成功的新产品开发计划，特别是在实施新的或修正的阶段化和关口化的系统。高层管理者在新产品开发流程所有者和新产品开发流程推动者的协助下，可以帮助新产品开发团队消除官僚障碍并精简工作，以更加高效地开发新产品和服务。高层管理者根据新产品开发团队在每个关口评审会议提出的计划，负责为每个新产品开发项目分配所需的资源。

标杆研究表明，最成功的跨行业的新产品开发主要关注市场和客户。加强在新产品开发过程中早期阶段的机会识别活动，并在进入实验室开发技术之前收集潜在市场需求，是至关重要的。大多数新产品的失败是因为它们没有解决客户的具体需求，而更想加入所谓的"重要价值"。为确保长期的创新成功，高层管理者的职责是要确认用户输入在早期流程得到收集，这同时也是新产品开发流程所有者和推动者的联合职权。

总结

通过结构化的新产品开发流程进行创新项目的企业，会比那些不实施正式系统的企业享有更高的商业成功率。结构化的新产品开发流程是一组有纪律的、确定的任务和步骤，它描述了一种通用的方法，通过这些方法公司不断地将萌芽想法变成可销售的产品或服务。新产品开发流程利用阶段来进行开发工作，并利用关口来评审和批准下一阶段的工作。

结构化新产品开发流程的前三个阶段被称为模糊前端，这个阶段的工作比后来的技术开发阶段更加混乱和不规整。有时，这些早期阶段被称为技术开发前阶段，包括标准化新产品开发流程的阶段一到三。

基础的创新活动在阶段一——机会识别完成，目的是确定市场、技术和产品类别。然后，在阶段二——概念产生，新创意得以产生，并收集了大量的不同的潜在解决方案，目的是解决在前面阶段确定的客户问题。创意的评价导致一到两个选定的想法，从而在阶段三——概念评估中做进一步评估。让潜在的客户接触新的产品概念，来衡量他们对产品的兴趣。产品协议将产品属性转化为工程规范，从而使正式的技术开发可以继续进行。

阶段四和五通常被认为比模糊前端更正式。项目管理工具是在阶段四中使用的，确保建立适当的工厂来制造新产品，并保障在产品投放市场时有足够的库存可使用。在阶段四的早期，产品原型就被验证，这样正式的、全面的商业论证就可以完成了。

第五阶段包括新产品的上市，并被导入市场出售。市场测试也在阶段五完成，其间新产品是第一次与营销计划相结合。

在产品上市后，要完成PLR，目的是确保新产品开发流程的持续改进和确认目标市场可接受的销售量。一个重要的衡量成功的方法是看新上市产品的客户满意度，这是在经验教训评审中得出的方法。来自PLR的反馈为未来新产品开发项目提高资源的估算精确度提供了数据，并加强了组织的学习行为。

最后，新产品开发流程的所有者和新产品开发流程的推动者的角色确保结构化的新产品开发过程能够有效地实施，以实现企业的战略目标。这两种角色的经理都是驱动新产品开发流程顺利实施的重要人物。当第一次设计新产品开发的流程时，保持对客户的关注和市场潜力的早期阶段的调查是很重要的。新产品开发流程的所有者和新产品开发流程的推动者的责任，就是参与组织并确保在整个过程中始终保持对客户问题的关注。

第 6 章
市场研究

本章内容

- 市场研究的定义
- 市场研究测试的四种形式

本章案例

- 案例6.1 华夏银行应用人种学洞察需求
- 案例6.2 "浦发银行全球游"的产品概念
- 案例6.3 中国银行的"卓隽"留学
- 案例6.4 建设银行的"玩转世界"
- 案例6.5 工商银行的试销妙招一：社交试销
- 案例6.6 工商银行的试销妙招二：情感试销

我们在上一章新产品开发流程中，一再强调新产品开发是一个基于可靠的信息、数据和知识的"风险与回报"的决策流程。市场研究恰恰能为新产品开发流程中正确决策提供基础信息，流程中的不确定性因而下降（降低风险）。

随着新产品开发走向最终上市的过程，潜在失败成本（由于错误决策）大幅增加。随着新产品开发的逐步推进，对高质量的、可靠的信息的需求越来越多。在新产品开发流程的不同阶段，市场研究工具的选择和应用非常关键。

6.1 市场研究在新产品开发中的重要性

据统计，十分之八九的新零售商品在市场上失败了。显然，将新产品成功地推向市场是一个相当大的挑战。

新产品失败的首要原因是对客户缺乏理解和不成功的市场执行。最佳实践表明，如果公司有可靠的创新和商业战略，那么会在产品开发的技术工作启动前进行客户需要的收集。但由于市场研究既耗时又昂贵，所以应进行相应的规划。

首先，什么是市场研究最急需解决的问题？在本章你将会发现，在结构化的新产品开发过程中应该对哪些客户和潜在客户对产品理念或概念的兴趣进行调查有不同的观点。新产品开发过程中的活动将决定产品是否满足客户需求和客户是否有兴趣购买新产品或服务。每项工作都会给目标市场带来一系列不同的问题，并且应在进行市场研究之前澄清这些细节。

其次，市场研究的目的是什么？如果公司是在测试一个新概念，那么研究工作的目标就应该是从目标客户收集最初印象以进一步细化概念满足客户需求。换句话说，在新产品开发过程的产品使用测试阶段，市场研究的目的可能是确保大多数目标客户对产品特点和功能满意。

最后，需要解决哪些具体问题？在与市场研究公司签订合同之前应该清楚地定义市场研究需要明确解决的问题。大多数公司不会奢侈到配备一个人手足够、经验丰富的市场研究部门。因此，大多数新产品开发工作需要外包一些市场研究部分。为了最大限度地利用新产品开发在这部分的预算，市场研究的目标应该既简洁又具体。要牢记在市场研究中，如果你不能提出正确的问题，你将不会得到正确的答案。

6.2 市场研究的基本定义

市场研究的其中一个定义是客户需求研究：收集和分析人们想要和喜欢什么，以及他们实际购买的产品和服务这类信息。解释市场研究的其他定义还有公司现有或潜在客户、竞争对手和总体市场信息。为了实现成功的创新输出，在市场研究中这些都是要收集和分析的重要信息范畴。新产品开发工作的失败通常由于缺乏对客户的理解和竞争环境的分析。

市场和客户信息也许来自二级文献，或者那些在公司实施新产品开发项目前已经发表的文献。相比之下，主要市场研究是为了处理新产品开发项目中的具体问题而收集的信息。主要市场研究的数据通常直接从潜在客户那里收集而来。

市场调查研究既可以是定性的也可以是定量的。为了更好地理解客户需求从而优化产品开发工作，在定性调查的情况下公司会收集新闻报道、评论和逸事。另外，定量市场研究可以通过统计方法和绘制趋势图进行分析，并用于为将来的产品和服务生成销售预测模型。

次级市场研究既可以是定性的也可以是定量的，同样可以作为主要市场研究。要注意的是次级市场研究通常在主要市场研究实施前进行。

6.2.1 次级市场研究

目前，尽管很多次级市场研究在事实上是通过使用互联网进行的，但是次级市场研究通常被称为"文献研究"。次级市场研究的定义是：一个实体为了某个目的而收集的任何市场研究数据，并且这些数据后来又被另一方用于不同的目的。

公司外部的次级市场研究实例包括：

◎ 商业出版物。
◎ 商业杂志。

◎ 报纸。
◎ 书籍。
◎ 咨询报告。
◎ 白皮书。
◎ 案例研究。
◎ 博客。
◎ 图书馆参考文献。
◎ 专业的贸易协会调查。
◎ 已公布的政府数据。

次级市场研究数据的内部来源可能包括客户服务报告、销售电话报告和投诉记录等。

6.2.2 主要市场研究

主要市场研究是公司为具体新产品开发项目所收集的信息。主要市场研究的定义之一是直接来自源头（潜在客户）的信息。新产品开发团队将这些信息汇编用于创新项目。公司可以将主要市场研究外包给专业公司，收集与特定新产品创意相关的具体信息。主要市场研究的显著特征是公司和新产品开发团队控制主要市场研究的所有要素。主要市场研究所解决的很多问题都已经由早期的次级市场研究所框定和细化。

请注意，主要市场研究既可以是定性的也可以是定量的。这也就意味着它可以用于收集潜在客户的想法和观点，以及针对来自直接回应者的信息进行统计学的显著性分析。主要市场研究的一些技术包括调查和问卷、客户访谈、人种学研究或客户观察、客户之声、焦点小组和现场测试。

除了收集新的市场研究数据，也可以使用公司内部资源来收集主要市场信息。例如，经常拜访客户的技术服务人员，能提供在客户环境中产品使用情况的具体反馈。其他公司记录（如客户投诉日志、保证服务信息和生产数据库）都是主要市场研究数据的来源。

主要市场研究用于整个新产品开发过程，目的是确保新产品开发工作符合客户需求，以及确认产品设计。而且在主要市场研究中，通常会直接测试潜在客户对新产品设计的反应和接受情况。

6.3 市场研究测试

到目前为止所讨论的很多市场研究工具都适用于新产品开发过程的模糊前端。新产品开发的早期阶段的目标是确定能解决客户问题的市场、技术和产品的范畴。次级市场研究和主要市场研究的方法都可以用于新产品创意的头脑风暴和新产品概念的测试。概念测试是一种重要的市场研究测试，它实施于第三阶段，目的是确保产品创意能满足客户需要。

在新产品开发过程的模糊前端，当确认产品概念和市场吸引力后，新产品项目就可以进入第四阶段——开发。这个阶段需要测试不同的原型和设计。如第5章中所述，第四阶段的产出之一就是验证的产品原型。本章所讨论的产品使用测试就是用于核实能满足客户需要的新产品设计。通常，产品使用测试有三种形式：阿尔法、贝塔或伽马。此外，焦点小组和客户现场考察在第四阶段作为验证型的市场研究工具来用，目的是确认产品在最终用户的现场环境下能如预期工作。

随着新产品在第五阶段投放市场，市场测试将探测客户对新产品及规划的第一次市场营销活动的反应。市场测试包括准备新产品的初次推出。因此，在新产品开发过程的后续阶段，市场测试技术将强调概念测试、产品使用测试和几个不同的市场测试。

6.3.1 创意生成：不忘初心，才能继续前行

一个成功产品最关键的是产品创意的生成，没有好的创意就不可能有好的产品。那好的产品创意怎样才能生成呢？今天我们就来聊聊这个产品缘起的话题。

其实好的产品创意一定来自客户的痛点。如果客户和市场没有痛点，我们就不可能有机会，也就没必要创造产品。那应该怎样来研究客户痛点呢？

研究客户痛点的方法有很多，下面我们介绍一个常用的方法：人种学研究。我们来举两个小例子说明一下人种学研究工具。

第一个例子，想象一下我们正在开发一款小产品，可以改进白领在工作当中的坐姿。那么人种学研究就是一个有价值的工具，我们可以设定一个参观办公室的目标，去观察一下白领用户在日常工作中的坐姿是什么样的。我们可能还会拜访几种不同的办公室，如初创企业办公室、联合办公空间，以及典型的大企业办公室等，观察不同类型的办公室中的白领用户是否存在不一样的坐姿，他们都会遇到哪些问题，等等。

再举个小例子，一家护手霜制造公司会观察人们什么时候使用护手霜、如何使用，以及在使用前后做些什么。人种学研究发现人们通常是在洗手后使用护手霜，并且使用护手霜后他们会避免接触纸张。我们就要进一步探究产生这种行为的原因，然后用户解释说油腻的护手霜会在办公用纸上留下痕迹。只有通过这种深入的人种学研究，公司才能够确定客户需要，并带领新产品开发团队开发不太油腻的护手霜配方。

因此人种学是通过融入研究环境来研究某种文化或现象的方法，以及用户如何在具体环境中与产品进行交互。

你可能会问：使用人种学发现问题后，接下来需要做什么？第一步，通过人种学的研究来识别问题。第二步，问题的清单需要进一步筛选，得到能为公司提供商

机的问题。而这个问题筛选的过程，我们就可以用SWOT（优势、劣势、机会和威胁）分析技术，从公司自身的优劣势、市场的机会和威胁等角度找到最有利于公司聚焦的问题，从而便于启动后续的活跃创新项目。

可能这还是有点抽象，让我们再来举个例子。通过前期的人种学研究后，发现了白领用户坐姿的一系列问题，如久坐后会出现腰酸、肩颈疼痛、手腕酸痛等问题。而通过SWOT分析后，发现市场的竞争对手所创造的产品大都是解决前两个问题：腰酸和肩颈疼痛，而对于手腕酸痛问题市场上的产品很少。那我们就可以考虑开发一款手腕校正仪，缓解白领用户长时间久坐、使用电脑所带来的手腕酸痛问题。

当问题进一步筛选聚焦后，第三步，团队就可以开发能解决具体问题的产品，这样就可以为创新产品项目的启动做准备了。

人种学研究的工具本质还是洞察客户需求。在银行业，客户需求不仅仅与消费者的习惯有关，还需要实时把握政策动向和市场趋势，才能有好的产品创新。下面我们来看华夏银行的两款产品创意案例。

案例6.1　华夏银行应用人种学洞察需求

案例背景

华夏银行近年来通过密切关注消费者需求和政策动向，开发出多款迎合市场的产品。

第一款产品：**健步走借记卡**。健步走这种运动因不受年龄限制，受到越来越多人的推崇。华夏银行与河北省全民健步走协会合作发行华夏银行健步走联名IC借记卡。该联名卡除了具备华夏银行借记卡现有的现金存取、消费转账、理财等基本银行卡服务功能，还用于协会会员管理，如会员签到、发送通知公告等功能，为客户提供休闲服务。

、第二款产品：**京津冀协同卡**。为实现国家京津冀协同发展，华夏银行与北京市政交通一卡通有限公司合作，推出加载公交应用功能，可用于京津冀等交通刷卡的京津冀协同卡。该卡将银行卡与公交卡集成在一张卡片上，在交通功能方面支持在京津冀等地互联互通线路刷卡乘坐公共交通工具，方便京津冀协同卡客户异地公交出行，该卡也是银行发行的首张具备交通运输部标准公交应用功能的银行卡，如图6-1所示。

图6-1　华夏银行京津冀协同卡
（图片来源：https://m.sohu.com/a/199259057_642561）

【案例分析】

案例中华夏银行的两款产品均是深入洞察市场需求和政策动向的典范。在开发健步走借记卡产品时，华夏银行的产品经理曾利用人种学的方法深入研究健步走客户群体的行为习惯，以及健步走的典型需求，如天气情况、健步走协会活动、协会福利等，相应的权益也是为了满足这些需求而设置的，因此深受客户喜爱。

京津冀协同卡则是洞察政策动向、展开行业合作的标杆产品。用户只需要带一张卡就可以满足京津冀公共交通、存取款等基本的生活需求，极大便利了用户生活。同时，这款产品作为银行发行的首张具备交通运输部标准公交应用功能的银行卡，有很强的区域示范意义，有效地宣传了银行品牌。

刚才我们通过改进白领坐姿的产品、护手霜和华夏银行的两款产品案例，一起学习了人种学：发现用户问题或痛点的技术。同时也明确了创意生成的三步骤：人种学发现用户痛点，SWOT分析进一步聚焦问题，开发解决具体问题的产品。有了能解决客户问题的产品创意，我们就可以把握初心，确保我们的产品能为客户带来实际价值了。

6.3.2 概念测试：产品利益、技术与财务的综合评估点

概念测试是给客户展示具象化或代表性的新产品，以测试客户的反应。因此，概念测试是一种主要市场研究技术，通常在第三阶段——概念评估时进行。

产品概念是对产品承诺、客户价值主张和人们购买产品真实原因的简要理解。概念测试的目的是汇集开发者对产品特性的看法，检查潜在客户对产品功能集合的反应，以及他们对这些特性交付利益的估计。简而言之，概念测试是为了确认产品概念是否如新产品开发团队设想的那样，成为客户乐意购买的产品。

如先前在第5章所讨论的，概念说明可能是描述新产品特性和利益的书面文字，也可能是包括粗略原型在内的新产品视觉描绘。例如，3D计算机图形可用来展示产品，以便潜在客户能与产品互动，并对设计做出反馈。例如，迪斯尼以使用故事板，在内部测试电影和人物的概念而著名。

在新产品开发过程的正式开发阶段，概念测试进行得相对较早，因此这项市场测试的主要目标是识别和消除不好的产品概念。这些不好的产品概念应该从活跃组合中消除。举例来说，即使圆底咖啡杯的产品概念能有更大的容量，客户仍会拒绝这个概念，因为圆底杯子无法在桌子上放稳。

如果产品概念没有被立即拒绝，那么概念测试接下来的目标就是进一步将创意转化成可用的、可销售的产品。一个创意从最初的概念测试，直到上市的最终产品，要进行重大改进。另外，为了完整地设计和开发新产品，新产品开发团队需要

更多的信息而不只是简单的概念说明。新产品概念的利益需要转变成描述产品属性的工程规范，这样产品能在第四阶段进行完整的开发。从第5章中，我们可知产品协议是一个开发团队将客户需要转化为工程设计规范的文件。

大多数概念测试都包括关于潜在客户购买产品意向的问题。回复通常反映了客户的兴趣范围，从肯定会买到肯定不买。要注意的是在概念测试中收集的销售预测数据通常都不是定量的，也不适用于进入市场的决策制定。相反，购买可能性的估计可以作为市场成功的早期标志。在某些情况下，公司有概念测试的过往经验，知道在概念测试中60%的积极响应会转化为可测量的销售增长。在这些情况下，概念测试的销售估计可以给正式商业论证的制定提供更高的信心度。

解决一个问题通常会有多种解决方案，我们在现阶段需要做的并不是直接开发产品，而是要选择一个最佳的解决方案，所以我们要从众多产品方案中进行筛选，而这些方案在当前阶段并不是成型的产品，仅仅是一个概念而已。因此我们需要从客户对这个概念感兴趣的程度来判断将来产品一旦上市的成功率。

那产品概念究竟是什么呢？我们用一个例子来说明。比如我们一起来开发一款可乐饮料，需要用产品概念来描述产品。我们还记得在新产品流程中提到过产品概念的要素包括市场需求（利益）、形式和技术三要素。可乐的绝佳口味是对客户的利益，深色的可乐饮料说明了形式，而带有新型甜味剂的可乐则代表了技术。可乐的产品概念我们就可以这样来描述："深色的带有自然甜味的可乐，味道好极了，给大家带来了幸福感。"

从这个例子中，我们可以看出产品概念最重要的一部分是对客户的利益描述。利益必须针对客户将从产品中获得什么样的价值来表述——客户必须对产品有需要时才能购买它。一般来说，利益与客户有着某种情感联系，同时产品概念中还必须表达新产品的形式和技术。

每个产品方案都写出这样的产品概念后，那我们就要筛选出"最佳"的解决方案。那你可能紧接着会问："最佳的"是怎么定义的呢？这个问题问得很好，其实解铃还须系铃人，"最佳"并不是由产品开发团队来决定的，而是由客户决定的。我们通常利用概念测试来筛选出最佳的产品方案。

那什么是概念测试呢？我们用一个例子来说明。我们都知道迪斯尼的动画电影制作得非常棒，如《狮子王》《花木兰》等。这些电影的背后涉及大量IP的创作，迪斯尼的产品开发团队通常会将创作出来的IP编成情节串联图板，并邀请一些领先用户在内部测试电影产品的概念，从而看哪些产品概念更受到用户的喜爱，然后再深入开发这些产品。

讲完了影视业的产品概念案例，我们再来聚焦银行业的案例。在后支付时代，商业银行和支付机构加速向"支付+场景+信贷"的线上线下综合金融服务转变，消费场景成为支付转型的首要关注点。各机构跟随着场景的发展需要，采取"支付

'圈地'、深入场景、经营客户、衍生获利"的经营路径,及时进行支付、信贷的功能升级换代。近年来,境外留学、旅游、消费的热潮促进了新兴消费场景的建设。

案例6.2 "浦发银行全球游"的产品概念

案例背景

浦发银行信用卡中心联合大型第三方商旅平台(携程/众信),推出境外旅游线路优惠活动。这个产品(见图6-2)在推出前,曾先尝试把一些客户送出去,用产品概念的方法进行测试,观察客户热衷于哪些旅游路线,以及具体旅游线路的热点商户场景,然后根据客户的产品概念测试的数据,有针对性地推广境外商户活动,并持续跟踪客户的境外用卡行为,以此增加境外客户数量、提升交易金额。

通过借助第三方商旅平台的高流量覆盖了绝大多数的出境游客户,并通过概念测试得到的针对性需求数据,深入布局线下门店,由此所带来的差异化竞争优势揽获了大量优质客源。

图6-2 浦发银行联合携程全球游

(图片来源:https://www.smzdm.com/p/9134240)

【案例分析】

本案例中浦发银行的做法可圈可点,原因在于没有贸然出击,而是通过产品概念测试的环节获取更为精准的客户需求数据,并针对性地布局热点旅游线路的热点商户场景,由此带来的效果必然是事半功倍的。

案例6.3 中国银行的"卓隽"留学

案例背景

随着出国留学成为一种大众化、普遍化的求学方式,留学生规模日益扩大。作为长期在境外有较高消费需求的特殊群体,留学生也是银行业打造跨境市场的重要客群。

中国银行联合新东方推出"卓隽"留学系列信用卡,如图6-3所示。该系列产品主要面向准留学生及出国留学的海外学子发放,目前已拥有百万量级的客户群体。该卡为持卡人提供了托福雅思免费在线精品课程、海外租房下单立减、归

图6-3 中国银行卓隽留学信用卡

(图片来源:https://www.sohu.com/a/355268151_349996)

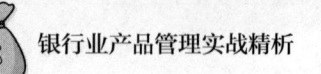

国求职优惠课程等丰富的留学教育权益。

另外，中国银行还为海外留学的学子打造了以美元为主的多币种（包括欧元、日元等）卓隽留学系列产品，除享有新东方教育类权益，同时也有境外消费笔笔返现、免ATM取现手续费，以及免货币兑换手续费等丰厚的跨境消费权益，让学子出国后不再负担较高昂的取现手续费与货币兑换费，方便留学生境外用卡，享受到留学生真正在乎的利益。

【案例分析】

中国银行的卓隽留学产品在推向市场前，曾做过大量的产品概念测试。具体措施是通过向调查对象描述产品权益，而得到客户对各种拟推出的权益的打分，从而得出托福雅思学习、海外租房、归国求职、境外消费、取现、货币兑换这六个关键的痛点。产品权益围绕这六个痛点展开，从而得到很好的市场反响。

从上面的案例中也可以看出，概念测试实际上是给客户展示具象化或代表性的新产品，以测试客户的反应。概念描述可能是产品特性和收益的描述性书面文字，也可能是粗略原型在内的产品视觉化描述（就像迪斯尼的情节串连图板）。概念测试最主要的目的是识别和消除不好的产品概念，并收集客户购买产品的意向（设定意向问卷：肯定买为5分，肯定不买为1分，然后统计出购买意向分数）。

概念测试中收集的这些客户意向数据可以作为粗略的销售预测，从而进行产品的财务预测。如何达成财务预测呢？首先，因为每一个产品概念都包含技术，因此技术实现的难度决定了开发的成本；其次，客户意向数据表达了客户对产品的喜爱程度，从意向数据中可以大致判断产品的销售规模。因此销售收入和成本的差额就组成了产品的财务估算。当然概念测试所形成的财务预测很粗略，其目的也是作为判定产品概念好坏的依据，从而进入产品开发的下一个阶段。因此我们在标题中就提到，概念测试实际上是产品利益、技术与财务的第一个综合评估点。

我们通过可乐的例子描述了产品概念由三要素组成：市场需求（利益）、形式和技术。同时也用迪斯尼情节串联图板和两个银行的产品概念案例说明了概念测试给客户展示具象化或代表性的新产品，以测试客户的反应，因此概念测试可以作为财务预测，因为其中包含客户对利益的意向和实现技术。

6.3.3 产品使用测试：产品开发中的市场交互点

前面我们讲了概念测试。产品概念中包含了产品对客户的利益、形式和技术三要素。但产品概念毕竟不是成型的产品，因此我们继续来讲产品开发阶段所使用的市场研究技术：产品使用测试。

产品使用测试用于确认最终用户对新产品的体验。通常这些测试在现场客户环境或半现场客户环境中进行,这就意味着产品是在客户地点或产品销售、消费或使用地点进行测试的。因此产品使用测试的精髓是客户实际使用产品。也就是说,产品开发的过程不能是封闭的,需要不断通过产品使用测试与市场和客户进行交互。

例如,如果你要测试一个零售店自动结账系统,那么你就需要将结账通道转化成完全自动的产品让用户体验。类似地,如果你要测试运动袜产品,那么你需要足球运动员在实际比赛中穿这些袜子。产品使用测试的一个关键特征就是产品是在实验室外的实际使用环境中进行测试的。

产品使用测试包括三种测试类型:阿尔法测试、贝塔测试和伽马测试。下面我们简要讲讲这三种测试。

阿尔法测试的目的是找到并消除最明显的产品设计缺陷。通常,测试在公司内部由公司自己的实验室人员进行,或者在公司的常规运作环境下进行。而且领先客户可能会参与阿尔法测试。

例如,如果公司正在开发一款财务记账的软件,那么软件可以在公司内部通过自己的财务部门进行测试。但是这样可能存在问题,因为产品将来会开放给实际的客户,而客户的要求会比较苛刻多变。

那怎么办呢?这种情况下就要用到贝塔测试了,它可以帮助公司了解客户与产品是如何交互的。

贝塔测试的目的是检查产品在客户环境中是否按照设计的那样如期工作。例如,一款软件可能已经在公司内部的微软系统上进行了测试,然而贝塔测试将检查这款软件是否能在苹果系统和其他企业系统(如Oracle或SAP)中工作。贝塔测试过程中发现的任何问题都要在最终产品上市前修正。

阿尔法测试可以在很多不同的行业中通用,贝塔测试则通常用于软件行业。而接下来要说的伽马测试源于医药行业。

伽马测试不仅检验产品是否按照设计如期运行,而且还要使客户满意。新产品开发团队成员要测量新产品满足目标客户需要和使客户满意的程度。

伽马测试最常用于医药行业,特别是处方药和医疗设备的开发。在很多国家,为了使相关管理部门授权新应用就要进行伽马测试。例如,美国食品及药物管理局在批准新药品投放公众使用前,要求大规模的处方药进行伽马测试(被称为临床试验)。

此外,伽马测试测量产品能否实际满足客户的需要,这是伽马测试所特有的。因为阿尔法测试检查产品功能是否符合设计,而贝塔测试确认产品能否在现场环境中正常工作。伽马测试的结果,是要确保产品不但能解决客户问题,而且让客户对解决方案完全满意,并由此保证客户满意度。

拿处方药这个例子来说,产品不但要减轻疾病症状,而且要让客户没有进一步抱怨。例如,头痛药应消除人的头痛,同时还要让药对病人没有任何副作用(如恶心或反胃)。

案例6.4 建设银行的"玩转世界"

案例背景

2019年年末,中国跨境网购人数达到近9 000万,跨境电商交易规模达到约10.8万亿元人民币。近年来,建设银行面向龙卡信用卡境外交易客群推出了"玩转世界"系列境外活动,包括境外返现活动及丰富的境外线上线下商户优惠,并在7年间深耕经营,从客户体验的角度出发进行升级优化,力求让广大持卡人享受到真正的"一卡在手,热购全球"。

境外返现活动是"玩转世界,热购全球"系列活动的基石。自活动推出起,龙卡信用卡持续不断地对活动规则进行升级优化,从最初仅有线下返现活动,发展到如今的囊括线下刷卡、线上商旅平台、海淘商户的全覆盖返现活动,如图6-4所示。

图6-4 建设银行"玩转世界"

(图片来源:http://www.ccb.com/cn/html1/office/xyk/subject/18/0629fxweb/fanxian8.html)

从最初的每卡每月满8笔1 000元人民币返5%,到如今的笔笔返现8%,更有甚至最高18%的返现实惠;从最初仅接受短信报名,到如今开通微信报名渠道,活动吸引力参与体验有了质的飞跃。龙卡信用卡返现力度"实惠看得见"、活动规则简单易懂,深受新老客户的好评。

【案例分析】

建设银行"玩转世界"的系列产品之所以能获得成功,与其持续开展产品使用测试是分不开的。具体来说,建设银行采用的是产品使用测试中的伽马测试。前文提到过,伽马测试测量产品能否实际满足客户的需要,要确保产品不但能解决客户问题,而且让客户对解决方案完全满意,并由此保证客户满意度。

测试的方法则是基于现有产品来测量产品满足客户境外游需求的程度,并不断权衡产品成本结构来调整产品带给客户的权益,由此观察客户满意度的变化,并找到产品最佳的成本效益点。因此建设银行"玩转世界"活动的客户利益:笔笔返现8%、微信报名等都是从伽马测试中不断测试调整的结果,值得借鉴学习。

产品使用测试是在产品开发阶段主要使用的市场研究技术，其精髓是客户实际使用产品。产品使用测试包括阿尔法测试、贝塔测试和伽马测试三种类型，阿尔法测试检查产品功能是否符合设计，贝塔测试确认产品能否在现场环境中正常工作，而伽马测试测量产品能否实际满足客户的需要。

产品开发完成后，就面临着产品上市，上市阶段应用什么市场研究技术呢？下面我们一起来学习市场测试。

6.3.4 市场测试：上市前的最后检验

产品开发完成后，就面临着产品上市，上市阶段就要用另一种市场研究技术：市场测试。

市场测试的目的是在产品上市前进行较为全面的客户对产品接受程度的测试，这样可以对上市产品有准确的销售预测，从而针对性地调整营销计划。因此市场测试的关键产出就是随之完善的营销计划。

市场测试通常分为全销售（Full Sale）、受控销售（Controlled Sale）和模拟销售（Pseudo Sale）三大类，每一类中又分为若干种技术。每一类中各举一种技术来做说明。

6.3.4.1 试销

试销（Test Marketing）是全销售的一种。试销是为了观察消费者对产品的反应，将新产品以一种严格控制的方式投放到一个或多个有限区域。针对多个地域，可将不同广告定位或产品定价进行比较。

试销的方式多种多样。例如，我们可能熟悉这样一个场景，选出30~40位年轻女性客户来调查对某化妆品的品牌熟悉度和偏好。这些客户会被给予与化妆品相关的促销材料，然后为她们提供少量的资金并邀请她们前往商店。在此处，她们能购买任何产品。这种方法用于测试促销材料的有效性。这被称为"模拟试营销测试"，是试销的一种。

6.3.4.2 非正式销售

非正式销售（Informal Selling），通常用于工业产品的贸易展览或B2B的情况，在这些场合下，产品往往会作为免费样品提供。通过非正式销售，销售人员将展示产品，接近潜在客户，并收集客户是否会实际购买产品的信息。

非正式销售的目标是检查客户是否乐意接受、使用并喜欢免费产品。有些情况下，预购产品的优惠券可以与免费样品同时发送，并观察产品的预购情况。

6.3.4.3 假购买

假购买（Faux Purchase）市场测试主要用于消费品，其目的是获取产品商业成功的可能性。

假销售通常有三个步骤。例如，我们正在进行一个新玩具的假销售测试。首先是选取参与者。这通常是通过购物中心的现场采访进行的，人们进入购物中心后，会得到预选。购物中心现场采访会通过询问他们是否有6~10岁的孩子，以及他们是否愿意参加一个很短的市场调研来进行参与者的筛选。

接下来，参与者被带到一个研究场所，通常是购物中心的一个空店面。在此，参与者接触测试产品的营销材料。例如，他们被邀请观看穿插着新玩具广告的电视节目，或者新玩具是电视节目的一个植入式广告。在休息室也有新产品广告的杂志。

然后给参与者一些假币或积分，并将其带入一个看起来像便利店的地方。在这个假商店中允许他们使用假币"购买"任何他们想要的商品。有些参与者可能没有选择任何产品，有些参与者可能选择关心的产品，而其他参与者可能选择竞争对手的产品。所有这些数据对新产品开发团队都是非常有价值的，有利于验证新产品的商业论证和营销组合。下面我们介绍工商银行的两个精彩的市场测试案例。

案例6.5 工商银行的试销妙招一：社交试销

案例背景

当前，移动互联网推动社交成为最主要的流量入口，人际传播的影响力超越了大众传播，个人的社会关系网络在社交媒体中的延伸，孕育了个性化和圈子化消费的商业社会。商业银行将互联网的理念、思维、工具、方法深度融入银行卡的营销中来，释放了社交网络的营销能量。

工商银行信用卡中心成功开展了工银信用卡合伙人计划，将员工、持卡人、商户收银员都发展成了信用卡营销员。这种充满互联网思维的传播式营销在年轻客户中反响强烈，"80后""90后"们纷纷结合工商银行推出的World奋斗信用卡、宇宙星座卡爆款，或者借助当下热门实践转发办卡二维码，如图6-5所示。

工商银行也因势利导，上线了二维码模板功能，主动提供热点图片供合伙人使用。同时，为推进场景化获客，为商户合伙人提供二维码贴纸。在推出"办卡送iPhone X"重磅活动后，最牛合伙人推荐新客户更是高达700余人，充分展现了互联网社交化营销的潜力。通过这个试销活动，也很好地识别了客户对产品的满意程度，以及对产品的偏好点。

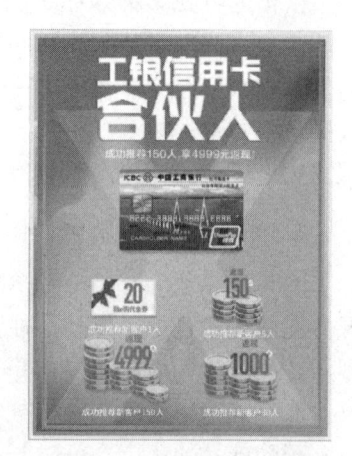

图6-5 工商银行的社交试销

（图片来源：https://www.meipian.cn/1fjjvppk）

【案例分析】

工商银行信用卡中心所采取的合作人计划，一方面是利用互联网思维的创新营销方式，另一方面也是一种很好的社交试销的尝试。任何产品都有一些所谓的"创新者"用户，也就是我们俗称的"死忠粉"，这些用户可以作为典型的产品试销对象。

工商银行信用卡中心创造性地把这些用户发动起来，通过他们的参与式销售，固然可以增加发卡量，但更重要的是可以通过创新者用户的试销行为，帮助产品管理团队发现市场对于产品的真实诉求，以及未来产品真正推向市场所能带来的销售量。这些参考数据远比发了几张卡更为重要，因为这些数据可以为后面产品大规模推向市场提供决策依据。

案例6.6　工商银行的试销妙招二：情感试销

案例背景

情感营销立足于消费者的情感需要，唤起和激发消费者的情感需求，引导消费者产生心理共鸣，以此实现向消费者推广和销售产品的目的。而情感试销，也作为一种重要的市场测试手段，在近年来的商业银行业界受到重视。因此，商业银行纷纷认识到，消费升级及信用卡产品同质化使消费者对产品的关注转向情感上的满足和心理上的认同。

工商银行在开展奋斗卡品牌营销中，使用契合时代的主题、感人至深的内容与互联网化的传播方式，将"幸福是奋斗出来的"的理念传递给广大民众。2018年农历春节营销黄金时期，工商银行拍摄了《幸福是奋斗出来的》微电影，以三个感人故事生动诠释了"奋斗"的精神内涵，如图6-6所示。

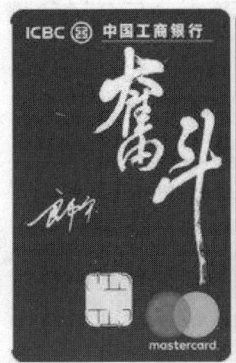

图6-6　工商银行的"奋斗"情感试销

（图片来源：https://m.sohu.com/a/134034901_714452）

通过人民日报客户端开屏与信息流广告、人民日报微信等渠道，引爆奋斗卡的春节档传播；在人民日报、新华网、中国新闻周刊等83个微博号上，成功打造了"致敬奋斗"热点话题；推出"我的2018奋斗姿势"互动H5，用户可扫描二维码展示奋斗姿势；与三联生活周刊、南方都市报等合作定制奋斗主题文章。在整个情感试销期间，上万网友讲述奋斗故事，为奋斗点赞。

【案例分析】

产品越来越重视与客户的情感联系。事实证明，有情感联系的产品有天然的心理黏性，客户维护成本也相对低很多。因此商业银行越来越注重情感试销方法，来测量客户对产品的情感认同程度。工商银行利用"幸福是奋斗出来的"，巧妙地与奋斗信用卡产品相结合，展开情感试销，无疑是非常成功的。

市场测试的目的是在产品上市前进行较为全面的客户对产品接受程度的测试。市场测试包括全销售、受控销售和模拟销售三大类。我们分别介绍了这三类中的一种市场测试技术：试销、非正式销售和假购买，让大家对市场测试有一个全面的了解。

总结

市场研究是一个涵盖人类行为和财务因素的巨大研究领域。新产品开发专业人员应该熟悉能带来创新成功的基本市场术语和工具。本章中一些重要的术语和市场研究技术总结如下。

次级市场研究被定义为新产品开发过程的早期阶段使用的市场研究工具。次级市场研究主要是用于检查是否存在有利市场机会的文献研究。为了给更加昂贵且耗时的研究构建背景，次级市场研究在主要市场研究之前进行。

主要市场研究是任何经过定制满足公司具体需要的调查。它通常比次级市场研究昂贵很多，但是揭示的信息也精确瞄准新产品开发团队讨论的问题。主要市场研究用于了解潜在客户对新产品创意的反应。

主要市场研究采用两种形式：定性或定量。在定性研究的情况下，公司寻找故事、逸事和行为，从而了解客户为什么会对新产品感兴趣。同样重要的是对客户对当前提供产品的问题的观察。在客户问题研究中，人种学研究是通过融入研究环境来研究某种文化或现象的方法，以及用户如何在具体环境中与产品进行交互。了解客户问题的另一项技术是客户之声技术，在此，公司使用结构化的访谈过程来引导客户做出反应。

新产品开发专业人员必须能够定义和解释基本市场研究工具的使用。概念测试通常在新产品开发过程的第三阶段进行，以核实潜在客户是否实际需要这个产品。概念测试将产生大量数据，为改进产品设计和将来的产品定位的情感联系提供客户见解。

产品使用测试测试产品在现实生活条件下的功能。阿尔法测试是在企业内部进行并且与质量控制测试紧密相关——产品测试在公司自己的实验室进行，以确保它按设计运行。贝塔测试通常用于软件行业，为了确保它能在不受任何人造运行条件（如实验室条件）限制的情况下按照设计运行，在真实环境中测试产品。伽马测试是一项主要用于制药和医疗器械行业的产品使用测试。伽马测试不但检查产品是否按规定运行，而且客户还要对产品满意。

在新产品开发过程的第五阶段，新产品第一次与营销计划一起测试。这被称为市场测试。在全销售方法中，产品可在没有大量约束或限制的情况下销售。在测试市场中，为了完成对商业论证和客户对营销组合反应的最后信息分析，产品和广告媒体只能在受限的地理区域内可用。试运行是另一种全销售方式，在这种方式中一开始产品分销就受到限制，然后不断覆盖所期望的整个地理市场。全销售市场测试会很昂贵，特别是当核实最佳方式的早期阶段的市场测试没有进行时。

经常在全销售测试之前进行的一种市场测试是受控销售。通常，在受控销售中产品配送是受限的，以至于供应链没有在商业水平上得到完全测试。不管怎样，产品和营销计划一起得到了完整测试。非正式销售是一种受控销售的市场测试技术，它通常在贸易展览中进行，并且可能包含给客户提供免费产品。直销选择目标客户接触广告媒体，并核实他们后续是否会购买。小型市场将在选定的销售网点使广告产品在局部可供销售，但是没有广泛的营销计划。小型市场依靠商店展示广告来确定定价方案和购买者兴趣。在所有这些受控销售的市场测试例子中，配送都受到一定程度的约束或限制。

最后，模拟销售是一项典型的产品不会转到潜在客户的市场测试技术。在消费品中，模拟销售将测试客户是否对提出的营销计划中所描述的新产品感兴趣。潜在客户接触营销媒体和新产品原型。鼓励参与者从各种产品中做出产品选择，其中包括新产品。这个市场测试技术可以为产品开发团队了解营销战略提供重要信息。

在企业对企业的情况下，模拟销售被称作推测性销售，在此营销战略呈现给客户，并且询问客户是否会购买产品。但不会发生产品和金钱的交易，并且客户也根本得不到任何产品。模拟销售是一项重要的市场测试技术，为更加深入和昂贵的新产品研究和营销计划提供框架。

第7章 产品设计与开发

本章内容

- TRIZ创新语言
- 敏捷
- 精益
- IPD（产品集成开发）

本章案例

- 案例7.1　北京银行利用"联合"原理实现共赢
- 案例7.2　平安银行利用"分离"原理打造独特权益
- 案例7.3　广发银行利用敏捷打造极致ONE产品
- 案例7.4　中信银行信用卡中心的数字化精益管理
- 案例7.5　光大银行精益化流程打造"新E贷"
- 案例7.6　交通银行的"AI信用卡"

从初始创意到最终商业化，其间的概念清晰度及其发展过程是新产品成功的关键。

产品从相对简单的创意变成更详细的产品概念，再到产品的定性描述、定量表达、产品原型，最终达到可以规模化制造的批量原型，以及上市前的商品，产品设计和开发无疑起到了关键的作用。

确定了市场需求，并经过项目组合确定后，选择的活跃项目就要立项，我们接下来就要进行产品的开发了。本章我们主要讲三方面内容：TRIZ、敏捷与精益、IPD。

7.1　TRIZ：创新语言的通天塔

TRIZ是Theory of Inventive Problem Solving 的简称，即"创新性解决问题理论"。这套理论是由苏联发明家阿利赫舒列尔在1946年创立的。当时阿利赫舒列尔在苏联里海海军的专利局工作，在处理世界各国著名的发明专利过程中，他总是考虑这样一个问题：当人们进行发明创造、解决技术难题时，是否有可遵循的科学方法和法则，从而能迅速地实现新的发明创造或解决技术难题呢？

答案是肯定的！阿利赫舒列尔发现任何领域的产品改进、技术的变革、创新和生物系统一样，都存在产生、生长、成熟、衰老、灭亡，是有规律可循的。人们如果掌握了这些规律，就能主动地进行产品设计并能预测产品的未来趋势。TRIZ的理论由此诞生。

我们先通过一个例子看看TRIZ方法的威力。我们小时候都读过"会飞的魔毯"的故事，那么现在我们设想：能否发明一个会飞的魔毯呢？我们尝试使用TRIZ体系中的一个小工具——金鱼法（将问题分为现实部分和幻想部分，对于不现实部分，通过引入其他资源，将一些想法由不现实变为现实，然后继续对不现实部分进行分析，直到全部变为现实）——来分析"会飞的魔毯"。

现实生活中虽然有毯子，但毯子都不会飞，原因是有地球引力，毯子具有重量，而毯子比空气重（显示部分）。那么在什么条件下毯子可以飞翔？我们可以施加向上的力，或者让毯子的重量小于空气的重量，或者希望来自地球的重力不存在（幻想部分）。如果我们分析一下毯子及其周围的环境，会发现这样一些可以利用的资源，如空气中的中微子流、空气流、地球磁场、地球重力场、阳光等（金鱼法中的超系统），而毯子本身也包括其纤维材料、形状、质量等（金鱼法中的系统）。那么利用这些资源可以找到一些让毯子飞起来的办法，比如毯子的纤维与中微子相互作用可使毯子飞翔，在毯子上安装提供反向作用力的发动机，毯子在没有来自地球重力的宇宙空间，毯子由于下面的压力增加而悬在空中（气垫毯），利用磁悬浮原理，或者毯子比空气轻。这些办法有的比较现实，但有的仍然看似不可能，比如毯子即使很轻，但也比空气重，对这一点我们还可以继续分析。比如毯子之所以重是因为其材料比空气重，解决的办法就是采用比空气轻的材料制作毯子，或者毯子像空中的尘埃微粒一样大小，等等。

刚才讲的金鱼法只是TRIZ系统中一个很小的方法。通常TRIZ解决问题的过程可以用图7-1表示：设计者首先将待设计的产品表达成为TRIZ问题；其次利用TRIZ中的工具，如发明原理、标准解等，求出该TRIZ问题的普适解或称模拟解；最后设计者再把该解转化为领域的解或特解。

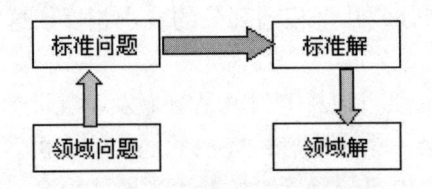

图7-1 TRIZ解决问题的过程

TRIZ体系包含多种工具，如冲突矩阵、76个标准解答、ARIZ（发明问题解决算法）、AFD（预期失效决定）、物质—场分析、ISQ、DE、8种演化类型、科学效应、40条发明创新原理、39个工程技术特性，物理学、化学、几何学等工程学原理知识库等。整个体系非常庞大，真可谓创新语言的通天塔。其中最核心的是40条

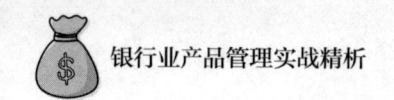

发明创造原理，如表7-1所示。

表7-1　TRIZ 40条发明创造原理

序号	名称	序号	名称	序号	名称	序号	名称
1	分割	11	预补偿	21	跃过	31	多孔材料
2	分离	12	等势性	22	变有害为有益	32	改变颜色
3	局部性质	13	相反	23	反馈	33	同质性
4	不对称	14	曲面化	24	中介物	34	抛弃与修复
5	联合	15	动态	25	自我服务	35	参数变化
6	多功能	16	未达到或超过的作用	26	复制	36	状态变化
7	套装	17	维数变化	27	低成本、不耐用的物体代替昂贵、耐用的物体	37	热膨胀
8	质量补偿	18	机械振动	28	机械系统的替代	38	强氧化
9	预先反作用	19	周期性作用	29	气动与液压结构	39	惰性介质
10	预先作用	20	连续有效作用	30	柔性壳体或薄膜	40	复合材料

我们以1和2两条原理为例，说明这些发明创造原理在创新方面的巨大威力。

1．分割原则

（1）将物体分成独立的部分。

（2）使物体成为可拆卸的。

（3）增加物体的分割程度。

例如，货船分成同型的几个部分，必要时，可将船加长些或变短些。

2．分离原则

（1）从物体中分离"干扰"部分（"干扰"特性）或相反，分出唯一需要的部分或需要的特性。

（2）与上述把物体分成几个相同部分的技法相反，这里是要把物体分成几个不同的部分。

例如，一般小游艇的照明和其他用电是艇上发动机带动发电机供给的。为了停泊时能继续供电，要安装一个由内燃机传动的辅助发电机。发动机必然造成噪声和振动。建议将发动机和发电机分置于距游艇不远的两个容器里，用电缆连接。

下面我们通过两家商业的案例看看TRIZ创新语言在银行业的应用。

案例7.1　北京银行利用"联合"原理实现共赢

案例背景

北京银行近年来一直联合各方资源，紧跟国家政策动向，开发了不少受市场欢迎的产品。

其中一款产品叫"丝绸之路卡",如图7-2所示。北京银行积极贯彻国家"一带一路"倡议的落地实施,全面打造"一带一路"金融服务体系,发行以丝绸之路命名的主题卡"丝绸之路卡",通过金融服务为推动丝绸之路经济带核心区社会经济发展贡献力量。

另一款产品则是与爱奇艺联名发行的信用卡。北京银行深化多元发展共赢理念,发挥"金融+互联网"跨界优势,发行"爱奇艺联名信用卡",契合年轻客群喜好,融入跨界文娱、跨界消费元素,在丰富个性化用卡选择的基础上,深化多领域、多渠道、多场景的市场合作。

图7-2 北京银行"丝绸之路卡"

(图片来源:http://www.51kaxun.com/card/3604.html)

【案例分析】

北京银行的这两款产品均是通过善用"联合"的TRIZ发明创造原理来设计产品,实现跨界共赢的。所谓"联合"原理是将多个事物进行结合,产生"1+1>2"的共赢效果。"丝绸之路卡"是北京银行将银行卡与"一带一路"的国家倡议相结合的案例;而"爱奇艺"联名卡则是产品与爱奇艺的消费元素相结合的典范。

案例7.2 平安银行利用"分离"原理打造独特权益

案例背景

为优化客户体验、促进持卡人深度参与、吸引年轻客群的关注,商业银行开展了更有趣味性、更有科技感、更温暖的各类互动营销活动。

平安银行突破传统活动形式,创新设计组队PK兼排名的游戏机制,开展"拼搏吧,我的团"年底消费大促活动,如图7-3所示。活动精选热门时尚好礼,通过有趣精致的交互页面、好玩透明的活动流程,促进客户刷卡消费。

"拼搏吧,我的团"作为平安银行信用卡中心首个实现创新交互流程的开放式活动,不仅着眼于活动投产效果,更重视客户体验层面的突破:一方面,组队PK的活动机制,在奖励营销的基础上也为客户创造刺激、有趣的游戏式体验;另一方面,活动通过全面的交互场景梳理、交互页面设计,实现了客户一站式报名、查询和领奖的流畅体验。

图7-3 平安银行"拼搏吧,我的团"活动

(图片来源:https://www.zrfan.com/2480.html)

【案例分析】

平安银行将传统银行的卡产品权益分离出来，与"拼搏吧，我的团"这个热点活动相结合，为客户创造刺激、有趣的游戏式体验，并将这种好玩的体验尽可能推到极致，实现了客户一站式报名、查询和领奖的流畅体验。

这是利用"分离"原理的典型案例，所谓分离原理是从事物中分离拆出唯一需要的特性，因此平安银行将权益分离并与游戏体验结合的做法，值得借鉴。

前文讲了TRIZ，用"会飞的魔毯"的例子说明了金鱼法的应用，描述了TRIZ最核心的40条发明创造原理，并通过北京银行的"联合"原理和平安银行的"分离"原理两个案例来说明如何应用发明创造原理。正如上面所说，TRIZ的体系非常庞大，是创新语言的通天塔。如果你对TRIZ感兴趣，可以再深入学习。

7.2 敏捷与精益：快速制胜与流程价值最大化的完美组合

敏捷和精益都是产品开发非常核心的方法，一个多用在软件产品的开发，而另一个则用于硬件和制造业产品的开发。

7.2.1 敏捷

我们先看看敏捷。我们先前曾提到过：敏捷是一种拥抱变化，快速响应的产品开发方法。现在流行的"王者荣耀"网络游戏、小米产品、"共享单车软件"都是用敏捷的方法来开发的。敏捷的技术很多，接下来介绍一种核心的技术：迭代—增量模式。

迭代—增量模式意味着开发周期非常短（通常2~6周，有的只有1周，甚至8小时），每个开发周期都有完整的需求—设计—开发—测试—上线等完整的闭环。迭代所带来的项目节奏非常快，而且优先开发对用户价值最高的产品功能。

而增量的方式则有点儿像切蛋糕，将项目切成若干块，我们在开始的时候不知道我们需要多少块，也不知道这个会是哪种蛋糕。我们会随着项目的进行，一块一块地弄明白。这样在一个迭代的末期，一个优先级排序比较高的需求中的一块，就完成了，这是迭代—增量模式真正的亮点。

完成一个迭代后，一项功能需求就被转化成了可工作的产品，并且可以向客户展示。而这种方法最大的价值在于，客户可以在项目早期就进行反馈，我们也能以更快的速度响应客户，并在下一个迭代做出变更并且按照客户所期待的正确方向进展项目。我们会在本章专门用一个行业实践案例说明如何用敏捷来开发创新产品。敏捷迭代原理如图7-4所示。

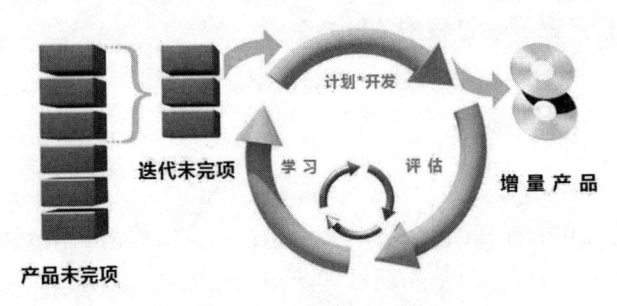

图7-4 敏捷迭代原理

7.2.1.1 敏捷方法

敏捷方法是合作环境下由自我管理的团队进行产品迭代开发的过程。其中，通过渐进式的迭代工作步骤，团队可以应对未预期的事项，这也称为冲刺（Sprint）。敏捷开发在软件行业的应用极为普遍。与硬件行业不同，软件行业的特点是变化不断。

2001年2月，17位开发者在美国犹他州开会讨论轻量级的开发方法。他们发布了敏捷软件宣言，并总结出以下几点：

◎ 个体和交互高于流程和工具。
◎ 可运行的软件高于详尽的文档。
◎ 客户合作高于合同谈判。
◎ 响应变化高于遵循计划。

7.2.1.2 敏捷产品开发的关键原则

（1）我们的首要任务是通过尽早和持续交付有价值的软件来满足客户。

（2）即使在开发后期，我们也欢迎需求变更。敏捷流程将这些变更转化为客户的竞争优势。

（3）频繁地交付可运行的软件，数周或数月交付一次，时间间隔越短越好。

（4）项目期间，业务人员与开发者共同工作。

（5）招揽积极主动的人员来开发项目，为他们提供所需的环境和支持，相信他们能做好自己的工作。

（6）开发团队里最省时有效的信息传递方式是面对面交流。

（7）可运行的软件是衡量进展的主要标准。

（8）敏捷流程有利于可持续开发。发起人、开发人员和用户应始终保持一个固定的前进步伐。

（9）持续关注先进的技术和优秀的设计，提高敏捷性。

（10）简洁——令代码工作最少的艺术是一切的基础。

（11）只有自我管理的团队才能做出最好的架构和设计。

（12）团队定期反思如何提高效率并调整工作流程。

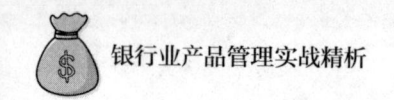

7.2.1.3 敏捷产品开发过程的关键要素

虽然敏捷产品开发的具体应用可能会依组织而改变，但基本要素通常保持不变，具体包括以下几个方面。

1．产品未完项

产品未完项（Product Backlog）是一份包含系统所需的一系列事项要求并将它们按优先次序排列的清单，包括功能性和非功能性的客户需求，以及技术团队产生的需求。虽然产品需求列表有多种来源，但是确定优先级次序是产品主管的独有职责。一个产品需求列表项是一个足够小的工作单元，团队能够在一次冲刺迭代周期中完成。

2．敏捷流程

敏捷流程（Scrum）是由杰夫·萨瑟兰在1993年创建的一种流程，灵感来自橄榄球队的"争球"（Scrum）阵。

可以说，敏捷流程是最流行的敏捷实施框架。通过该方法，软件生成得以按有规律的步调进行，并由一系列固定长度的迭代过程开发出产品。

3．冲刺

冲刺（Sprint）是指完成待定任务，使开发阶段得以进入审查环节的一段时期。规划会议是每次冲刺的起点。在会议上，产品主管（分配工作的人）和开发团队商讨并确定此次冲刺所要完成的工作。冲刺周期由敏捷负责人决定。冲刺开始后，产品主管暂停工作，由开发团队主持工作。在冲刺结束时，团队将已经完成的工作提交给产品主管。产品主管将依照冲刺会议上设定的标准，决定接受或否决这些工作。

4．产品主管

在划分产品待办列表的优先级和罗列需求时，产品主管（Product Owner）是代表客户利益、拥有最终决定权的那个人。团队必须随时可以联系到他，特别是在冲刺的规划会议期间。在冲刺开始后，产品主管不应当再管理团队，也不应当再变更任务。产品主管的主要职责是平衡有竞争关系的利益相关者之间的利益。

5．敏捷负责人

敏捷负责人（Scrum Master）是团队和产品主管之间的协调者。他的工作职责不是管理团队，而是通过以下方式帮助团队和产品主管：

◎ 消除团队和产品主管之间的障碍。
◎ 激发团队的创造力，给团队授权。
◎ 提升团队效率。

◎ 改进工程工具和实践。
◎ 确保团队取得进展的信息实时更新，让各方成员均可见。

6．敏捷团队

敏捷团队（Scrum Team）通常由7个人组成，也可增加或减少2个人。为实现冲刺目标，团队成员通常由多个职能部门、非专业（跨职能团队）的人员组成。软件开发团队的成员包括软件工程师、架构师、程序员、分析员、质量专家、测试员及UI设计师等。在冲刺期间，团队通过自我管理的方式实现冲刺目标。团队在实现目标的方法上有选择自主权，并需对这些目标负责。

下面我们通过广发银行敏捷迭代开发产品的案例，来看一下敏捷在银行业的应用。

案例7.3　广发银行利用敏捷打造极致ONE产品

案例背景

如今，科技手段的不断提升，如远程开户、人脸识别、电子签名等技术的不断成熟，使银行卡远程申请成为可能，催化了传统金融机构产品服务数字化转型步伐的开启，更加契合了客户的消费习惯。

其中，广发银行信用卡中心近年来推出"通过经营权益来经营客户"的新型产品——ONE卡，如图7-5所示。ONE卡以"产品化"为经营理念，主打权益和卡版自定义。ONE卡同时结合权益平台个性化营销策略，交叉营销保险、理财等金融产品，实现集团多条业务线的渠道和资源整合。

图7-5　广发银行ONE系列信用卡

（图片来源：https://www.sohu.com/a/291239745_115207）

ONE卡平台采用极简化产品开发模式，当捕捉到客户多样化的需求后可以马上在ONE卡权益平台上落地实施，相较以往的流程缩减了90%的开发时间，提升了信用卡产品快速迭代能力。ONE卡改变了传统的产品运营思路，使客户在不同人生阶段、不同生活状态的需求均能在一张信用卡上得到满足。

【案例分析】

广发银行ONE系列信用卡产品最大的特色就是运用了敏捷模式来"拥抱"客户需求，加快迭代开发速度。其中有三个点是广发银行敏捷模式的核心：

第一，简洁。ONE卡平台采用极简化产品开发模式，只有做到简洁，尽最大可能减少不必要的工作，对客户价值保持专注和毫不犹豫地削减不增加价值的活动，务求开发架构的灵活性和高度可应变性，才能快速"拥抱"需求变化。

第二，"拥抱"客户需求变化。敏捷强调的原则之一就是"要善于利用需求变化，帮助客户获得竞争优势"。面对目前新生代的消费群体，需求多样化、多变化、定制化的特点已成趋势，因此积极"拥抱"客户需求变化，将变化的需求快速纳入产品中，让客户享受到增量价值，就能有更大的竞争优势。

第三，迭代周期短。敏捷原则之一："要不断交付可用的软件，周期从几周到几个月不等，且越短越好。"敏捷历来都崇尚快速迭代交付，其关键是能快速把可用的产品交付到客户手上，并能利用产品获得有意义的回报。更短的迭代周期不仅能为客户带来价值，还可以为团队提供不断优化的架构，以及促使团队持续关注客户的价值。当然迭代周期越短，对团队的要求越高，需要找到需求满足和能力匹配之间的平衡。广发银行信用卡中心的产品团队就是找到了这个平衡点。

7.2.2 精益

上面通过广发银行的案例来分析了敏捷在银行业的应用，我们再来看一下精益。刚才我们提到过敏捷多用于软件产品的开发，而精益多用于硬件和制造业。相对于敏捷来讲，精益更像一种管理思想，如图7-6所示。

精益旨在减少浪费，提高运营效率，特别适用于制造过程中常见的重复性任务。精益的核心思想通常有以下七大原则。

（1）避免浪费：精益的中心思想是消除浪费，透

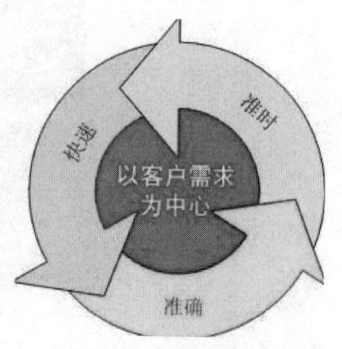

图7-6 精益原理

过消除浪费达到发挥资源的效率。

（2）构建质量：发生问题快速解决，提高客户良好的整体体验。

（3）增强学习能力：精益重视员工培训，培训方式主要通过做中学进行，有助于员工现场技能的培养。

（4）延迟决策：产品的不确定因素很多，需保留较大的弹性，才能应对不断变化的需求。

（5）快速发布：越短的开发周期，才能越快让开发团队从市场获得实时信息，应对市场的变化。

（6）授权与尊重：充分授权团队，让成员知道工作全貌。领导者为团队成员提供应有的支持，维持团队的合作默契。

（7）系统思考：精益鼓励人与人之间的沟通，促进团队从整体上产生最好的产品和服务呈献给客户。

精益产品开发（Lean Product Development）建立在丰田首创的精益方法（Toyota Production System，TPS）的基础上。TPS基于消除Muda的目标，Muda在日语中的意思是无用——没用的、惰性的、浪费的。设计TPS的主要目的是从制造流程中去掉Muda或浪费。这一原理被引用至产品开发流程中。

什么是精益产品开发？精益产品是有关产品率（Productivity）的：每小时或每单元产生的利润；对设计者或开发者的有效利用；更短的上市时间；单位时间内完成更多的项目；在更多的时间内积累更多满意的客户；更少的浪费。

潜在的浪费来源包括：混乱的工作环境；缺乏可用资源；缺乏明确的优先级次序；不同职能间的沟通存在障碍；糟糕的产品需求定义；缺乏对可制造性的早期考虑；过度设计；太多的无成效会议；太多的电子邮件。

詹姆斯·摩根和杰弗里·莱克在《丰田产品开发系统——员工、流程和技术的整合》一书中，就产品开发给出了以下建议。

（1）由客户定义价值，去掉无法带来增值的浪费。

（2）在产品开发前端投入更多精力，全力探索所有可能的解决方案，最大化设计空间。

（3）创建高水准的产品开发流程。

（4）实施严格的标准化流程，以降低变数，创造灵活性，产出可预见的结果。

（5）建立首席工程师体系，由他从头到尾负责开发流程的整合。

（6）平衡职能专长和跨职能整合。

（7）培养每位工程师的能力。

（8）充分整合供应商，将其纳入产品开发体系。

（9）建立学习与持续改进的理念。

（10）营造支持卓越和不断改进的组织文化。

（11）采用与人员和流程相匹配的技术。

（12）通过简单的可视化沟通，使整个组织系统一致。

（13）善用有效的标准化工具和组织学习工具。

案例7.4　中信银行信用卡中心的数字化精益管理

案例背景

一直以来，信用卡行业与民生消费领域息息相关，已成为居民日常生活中的重要组成部分。近年来，随着金融科技的蓬勃发展，大数据、AI等前沿技术与传统金融业务深度融合，加快了信用卡数字化进程，给产业发展注入了新的活力。

截至2019年年底，我国信用卡发卡数量已达65.18亿张，全国人均持有信用卡0.49张。我国信用卡产业正迎来加速发展的黄金时期，进入由大到强、活力迸发的快车道。数字化时代，数据是重要生产力，各行各业不断拓宽数字技术的引用范围，重塑自身的核心竞争力。随着数字化转型的推进，信用卡产业传统的获客方式、服务模式、风控技术、运营体系也发生了深刻变化，成为零售银行数字化转型与创新的先锋。

其中，中信信用卡中心通过"智慧风控"和"精益管理"项目的实施，夯实风控决策能力，提升内部管理综合技能，对整体业务的支撑更加有力，实现了基于效能的数字化管理创新。

智慧风控方面，充分利用人机交互、萃取专家经验，动态识别风险点，实施差异化风险策略，达到了"千人千面"的欺诈防控效果；积极丰富评价维度，探索前沿算法，通过对海量征信数据的深度挖掘与应用，提升了风险计量模型的监控效能；建立覆盖全生命周期的风险监控预警机制和多触点异常行为监控预警体系，实现了风险及时预测与有效化解，提升了信用卡的整体抗系统性风险能力。

精益管理方面，通过"基础资源数字化、服务管理数字化、质量管理数字化、人员管理数字化"，有序推进全流程运营监控体系建设，取得重要进展。例如，建成设备资源配置地图，实现"监控主动告警、配置自动管理、智能巡检保障"；通过搭建微服务治理体系，实现对基础组件应用从性能、服务状态到API的有效管控；通过持续完善数据质量监控体系，大幅缩短了缺陷修复周期，更好地支撑场景获客与营销；构建了IT人力投入分布地图，并以此为轴心，实现了对项目成本、进度、范围、风险等全支付周期的"监、管、控"。

【案例分析】

中信银行信用卡中心通过数字化管理将精益落到实处。从案例中我们可以看出其三点精益原则的应用：

第一，避免浪费。通过建成设备资源配置地图，实现"监控主动告警、配置自动管理、智能巡检保障"，从而达到资源浪费无死角。

第二，构建质量。通过持续完善数据质量监控体系，大幅缩短了缺陷修复周期，更好地支撑场景获客与营销，做到有效的产品质量保障。

第三，系统思考。通过构建IT人力投入分布地图，实现对项目成本、进度、范围、风险等全支付周期的"监、管、控"。基于这个措施，达到了系统思考问题、统筹解决问题的目的。

精益同样有很多工具和方法，这里我们只介绍一种工具：价值流程图。下面我们用一个生活中的小例子来说明价值流程图的用法。

假设我们在上海开一家面包店，这家面包店专门经营定制面包，你和朋友一起去一家面包店买面包吃。这其中包括五个核心流程：面包挑选、面包师用成型面胚来装点面包、结算、打包和切片、你和朋友享用面包。

我们仔细分析一下，整个流程可以分为两种类型的流程环节：增值部分和不增值部分。例如，面包选择（1分钟）属于增值部分，在面包师定制柜台等待（2分钟）属于不增值部分，面包师装点面包（2分钟）是增值部分，而等待结账（1分钟）则是不增值部分……这样以此类推，就可以画出整个流程的增值流曲线。有了这个曲线后，我们就可以分析出一些数据，如流程增值率 = $\dfrac{增值环节总时间}{流程总时间}$。

流程增值率反映了一个流程的增值效能，流程增值率越高，效能越大，反之，流程增值率越低，效能越小。要提升流程增值率，我们就要优化或去除不增值环节，使其转化成增值环节。现在很多公司，包括一些服务类的公司（运用精益服务的流程）都会使用价值流程图工具来提升组织的流程增值效能。千万不要小看这个工具，有的公司就是因为使用这一个工具，每年能节省上千万元的成本，并大幅提升客户满意度。其核心原因就在于精益的目的是减少浪费，提高运营效率。下面我们来看一个精益的价值流程图在银行业的应用。

案例7.5　光大银行精益化流程打造"新E贷"

案例背景

近年来，各商业银行在满足用户需求的基础上，通过精益方法进一步优化服务流程，为客户提供快速、便捷、高效的一站式服务。

例如，房产抵押贷款和个人信用贷款，一般都是商业银行比较重视的项目，审批环节多、流程时间长，给客户造成了不好的体验。为解决这个痛点，光大银行应用精益化流程，推出个贷"新E贷"流程项目，如图7-7所示，依托"光大银行个人贷款"官方微信账号，客户扫码关注即可在线申请"房抵快贷"和"光速贷"等房产抵押类贷款和个人信用贷款名目，一秒钟获知房产最新市值。

客户办理贷款时，提供手机端在线录入功能，免去多项纸张资料重复填写；贷款申请后提供在线审批进度查询和账单查询服务，随时随地掌握贷款最新进展；放款后提供免费微信账单推送，按时提醒客户还款，实现个人贷款业务前期、中期、后期的全流程线上服务，全面提升了个贷业务的移动化、电子化、线上化和集中化运作程度。

图7-7　光大银行"新E贷"

（图片来源：http://js315ccn.cn/html/bank/detail_2019_03/19/75428.shtml）

【案例分析】

光大银行"新E贷"产品是应用精益价值流程图的案例，从中可以看出其中有四个应用关键点：

第一，信息获取方便。用户关注"光大银行个人贷款"官方微信账号，即可在线申请"房抵快贷"和"光速贷"等房产抵押类贷款和个人信用贷款名目。这就省去了以前电话咨询或到网点咨询的费力体验。

第二，房产市值查询。在线即可进行房产市值查询，一秒钟即可知道结果，这就免除了要到相关部门或渠道另行查询房产市值的麻烦。

第三，手机录入信息。可以免去多项纸张资料重复填写，提升客户满意度。

第四，在线贷款查询。贷款申请后提供在线审批进度查询和账单查询服务，随时随地掌握贷款最新进展，也相应免除了查询的麻烦。

我们一起学习了敏捷和精益两大产品开发的方法。敏捷多用在软件产品的开发，而精益则用于硬件和制造业产品的开发。敏捷的核心是拥抱变化，快速响应；而精益的核心在于减少浪费，提高运营效率，并且我们介绍了迭代—增量模式和价值流程图两种工具。可以说，敏捷与精益是快速制胜与流程价值最大化的完美组合。

7.3　IPD：IBM与华为的传家宝

集成产品开发（Integrated Product Development，IPD），是享誉业界的产品开

发法。谈到IPD，就不得不谈两家闻名世界的大公司，因为IPD的兴起与这两家公司有莫大的渊源。

这两家公司就是大家所熟知的IBM与华为，让我们先来聊聊IPD在IBM与华为作为传家宝的故事。

IPD的思想来源于美国PRTM公司在1986年出版的《产品及生命周期优化法》一书，这个方法被IBM最先应用到实践中，而后被华为应用，二者都取得有效的改进并长期获益。

IPD是IBM在1992年首先提出实施的，当时IBM正处于业务上的困难期。在激烈的竞争中IBM遭受了巨大的经营挫折，公司收入在减少，年亏损额高达近80亿美元。当时IBM总裁郭士纳极力推动引进IPD，自从IBM实施IPD后，高端产品上市时间从70个月减少到20个月，研发损失从起初的25%减少到6%。从1993年到1998年，IBM总共节省了120亿美元的费用，到2000年盈利达到80亿美元，公司的竞争力得到了极大的提高。

华为引入IPD是在1998年。在引进IPD体系前，华为每年将销售额的10%投入产品开发，但是研发费用浪费比例和产品开发周期仍然是业界最佳水平的两倍以上。华为销售额虽然连年增长，但产品的毛利率却逐年下降，人均效益只有思科、IBM等企业的$1/6$~$1/3$。

当时华为总裁任正非力排众议，决定请IBM专家作为咨询顾问引进IPD体系，并因此花了几千美元的咨询费。IBM专家建议华为分为关注、发明和推行三个阶段实施。直到2003年，华为终于在整个集团全面实施IPD。这使华为的产品开发周期缩短了50%，产品的不稳定性降低了$2/3$，华为逐渐建立起世界级的研发管理体系，优化了公司的整体运行。

我们了解了IPD的历史，那究竟什么是IPD呢？IPD是由20世纪90年代被广泛应用于航空航天产业中的"并行工程"（Concurrent Engineering）发展而来的。"并行工程是一种集成、并行设计产品及其相关过程的系统方法，包括制造和支持。这种方法使开发商从一开始就要考虑产品生命周期中的所有要素，从概念到实施，从质量、成本、进度到用户需求。"

并行工程的基本前提建立在两个概念上。其一，产品生命周期中的所有要素，从功能性、可制造性、装配、测试、维护、环境影响到最终处置和回收，都应在早期设计阶段被逐一考虑。其二，考虑到并行推动流程能显著提高生产力和产品质量，前述设计活动都应同时进行，即并行。这样一来，就能够在设计过程的早期阶段，即仍可灵活处置项目时，发现错误、重新设计。尽早地定位和修复问题可以避免当项目推进至更复杂的计算建模阶段和硬件的实际制造阶段时，出现代价高昂的错误。

从上面的分析可以得知，IPD的核心就是并行工程。在制造业中，并行工程是产品设计与制造并行；而在银行业，并行工程也是被广泛应用的，其核心则是产品设计与产品运营并行，确保产品在设计的时候充分考虑运营要求，运营的时候也重视设计特性，从而有效确保产品设计的合理性及质量规格。下面通过以下案例来分析交通银行信用卡中心的"AI信用卡"设计—运营并行工程模式。

案例7.6　交通银行的"AI信用卡"

案例背景

伴随着第四次工业革命，人工智能凭借其强大的赋能性对金融全价值链产生了深刻影响。银行业也顺势而为，积极推进人工智能技术发展，做强技术基础，做优业务应用，正稳步迈进智慧金融新时代。

人工智能自诞生至今，历经以智能计算为标志的第一次浪潮和以专家系统、知识工程为标志的第二次浪潮，并随着硬件、软件、网络、成本等方面的突破而不断进化。如今，得益于移动互联网、超级计算、脑科学等相关技术的突飞猛进，人工智能迎来以大数据分析和机器学习为标志的第三次浪潮。

深度学习、知识图谱、自然语言处理、计算机视觉等新兴成果呈现人机交互、跨界融合、自主操控等特征，被广泛应用于生产生活的各个领域，为经济增长和社会进步的新旧功能转换培育了强劲引擎，"AI + X"也已渗透至金融行业的各个领域。对商业银行的信用卡业务而言，人工智能技术构建智慧营销体系，打造智慧运营平台，创新智慧系统应用，影响深远。

其中，交通银行信用卡中心积极探索生物识别、自然语言处理、机器学习等人工智能技术在信用卡各个业务领域的实际应用，如图7-8所示。依托自主研发的智能知识管理平台，在传统的按键菜单IVR（Interactive Voice Response，互动式语音应答）的基础上，智能机器人技术提供智能问答服务，形成了以智能语音虚拟座席、人机协作、主动外呼服务为核心的智能化客户服务体系，如图7-9所示。

图7-8　交通银行信用卡中心AI体系

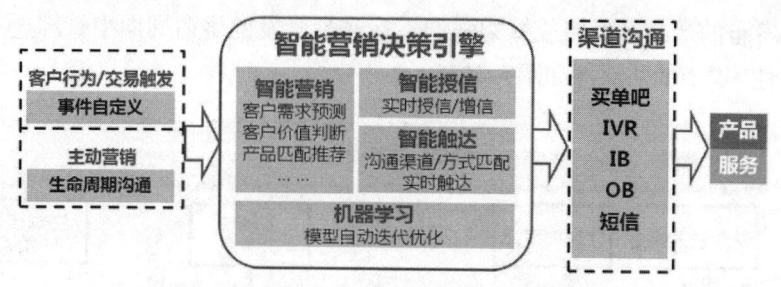

图7-9 交通银行信用卡中心智能服务模式

通过"人机协作"的创新智能服务模式,在信用卡产品设计阶段,就在人机交互过程中智能辅助专家针对机器人置信度较低的问题进行实时介入解答,使智能机器人的问题解决率提升了20%。同时,通过事中产品开发时,产品团队专家也被邀请人工干预及标注纠偏,实时完成了针对机器人的训练,改变了以往针对机器人的定期批量训练模式,有效地提升了机器人的知识训练效率及更新迭代速度,成功实现了从AI(人工智能)到IA(智能增强)的跨越。目前,智能机器人每日访问量达到4.5万人次,分流客服人工来电的13%。

【案例分析】

通过以上的案例分析,我们看出交通银行的AI信用卡的特点不仅仅是利用人工智能技术,更在于其在产品设计阶段,就邀请智能辅助专家针对机器人置信度较低的问题进行实时介入解答,使智能机器人的问题解决率提升,从而提升智能运营水平;反过来也给产品设计阶段有更多的运营数据输入,从而使得产品设计阶段就充分考虑运营要求,增强产品设计合理性。

同时,事中产品开发的时候,产品团队专家也被邀请人工干预及标注纠偏,实时完成了针对机器人的训练,改变了以往针对机器人的定期批量训练模式,有效地提升了机器人的知识训练效率及更新迭代速度。这个过程也给尚处于原型阶段的产品更多意见反馈,使产品具备更多灵活的调整,适应不断变化的需求。

产品设计、开发与智能运营的并行工程模式,使交通银行信用卡中心的产品更智能、更合理,运营效率更高。

分析了交通银行信用卡中心的AI信用卡,我们对于IPD的优势也更为明了。IBM曾说明了转向IPD的理由(IBM PLM方案,2009):"(IBM必须)满足客户需求,遵守法律法规,达到安全标准,减少维护成本并优化利用企业资源。为了满足这些复杂的要求,公司已在数个最佳软件系统上投入巨资。问题是,对这些软件系统的整合并不总是成功的,这些软件系统反而发展成了支离破碎的产品信息孤岛。IBM发布的产品开发集成框架强调了在产品开发的生命周期中管理这一复杂问题的必要性。"IPD的原理如图7-10所示。

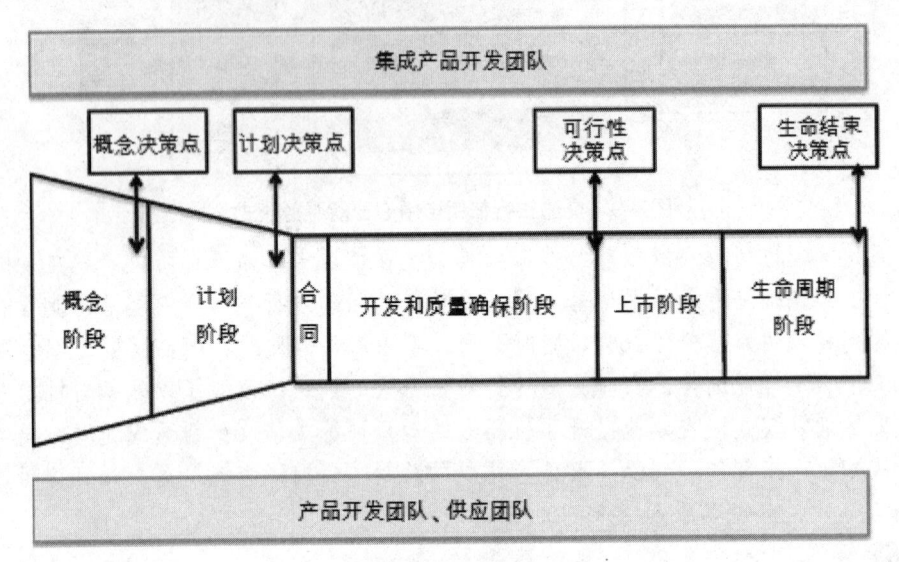

图7-10 IPD原理图

近年来，行业许多公司（如爱立信、诺基亚、中兴等）致力于以集成产品开发原理为核心，利用循序渐进的方式来改进整体的产品开发体系，以实现以下目标：从产品开发基本工具的应用推进到项目管理的应用，再推进到客户之声、战略联结，最终构建出基于知识获取和管理的学习文化。

通常认为，并行工程取代了传统流程"瀑布流程"（Waterfall Model）。在20世纪初，瀑布流程被广泛应用在软件行业。

瀑布流程的5个典型阶段如下。

（1）要求：了解设计产品所需的功能、用途、用户需求等。

（2）设计：确定完成项目所需的软件和硬件，随后将它们转化为物理设计。

（3）实施：根据项目要求和设计规范编写实际代码。

（4）验证：确保产品符合客户期望。

（5）维护：通过客户确定产品设计中的不足或错误，进而修正。

近年来，瀑布模型在软件行业中的普及度下降，它变为集成产品开发模型的前身。

集成产品开发的定义为："系统地、综合地应用不同职能体系的成果和理念，有效、高效地开发新产品、满足客户需求的方式。"（卡恩，2013）

总结

TRIZ最核心的内容是40条发明创造原理。敏捷多用在软件产品的开发，而精益则用于硬件和制造业产品的开发。敏捷的核心是拥抱变化，快速响应；而精益的核心在于减少浪费，提高运营效率，并且我们介绍了迭代—增量模式和价值流程图两种工具。可以说，敏捷与精益是快速制胜与流程价值最大化的完美组合。

IPD是IBM和华为的传家宝，二者采用IPD都取得了有效的改进并长期获益。IPD源于并行工程，其核心是系统地、综合地应用不同职能体系的成果和理念，有效、高效地开发新产品、满足客户需求。

第 8 章
文化、组织与团队

本章内容

- 新产品开发团队的定义
- 团队形式
- 产品协议
- 产品文化

本章案例

- 案例8.1 宇华永信的信用卡AI产品团队
- 案例8.2 招商银行创新团队的不同形式
- 案例8.3 银联云闪付的产品团队
- 案例8.4 齐鲁银行一纸协议推动"驴经济"
- 案例8.5 浙商银行聚焦年轻化客群,打造金融平台经济
- 案例8.6 农业银行的产品转型文化

对于产品开发和产品管理而言,战略和流程至关重要,但仅靠它们,无法保证组织的持续成功。使组织得以成功的最终要素是人。文化和氛围提供了最终框架,使战略和流程在该框架中得到积极和成功实施。

8.1 什么是新产品开发团队

新产品开发团队的定义是致力于一个共同目的、一组绩效目标的具有互补技能的少数人员,并为此相互负责。新产品开发团队定义中的每个术语都很重要。

8.1.1 少数人员

首先,团队中的"少数人员",在实践中指的是6~10位核心成员。通常情况下,核心团队成员作为子团队的领导并代表某个具体的职能,如研发、工程或营销部门。保持少数核心团队成员的目的是使决策过程更加有效。如果核心成员过多,决策过程可能变得困难和耗时。如果团队成员太少,则核心团队不能代表所有职能部门。

著名的亚马逊的创始人杰夫·贝佐斯提出了"两个比萨"的规则,那就是团队的大小要足够小到两个比萨饼就能吃饱。实际上,两个比萨饼规则可转化为共同做决策的6~10人。

8.1.2 互补技能

团队的定义包括具有互补技能的人员。在这里,互补意味着团队是跨职能的,技术、销售、营销和管理部门都有代表,从而确保项目推进完成。

创新项目的常见失败原因是将新产品开发流程不同工作阶段的工作(见第5章)分配给具体的职能部门。成功的创新团队的结构是在整个项目生命周期中都有跨职能的代表。相关职能的团队成员在整个新产品项目中都应供职,包括创意生成、市场研究和开发阶段。

8.1.3 共同目的

团队还需要一个共同目的。这也是为什么可以将体育团队与新产品开发项目团队进行类比的原因。在体育运动中,共同目的是赢得比赛,而创新的"赢得"就是按照时间、预算、要求来交付项目成果。为此目的,团队经常使用一组具体的绩效指标来衡量其持续的成功。

8.1.4 绩效目标

在体育运动中,衡量球队绩效的方式是比赛的最终得分、赛季中输赢的次数和参加冠军系列赛的数量。甚至在体育运动中的个人绩效指标也展现出团队精神,比如助攻、击球得分或攻守转换。

同样,创新团队的成功也应该通过团队的绩效指标来确定。组织行为理论表明,当用团队绩效而不是个人绩效来衡量时,团队将达到更高的合作水平。此外,当团队自己来设计成功指标时,将更有可能完成其发展目标。

因此,新产品开发团队应帮助定义既定创新项目的绩效指标。通常,这些指标会在项目启动会上制定并纳入产品创新章程(见第3章)。产品创新章程将创新战略与产品协议相关联,而产品协议是团队决定将如何完成项目工作的重要文件。

除了产品协议,团队在启动会上也建立工作规范。新产品团队将针对会议管理、决策制定和处理沟通的流程上达成一致。团队规范在本章的后面进行详细讨论。

8.1.5 团队成员相互负责

身为团队成员的重要职责就是要与其他团队成员一样对项目工作负责。我们进一步将团队类比为一支美式足球队,进攻线无法阻止对手,将与四分卫和接球员的传球失误同样被指责。一个成功的触地得分依靠每一个球员完成动作,共同致力于把球传到进球线。同样,新产品开发团队成员需要共同完成项目的所有里程碑和可交付成果。

新产品开发团队成员认同要尊重团队承诺,比如提供会议资料,并与其他团队成员分享知识。工作范围、进度和预算应该是可以实现的,并且所有团队成员都应尊重最后期限。如果某一个团队成员发现他的工作完成不了,该团队将共同努力找

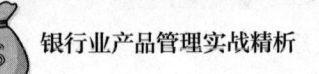

到替代的解决方案。团队责任依靠成员之间公平和公开的沟通，支持彼此的角色和职责，并取得创新成功。

8.1.6 职能部门不是团队

与之形成鲜明对比的是，职能部门不是团队。为方便起见，许多企业将专业人员按照技能分类。例如，一个公司可能有机械工程部门、销售人员部门及软件设计部门。然而，同一个部门中的每个人都有可能从事不同的项目，并不与相同职能部门的其他成员共享目标。绩效指标在职能部门会从个人角度进行设计，并且部门管理是为了达到部门目标。

8.1.7 新产品开发团队

如上所述，团队需要一套互补的技能。像在棒球运动中，具有特殊技能的球员可能打某个特定位置：投手、捕手和游击手都有特殊的技能来帮助团队取得成功。同样，在新产品开发中，跨职能的团队有时也被称为多功能团队，包括将萌芽创意转化为商业化的产品需要的所有职能的代表。这些项目组成员大都有特殊技能，或者完成项目所需的能力。

通常，跨职能的团队包括工程设计、研发、营销和运营的代表。虽然这些人通常不会一起工作，但不同职能在流程早期和整个创新活动中协作对新产品项目的成功是十分必要的。创建成功的新产品并不仅仅是技术或营销部门的努力。

8.1.8 团队领导

团队领导既是教练，又是乐团指挥和技术团队成员。他负责领导新产品开发团队，以及完成项目可交付成果。许多组织将团队领导称为项目经理、产品经理、项目负责人、项目集经理或团队负责人。无论头衔如何，团队领导负责带领团队完成创新项目。

在许多情况下，团队领导对各个项目组成员没有直接的职权。如下文所述，一些组织结构依赖于非正式或兼职的项目领导来指导新产品工作，而其他的组织结构则设有全职、专门的项目经理。

案例8.1 宇华永信的信用卡AI产品团队

案例背景

智能金融时代随AI引领的契机而来，信用卡领域的"以客户为中心"的理念落实到一个新阶段。第三方数据和渠道的合作的生态化，为AI应用提供数据上的基础，"数据+算力+算法"的模式，在客户识别、客户理解和客户服务的场景上不断拓展。但相对于AI在传播领域里炙手可热的声量，在信用卡领域里AI应用的拓展仍显不足，具体业务环节的"点"的突破比较多，真正撬动业务和管理创新的"面"的贯穿还比较少。

面对AI这一高热的话题，信用卡领域的探索不应局限于算法的引入上，而应该深入思考如何将AI的技术突破引入技术—业务—管理的变革中。

目前，在信用卡领域的AI探索，主要集中在风险管理、市场营销和客户服务这三个方面，这些应用模式有一个共同特点，就是用AI的"数据+算力+算法+场景"渗透模式，打造"以客户为中心"的新标准。

然而，AI带来的这些令人惊叹的环节突破，并不会自发解决业务场景不连贯、数据孤岛和管理流程滞后的问题。目前AI的局面对于很多信用卡领域从业者来说是"似曾相识"的，这些应用模式如果只停留在环节优化上的浅尝辄止和锦上添花，不去大力推动业务融合和管理贯彻，就很难避免数据仓库、CRM这些曾经的热门方案经历过的技术边缘化弯路。只有将这些突破代入管理的变革中，才能使AI创新从技术面的战术进步提升为管理面的战略进步，建立适应AI生产力的创新生产关系。

与AI创新配套的管理变革，主要包括数据治理、模型应用和组织结构三个层面。

一、数据治理层面的变革

近来，在信用卡领域，"数据治理"成为"AI"之后的又一热词。

2018年3月，原银监会发布了《银行业金融机构数据治理指引（征求意见稿）》向社会公开征求意见的公告。作为监管层面的指导文件，其全面细致和切中关键的程度，令人印象深刻。其中的关键字包括：

（1）扩大——适用机构范围扩大，数据范围扩大。

（2）明确——明确了数据治理的定义。

（3）上升——数据治理上升到公司治理的高度。

（4）细化——对数据治理特别是数据质量管理提出全流程的细化要求。

（5）导向——强调了数据治理的导向是数据价值实现，需要技术和业务并举。

该指引的出台非常及时。银行领域的数据治理，面对大数据和AI时代的数据和系统生态化拓展的局面，显得力不从心，老大难的数据竖井问题在增长的AI算法需求下更加突出。信用卡风控中应用三方数据的典型场景如图8-1所示。

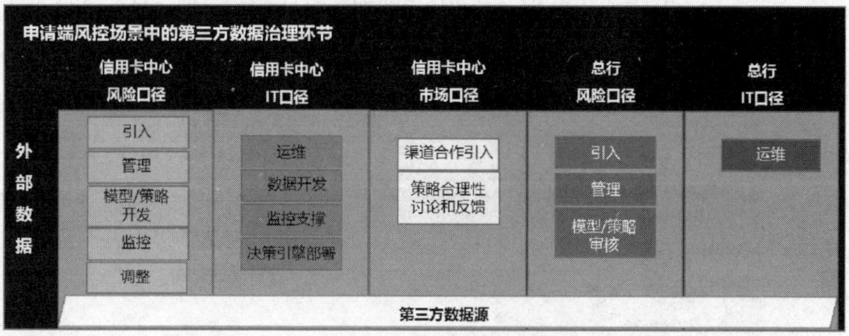

图8-1　信用卡风控中应用三方数据的典型场景

一个三方数据源从引入到常态使用，需经历5个管理口径（信用卡中心风险口径、信用卡中心IT口径、信用卡中心市场口径、总行风险口径、总行IT口径）的15个工作环节，大约只有15%~20%的数据项能够在60天内被风险策略消化理解并投入模型应用。

结合银行项目实践及互联网公司的经验教训，我们发现，数据治理的关键变革点有两个：一是变IT管理为IT—分析—业务—监管的持续衔接，二是变"指令式"为"服务式"。

因此，数据治理需从技术层面扩展到分析、业务、监管的层面，入手点是推行一整套由专人借助系统维护的元数据规范，覆盖以下四个层面：

（1）IT元数据（主要是交易系统和数据仓库的数据库类元数据）。

（2）分析元数据（面向分析应用的变量角色、分布等信息）。

（3）业务元数据（面向业务的客户特征标签、风控策略规则、营销条件等）。

（4）监管元数据（面向监管报送的指标口径等）。

这项措施成功的关键在于"大处着眼、小处着手"，不求一步到位，而是先逐一落实重要的环节接口的输入输出的每个数据项。同时，这个规范管理模式是"服务式"，即允许过程中暂时脱离规范，完成紧要任务，由专门岗位在事后期限内收纳整理，而非"不合规不能前进"的"指令式"。

实践中证明，运用上述思路，从三方数据的引入管理入手，逐步覆盖接口报文、数据加工、策略设计、报表分析和监管报送等各层面的数据形态，可以实现全部相关数据项在四个层面于当周内统一同步治理，减少70%的数据定义脱节情形，显著提升开发和管理效率。

二、模型应用层面的变革

AI算法对于风控模型的促进作用在于快速应对变化的风险情形，然而，用卡模型应用流程制约了这个作用的发挥（见图8-2）。

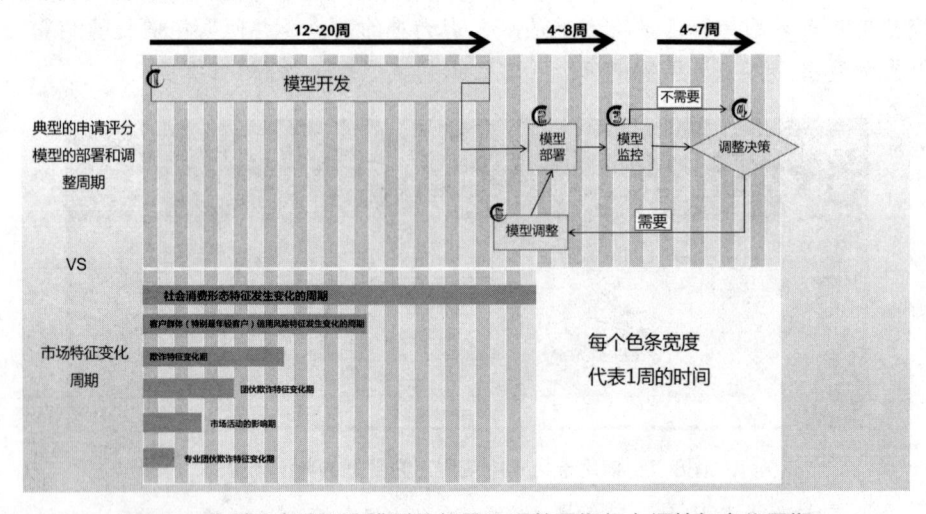

图8-2 典型的申请评分模型的部署和调整周期与市场特征变化周期

从图8-2可以看出，典型的信用卡风控模型的应用流程很难适应市场的快变形势。

对于信用风险评分模型而言，更新上线的周期内客户群体（特别是年轻客户）的信用风险特征可能因为发生变化而导致模型还未完成上线流程，就已经又面临更新的问题了。反欺诈模型和策略规则面临的挑战更加严峻。信用卡风控亟待变革当前的模型应用管理模式。

缩短模型应用周期不代表跳过应有环节，关键在于加速流程运转，充分利用微创新的辅助工具，减少人为的审核等待。

实践证明，在合理的数据治理基础上，将模型部署的元数据规范前置，在模型开发和调整之前贯彻，并延续到模型监控环节的自动化上，可以有效缩减不合理工作量；而在业务和技术上评估模型时，避免缺乏数据实测依据的纸面论证等待，建立"模型试投放沙箱"环境，持续快速迭代，帮助模型收敛到最新的风险特征上。实际案例中，申请端评分模型和反欺诈规则新上线流程可以缩短到平均48小时，对于没有数据变动只有阈值变动的可以缩短到平均2小时，模型适应变化的速度大幅度提升。

三、组织结构层面的变革

建立AI团队是信用卡领域组织结构变革方面的重要加紧急的任务，而业界热议的首席AI官，似乎又是这个任务的重点，吴思达对于这个职位人选的建议是，首席AI官可以由首席数据官或前瞻性的首席信息官兼任，需要具备的特质包括：

（1）对AI和数据架构在技术层面的深入理解和实践经验。
（2）跨部门协调能力。
（3）很强的跨界学习和内部业务创新能力。
（4）维系AI精英的人格魅力和团队组织能力。

但实际情况是，无论是AI领军人物还是专业人才，在市场上都非常稀缺。调查报告也显示，全球的金融领域也只有少数创新管理出色的巨无霸才能有效地引入和维系符合上述要求的AI领军人才和完备的专业团队。因此，对于国内更多的信用卡中心而言，比人才更重要的是组织，是能够培养AI人才、拓展AI空间的制度。

相关实践表明，那些能够真正推动AI应用的高层管理者，有不少并不熟悉AI技术细节，甚至技术背景也不深厚，但他们有AI和智能金融运营管理的大局观，重视和宽容AI团队的创新，充分依照AI和数据运作的规律建立起可执行的创新管理制度，同时借助外部合作力量，培养内部的AI预备人才，使得AI团队在迭代试错中逐步成长，最终形成忠诚度较高的核心力量，并能主导技术与业务的组织融合。

实例中，一支由高层管理团队牵头，由技术、分析、业务、监管四个层面部门专人负责，并由跨部门的全职协调岗位支撑的AI领导小组，以数据治理和模型应用的变革为抓手，建立每周常态化工作模式，是实现信用卡中心的组织结构逐步适应AI发展、建立AI团队的内部"孵化"机制的关键。在具体措施上，AI领导小组可以通过"AI应用场景沙盒"的形态，解决AI应用中的开放性与投产系统的可靠性及严格的监管合规性之间的矛盾，为AI应用场景的开发—测试—上线打造专门的仿真环境，有专门的仿真运营环境发现并反馈问题，使得AI开发自由生长、规范投产。事实上，英国金融行为监管局从2016年起推出的"监管沙箱"，就是通过提供一个"缩小版"的真实市场和"宽松版"的监管环境，在保障消费者权益的前提下，鼓励金融科技初创企业对创新的产品、服务、商业模式和交付机制进行大胆操作。这个金融监管层面的创新培育机制，从另一方面也印证了金融行业变革组织结构以适应AI创新是可行的，也是势在必行的。

信用卡领域从来不缺技术创新，缺的是融合技术—业务—管理的可持续发展的方案。当CRM系统从二十年前的"小鲜肉"变成现在的"老生常谈"时，我们会发现，这期间建了又建的CRM系统，在应用深度上并不比清代的鞋铺内联升更持续有效；成立于1853年的内联升，凭借一本详录京城王公贵族制鞋尺寸、爱好式样的《履中备载》，以及针对官员和他们的轿夫分别设计的"朝靴"和"轿夫靴鞋"，在没有PC也没有Pad的条件下，有效实现了客户画像和分群管理（还包括了客户地位价值预测），以及个性化产品匹配和服务响应闭环。

信用卡领域特别是风控领域，需要沉下心来，将思维穿越到19世纪的这个鞋铺，将AI在信用卡领域这个热门命题，从单纯的技术命题，或者说算法命题，提升到稳中求变的管理命题。这个变革的含义，就是顺人工智能时代的外势而为，逆技术和业务管理的弊端而变，借AI这一利器，打通技术—业务—管理的经脉。

【案例分析】

北京宇华永信分析科技有限公司成立于2005年8月，专注于大数据分析领域的建模和应用。核心团队成员在大数据领域有近20年的经验，为金融、电信和政府行业的客户提供相关解决方案15年以上。

宇华永信在"AI+信用卡"能有上述的成果，与其新产品团队是分不开的。宇华永信的新产品团队是一支由高层管理团队牵头，由技术、分析、业务、监管四个层面部门专人负责，并由跨部门的全职协调岗位支撑的AI领导小组。

这个团队有两个特色：

第一，建立每周常态化工作模式，建立AI团队的内部"孵化"机制。

第二，AI领导小组通过"AI应用场景沙盒"的形态，为AI应用场景的开发—测试—上线打造专门的仿真环境，有专门的仿真运营环境发现并反馈问题。

因此由上可以看出，宇华永信"AI+信用卡"是用新产品开发的架构来建立的，正如新产品团队定义所说的：致力于一个共同目的、一组绩效目标的具有互补技能的少数人员，并为此相互负责。这对于新产品开发的成功至关重要。

8.2 团队形式：夫兵形象水

团队与文化包括三方面内容：团队形式、产品协议和产品文化。团队与文化是产品创新的支撑，没有这个基础，任何产品都不可能开发出来。所以本节的内容虽没有具体的工具，但其重要性却是不言而喻的。

首先，我们来看一下团队形式。大家都知道中国古代有位了不起的军事家：孙武，他所著的《孙子兵法》被誉为兵家圣典。在《孙子兵法》中讲了不少关于军队构建的原则，其中脍炙人口的一段是其"虚实篇"论述的关于兵形和水的关系："夫兵形象水，水之形，避高而趋下，兵之形，避实而击虚。水因地而制流，兵因敌而制胜。故兵无常势，水无常形，能因敌变化而取胜者，谓之神。"

这段话其实讲的就是团队形式问题。孙武认为团队形式最高的境界应该像水一样，水流动的规律是避开高处而向低处奔流，用兵的规律是避开敌人坚实之处而攻击其虚弱的地方。所以，作战没有固定不变的方式方法，就像水流没有固定的形态一样。能依据敌情而变化团队形式并取胜的，就称得上用兵如神了。

《孙子兵法》的用兵规律也同样适用于产品创新的团队形式。我们知道产品创新工作的复杂性与风险水平可能会有很大的不同。例如，我们在开发一款新问世产品（世界上所没有的创新），那么创新工作的复杂性自然很高；如果我们仅是在做已有产品的维护工作，那其复杂性就比较低。所以产品创新的团队形式应与新产品开发工作的复杂性相匹配，才能更好地保证产品创新的成功率。那怎样做呢？

首先我们看第一种团队形式：职能工作团队。如图8-3所示，方框代表参与典型新产品开发项目中的不同职能部门。为了更好地说明问题，我们将情况加以简化，假设共有研发/工程、制造、销售/市场三个部门，分别用三个方框表示。方框内的圆圈代表正在积极参与新产品开发工作的个体员工。需要注意的是，每个员工需要把工作情况汇报给其职能经理，以图中每个方框顶部的圆圈中的字母"FM"（Function Manager）来标识。

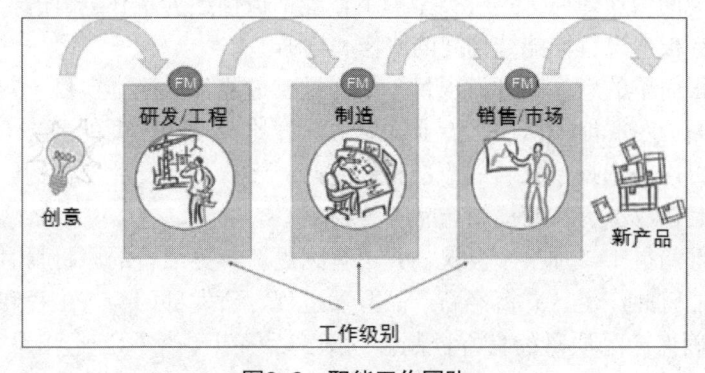

图8-3 职能工作团队

职能工作团队大部分开发工作依次完成。通常，简单的新产品开发项目不需要完整的多职能团队同时工作。例如，在科技推动的战略中，公司的集中研发部门的科学家可以独立构思新产品的创意，这用图8-3中左侧的灯泡表示。然后这个创意被转移到研发/工程部门，从而把工作移交到新部门，而原部门不再参与新产品的后续开发工作。

像"扔过栅栏"和"移交切换"这样的短语通常用于描述项目从一个职能部门转移到下一个职能部门，每个部门完成新产品项目的一部分工作。例如，当工程部门开发了新产品生产的规模扩展计划后，便会将工作转移到制造部门。当完成产品制造及准备出售时，运营部门将提醒销售/市场部门，以便该产品可以引入市场进行销售。

请注意，职能工作团队没有正式确定项目负责人。新产品工作的领导要么是职能经理，要么是新创意的技术负责人。工作的职责将随时间推移从一个职能转到另一个，该项目的领导也随开发生命周期的变化而变化。通常每个职能部门要完成项目哪项工作在一定程度上保持一致。然而，其间并没有鼓励跨职能的互动或各职能间的协调项目活动的协同工作。

职能工作团队结构最常见于庞大而成熟的企业，它们使用职能而不是产品线来组织工作。每个职能对完成工作的数量和质量负责。优先级由职能经理设置，并在跨职能协作上有明显的缺失。同样，负责完成工作的个人可能因缺乏协调和沟通遭受损失，从而导致团队对新产品开发项目只有较低水平的承诺。

职能工作团队的一个特征是新产品项目会与其他部门的项目竞争。通常情况下，新产品开发项目启动前，工作人员的时间已经完全分配。特别是主题专家将被分配执行多个任务，该公司可能会因在职能和项目工作之间的专家资源的最优使用问题而进行争斗。

项目工作往往是通过先前长期以来建立的人际关系来实现的。例如，工程部门的人员可以打电话给运营同事，提醒新产品创意正在开发中，要予以关照。然而，新员工会发现这样的环境令人沮丧，因为他们并没有公司内部的长期合作关系，来克服这些隐藏的沟通障碍。这种类型的工作经常被描述为正在进行的"孤岛"，因此许多行业内很少设置职能结构间的协作和沟通。

往往是很简单的新产品开发项目（如增量改进或降低成本项目），适用于职能工作团队。因为在职能团队中，专业知识的深度比经验的广度更重要。例如，降低成本的项目可以是选择一家新的原材料供应商。客户不会受此变化的影响，但可以降低产品的制造成本，从而提高产品的盈利率。

当研发部门员工参加某个会议，并了解到更新、更廉价的原材料时，一个新产品的创意可能就此产生，并流经新产品开发过程。研发部门会与工程和制造部门紧密合作，以确保产品质量的良好控制。当新产品在工厂实际制造出来后，销售/市场部门才被通知到。市场部门可能会很快采用"新的和改进的"的产品标语，来确保客户对产品的持续满意度。但因为市场部没有在早期参与，因此难以确保客户需求的充足的情感联系。

职能工作团队结构适用于新产品开发的另一个领域是基础研究,其特点是专业知识的深度比职能之间的合作更为重要。例如,后期应用于平台产品的许多新技术,可通过小规模、基础化学或生物学的研究不断引入。这样的基础研究可利用职能工作团队结构,确保新产品项目的顺利执行。

我们再来看第二种形式:轻量级团队。轻量级团队能完成相对于职能工作团队来说,更为复杂的新产品开发项目。同样在图8-4中,各职能由方框表示,显示了研发/工程、制造、销售/市场部门参与将萌芽创意转化为商业化产品的过程。个体成员作为项目职能团队的联络员(图8-4中的大圆圈所示)。这些个体成员直接汇报,并只向其职能经理汇报(职能经理用各职能方框顶部带有"FM"缩写的小圆圈表示)。

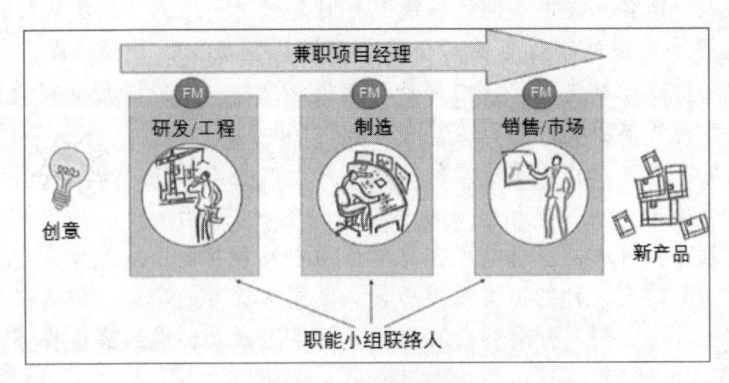

图8-4 轻量级团队

相较于职能工作团队,轻量级团队通常有较高的协调度。如图8-4所示的箭头代表了项目管理跨越所有的职能。同时,新产品是在职能工作团队结构内由一位倡导者不断推动上市的,并且项目经理领导轻量级团队的工作。然而,项目经理仅为兼职,因为他同时也担负着日常职能工作的职责,或者负责项目很大一部分的技术开发工作。

轻量级项目经理处于管理工作的一线,却没有团队成员向其直接汇报的职权。即使可能与项目工作冲突,职能经理仍然负责任务分配。因此,轻量级团队负责人可能有大量时间花在新产品开发工作的资源谈判上。

当然,轻量级团队对于新产品开发的优势在于加强了项目工作中团队间的沟通与协调。在这种情况下,产品开发中有一定程度的跨职能协调,包括简单的产品改进、有限的产品特性的增加。与职能工作团队中工作在部门间流转相比,产品开发项目的所有职能在轻量级团队里相互协调。相比职能工作团队而言,轻量级团队成员间的沟通得到了改善,同时项目负责人更加积极地参与设计和开发新产品。

轻量级团队的缺点是,项目领导者可能被视为弱势,在整体组织内的地位较低。这种看法会造成获取充足项目资源的障碍。此外,由于部门领导独立负责轻量级团队成员的工作目标和任务分配，项目工作可能会与其他工作的优先级产生冲突和竞争。团队成员往往会由于与推进新产品开发项目相冲突的日常工作负担而受挫。

当新产品开发项目变得越来越复杂，轻量级团队比职能工作团队更适合通过一定程度的协调和跨职能沟通来完成工作。但是，如果新产品需要显著的技术和市场的开发，重量级团队可能会更合适。

案例8.2　招商银行创新团队的不同形式

案例背景

在大数据、云计算、人工智能、区块链的技术革新背景下，各商业银行纷纷进行金融创新，致力于为持卡人提供更好的产品或服务。招商银行是一家善于创新的组织，其在为不同客户提供不同产品或服务时，采用不同的产品团队形式。

第一个例子是招商银行为提高全行金融知识宣教工作重视程度，持续输出新鲜、即时的活动点子和内容，从内部员工选拔建立起一支兼职金融宣教自媒体运营队伍及"宣教抖音军团"，兼职运营人员多达168人。

这些成员在日常工作中重视案例及社会热点的收集工作，源源不断地创作有特色的宣传教育物料。自媒体团队贡献原创宣传素材共300多篇，并积累形成一套高质量的宣传教育素材库，全行均可在日常活动中参考及使用。此外，在持续做好线上宣传推广的基础上，针对不同线下场景、不同消费者的需求，招商银行组织专人走进校园、社区、工厂，开展群众喜闻乐见的线下活动，做到真正将金融知识送到消费者身边。

第二个例子是招商银行打造App7.0，如图8-5所示，这款产品通过招商银行专区、网点线上店、"招乎"服务号、客户经理连线、小程序、二维码扫码等实现App与线下服务网络的有效链接，形成服务闭环，实现了线上线下的服务互动。

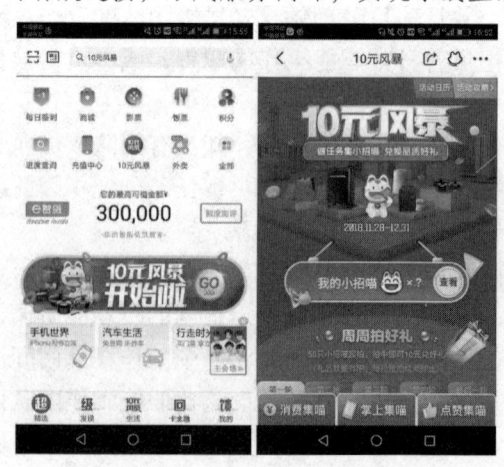

图8-5　招商银行App专区

（图片来源：http://news.mydrivers.com/1/595/595198.htm）

【案例分析】

第一个例子是兼职的"宣教抖音军团",所应用的团队形式是轻量级团队。团队特点是个体成员作为项目职能团队的联络员,同时向其职能经理和兼职的项目经理汇报。这个团队特点适用于项目的重要性和服务特点。

第二个例子是专职打造App7.0的产品团队,团队形式是创业团队。因为招商银行App7.0的创新突破性及产品对组织的重要性,需要有专职的具有决策自由度的团队来开展,适合于具有较高的复杂度的产品。

第三种团队形式是重量级团队。重量级团队的特点是核心团队成员之间有良好的沟通和协调。核心团队成员继续留在本身的(职能)部门,在图8-6中以方框表示。成员的年度绩效评估仍然由职能部门负责人来主导(职能部门负责人在每个方框顶部用标签"FM"表示)。然而,核心团队成员和项目经理全职参与项目中。新产品开发项目的工作人员在新产品开发工作期间向项目经理"虚线"汇报。

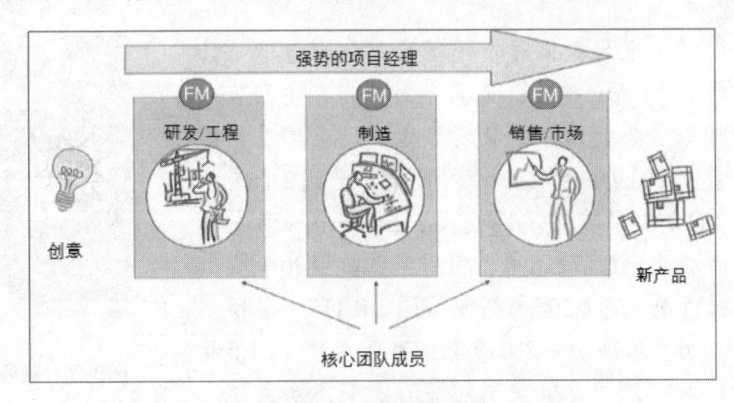

图8-6 重量级团队

通常情况下,重量级团队解决复杂的新产品,团队的规模数量可达几十人,每个人都有不同的职责。不管整个团队规模有多大,核心项目团队的人数仍然比较少(6~10人),目的是保持高效的决策。核心团队成员也可以在新产品开发项目中负责一个子团队的工作,尤其是这个子团队的工作处于专业化的职能中。重量级团队的核心成员是跨职能的,代表了将新产品创意转化为可销售产品所必需的所有职能部门。

与轻量级团队相比,重量级团队的项目负责人更有经验,也能决定项目的预算。重量级团队的项目经理往往是全职的管理岗位,不太可能参与具体的项目任务、技术设计和市场开发。项目的优先级和工作分配由项目负责人确定,而不是由职能经理确定。重量级团队的项目经理对成功实现项目成果负有主要责任,并直接汇报给公司的高级执行官。

重量级团队开展的新产品开发项目一般都在公司内部有较高的知名度，并得到职能经理的支持。正式的产品创新章程记录了团队的预期工作，并确定了项目工作的关键职能角色。虽然职能部门可能不愿意提供所在部门工作的领域的专家资源，职能部门经理的确会为支持重量级团队工作提供必要的资源。每个部门都会出几名团队成员从事新产品开发工作，在整个项目生命周期中发挥作用。此外，支持性职能部门（如法律、IT、客户服务等部门）可能也需要为重量级团队提供资源，从而保证新产品开发有全面的跨职能视角。

重量级团队的成员之间有良好的沟通与协调。为了实现新产品的成功上市，项目都有具体的预算与清晰的问责制。复杂的创新往往风险也很高，如新一代的产品和新平台项目都非常适合用重量级团队来开展工作。对于最激进的新产品开发项目，公司利用创业团队的形式来完成工作可能更合适。

案例8.3　银联云闪付的产品团队

案例背景

中国银联近年来积极搭建便民场景，全力打造"云闪付"（见图8-7）App建设，已具备对商超、便利店、交通出行、校园、公交地铁、菜场等重点场景标准化的接入能力。截至2019年年底，云闪付用户已逾2亿人。全国共建成962个移动支付示范商圈、1 685个移动支付示范街区，活动商户1 777万家。使用范围覆盖90个城市公交、21个城市地铁、1 105个高校园区、8 117个菜场、5 743家医院、6万家药店、2 017个企事业食堂、21.5万台自助售货终端、25.8万家便利店超市、43.8万家餐饮商户。

图8-7　银联云闪付

（图片来源：https://www.sohu.com/a/258305203_703025）

【案例分析】

银联云闪付团队所采用的是重量级团队。特点是核心团队成员之间有良好的沟通和协调，核心团队成员虽然继续留在本职能部门，但服从产品项目的协调。这样可以确保云闪付产品的资源调动更为顺畅，保证产品开发的顺利开展。

第四种团队形式是创业团队（又叫作老虎团队或自治团队）。创业团队在新产品的设计、开发和上市方面有很大的决策自由度。创业团队由主题专家和强势的项目经理（可能是高级管理人员）这类资深的员工组成，从事大型、复杂和高风险的新产品开发工作。

创业团队项目负责人对项目的范围、进度和预算负有全面责任，以及有项目组成员向其直接报告的职权。他通常会直接向CEO汇报。与轻量级团队不同，创业团队项目经理在公司中极具影响力，突破性新产品开发项目可能是项目经理在该公司退休前的最后一次任务。创业团队负责人在公司内备受尊重，在成功管理和产品开发方面已经具备良好的记录。

如图8-8所示，个体团队成员（用圆圈表示）已经不在自身部门（用小方框表示）。团队成员包括核心创业团队的负责人，代表来自各个部门的高层级的管理职能，以及主题专家和支持团队的成员。由于创业团队所开展的新产品开发项目很复杂，将有多个子团队向每个核心创业团队的负责人报告，而且项目可能涉及众多人员和第三方承包商。为了达到生产力和生产效率的最大化，团队成员往往是集中办公的，集中于一个与原组织分开的统一地点。

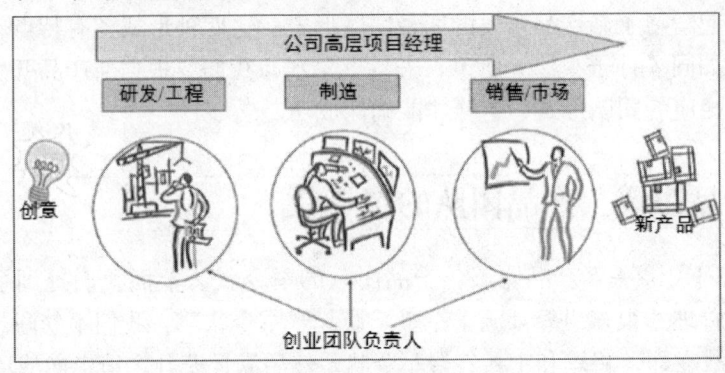

图8-8 创业团队

需要注意的是，创业团队很少用于非常复杂和激进的新产品开发项目。这类项目高度聚焦于结果。开发工作可能会由于项目的高水平的风险和大规模的不确定性而变得相当昂贵。创业团队开发的新产品可能导致公司的分拆或合资，这可能有几个原因。首先，由于开发新问世产品需要重大的技术和市场开发，而导致风险增加，因此这项工作要从母公司分离出来。其次，团队成员将自主看成核心价值并寻求独立性，用独特的解决方案来应对新产品的挑战。最后，当新产品推出时，创业团队成员将继续成为下一代产品开发团队的一部分，并为新产品提供初始化的客户服务。

关于创业团队的一个典型例子是，苹果公司团队宣布开发苹果计算机，作为对当时IBM刚刚发布的个人电脑的市场反应。苹果公司召集了一支专家团队，并与公司的其他职能部门分开。这支专家团队由当时苹果公司的CEO史蒂夫·乔布斯直接领导。团队位于不同的办公场所，享有高度的自主权，不受正常层级和官僚体制的约束。该项目具有战略的重要性，团队成员有最高级别的执行权：成员拥有项目的所有权，目的是有效应对竞争威胁。该团队高度聚焦最终结果，并以自治作为核心价值。

由上我们可以看出，新产品开发团队的形式需要根据创新工作的复杂度来进行灵活选择，不能拘泥于某一种单一形式。四种团队形式：职能工作团队、轻量级团队、重量级团队、创业团队各有特点，适合于不同的场景。新产品开发团队形式的应用场景如表8-1所示。

表8-1 新产品开发团队形式的应用场景

新产品开发组织结构	新产品开发项目类型			
	突破	平台	衍生	支持
职能工作团队		视情况	视情况	推荐
轻量级团队		推荐	推荐	视情况
重量级团队	视情况	推荐	推荐	
创业团队	推荐	N/A	N/A	

我们一起学习了新产品开发的四种团队形式。这四种形式各有特点，适合于不同的场景。如同《孙子兵法》所讲，夫兵形象水，我们要根据新产品开发工作的复杂度来选择相应的团队形式，这样才能确保成功。

8.3 产品协议：产品团队的军令状

下面我们来讲一下产品协议：产品团队的军令状。上面我们提到了《孙子兵法》，其实管理的很多思想都源于军事。谈起"军令状"，我们不禁联想起这样一幅画面：大战在即，将军和士兵签署军令状，然后满怀悲壮之情走向战场。

所以军令状其实是一种形式，目的是让团队有承诺。下面我们来看看产品协议是如何让新产品开发团队有承诺感的。

我们在概念测试的时候提到过：产品的核心是最终用户的利益，是产品创造的真正目的。然而，客户实际所购买的产品对象应包括：一项或多项核心利益（如彩电能满足视觉享受）、一种有形产品呈现（实体形式或服务顺序，如彩电本身的有形实体），以及从销售前的技术服务到退款保证（如彩电的售后服务等）。

所以说，客户购买的是整个延伸过的产品。新产品开发团队不能只聚焦于有形产品。产品的核心利益、正式产品和产品延伸都要进行设计与执行，并且营销和技术两大职能在这三者上都扮演重要的角色。

其中技术部门（包括制造、质量、采购等）的运作就像一个单位，而营销（销售、市场研究、推广、渠道管理等）也进行相同的事情。两大职能需要保持紧密接触，而且针对产品开发应完成的工作合并成一项协议，这就是产品协议，也就是我们所说的工作承诺。唯有两大职能的工作承诺和切实履行才能确保新产品的成功。

产品协议中有哪些内容呢？通常有以下四项内容。

第一，明确每一个职能将传递给顾客的最终产品是什么。假设我们正在开发一款新型的高尔夫球鞋。从技术上要做到的可能是"这双鞋可适用于所有的天气与所有的草皮"；从营销上要做到的可能是"至少中国、美国、欧洲、澳洲与南非80%的高尔夫职业选手曾经试用过"；从客户服务上要做到的可能是"免费呼叫中心电话服务的客户等候时间在5分钟之内，在今年能满足中国80%的来电客户，并能在第二年年底满足其他市场的来电客户"。

第二，与所有参与者交流产品创新章程的要点，帮助他们参与到产品开发的整合活动中去。还记得我们在先前讲过的产品创新章程吗？产品创新章程能清楚地指引整合团队，有助于使信息一致，并不断强化参与者所要奋斗的目标。另外，产品创新章程可以帮助团队更早接触客户，了解客户的真实需求。

第三，确定产品开发的周期。许多公司非常强调加快市场导入速度，而较好的产品定义能够有助于缩短开发时间。如果我们正在开发一款可穿戴设备，这款设备正进行原型生产。研发部门认为产品应该像一粒纽扣一样轻，而制造部门认为产品应像随身听那样重，如果不统一，我们可以想象会有多少开发时间被浪费，会有多少昂贵的步骤必须重做！所以在着手进入开发前，最好详细规定产品参数和周期。

第四，协议的要求是可以衡量的。这样才能让开发过程被管理。它告诉我们要做什么、何时且为什么做、如何做（如果被某些我们控制之外的力量所要求时）、由谁来做，并且或许最重要的是是否要做。西方有这样一句经典的俚语："如果你不知道你要到哪里去，任何一条路都将能带你到目的地。"所以如果没有产品协议所要求的衡量活动，你将不知道哪里会是你将要到达的地方。

案例8.4　齐鲁银行一纸协议推动"驴经济"

案例背景

阿胶因为有补血滋阴的功效，深受不少女性的喜爱。《神农本草经》记载，"阿胶，出东阿，故名阿胶"。人参、鹿茸和阿胶历来被誉为中药三宝。

毛驴养殖是阿胶之乡聊城的支柱产业，可发展进度一直快不起来。而就在近年来，齐鲁银行用一份协议推动"驴经济"，靠活体抵押给养殖户带来"创业活钱"。就靠这一纸金融协议，让毛驴养殖产业找到了发展的突破口。

这几年，全国毛驴出栏量每年下降近一成。阿胶价格节节上涨，原料驴皮却越来越少。山东省聊城市和东阿县纷纷出台补贴政策，鼓励毛驴养殖，可老百姓却积极不起来。

东阿县当地养驴专业合作社的负责人曾举了个例子："建一个300头的规模养殖场，需要100万元，买毛驴需要180万元，加起来就280万元，然后饲料的成本也够高，所以说以前养驴非常困难。"

听到这个市场痛点，齐鲁银行东阿支行主动找到当地政府，要求展开多方合作:"最关键的一个突破点,是我们扩大了金融产品……作社他们的这些活体抵押。"

活体抵押的"生态养殖贷",如图8-9所示,给养殖户带来了"创业活钱"。在这个基础上,齐鲁银行还设计出了从饲料到繁育等多个环节的贷款产品。

有了这个政策,养驴专业合作社放心了:"进驴有银行资金支持,建驴厂有政府补助,后期卖驴也有公司来回收,我们一切后顾之忧都没有了。"

为落实国家普惠金融政策,齐鲁银行早在2016年就成立了普惠金融部,并利用新成立部门决策链短、审批快的优势,有力支持了养驴产业链、蔬菜种植等特色经济的发展。

为了管控贷款风险,保险公司、畜牧局也先后加入进来,一个由齐鲁银行倡导发起,"政府、龙头企业、银行、合作社"四方参与的协议正式形成了。金融模式的创新,串起了聊城养驴产业从养殖到餐桌的闭环。

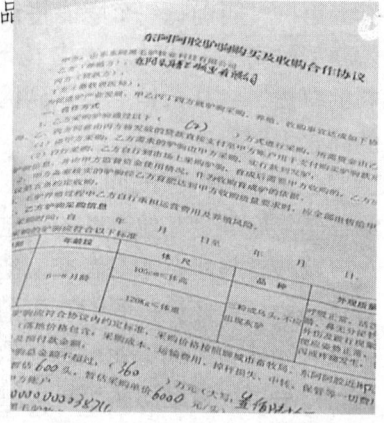

图8-9 齐鲁银行"生态养殖贷"合作协议

(图片来源:https://www.sohu.com/a/69425014_115589)

通过这个有效措施,聊城市发展起养驴专业合作社100多家,养殖规模从不足1万头发展到6万多头,充分保障了阿胶这一传统滋补圣品的市场供应,促进了当地的经济发展。齐鲁银行也因此荣获"2017年中国银行业好新闻"最佳示范奖。

【案例分析】

产品协议不仅仅是指团队内部的协议,因为产品协议的核心是要加强产品项目各利益相关方之间的紧密协作,从而为产品或服务的顺利上市,并能给客户带来利益保驾护航。

在这个方面,齐鲁银行创造性地开展金融模式创新,倡导发起由"政府、龙头企业、银行、合作社"四方参与的产品协议,为养驴专业合作社提供了充足的创业启动资金,又解决了他们后期的销路问题,使得政府、龙头企业、银行、合作社四个利益相关方各取所需,合作共赢,以一张小小的协议,拉动了整个阿胶产业的大经济,是银行业创新产品协议的典范。

案例8.5 浙商银行聚焦年轻化客群,打造金融平台经济

案例背景

未来的市场一定是属于创新者的,如何在竞争激烈的市场环境中突出重围是新时期商业银行需要思考的重要课题。对于银行业而言,认清当下的市场形势,顺势推出

符合新时期趋势的产品和服务，才是真正立足于激烈竞争的市场环境中的必经之路。

浙商银行围绕客群年轻化，创新推出与之配套的产品、商户、消费信贷、渠道、促销活动、授信政策、增值服务等一体化、综合化、年轻化的经营服务体系。一是针对细分年轻客户群设计推出年轻化产品；二是创新推出现金转出业务，做大教育、留学、旅游分期，探索推出婚庆、租房、驾校等分期产品；三是大力拓展餐饮、休闲娱乐、电影、读书教育、旅游等年轻人喜闻乐见的特惠收单商户；四是对接年轻人支付习惯，深化移动支付产品创新，加快推进"云闪付"、二维码支付等；五是加强年轻客户行外数据信息挖掘，优化完善授信政策及调额策略，研究不同区域市场差异化授信；六是加强年轻客户经营，优化产品权益、积分兑换、特惠促销、增值服务等策略，打造增值服务平台。如图8-10所示为浙商银行"反假小超人"知识问答活动。

同时，整合内外部资源，面向客户需求，打造产品、服务、场景一体化的综合金融服务平台。获客方面可以与电商、物流等拥有一定客户资源的企业合作，实现客户流量的导入。服务方面，打通物理网点、自助设备、网上银行、手机银行等不同服务渠道，形成渠道优势。产品方面，除实现线下产品线上化外，更加大力开发推出面向互联网客户的金融产品，形成一站式、多层次、全方位的产品销售平台。通过互联网技术整合各类商业场景，打造融合生产、消费、生活、投资、娱乐等全方位的平台，增强用户与银行的黏性。

图8-10 浙商银行"反假小超人"知识问答活动

（图片来源：https://www.meipian.cn/1ls8gkgd）

另外，积极寻求与各类机构开展合作，拓宽渠道，共同打造互联网金融生态圈。积极与电商、第三方支付机构等联合开发金融产品，借助其平台宣传推广自身品牌；积极探索与电信运营商和手机厂商的合作，实现营销前移，将自身金融产品和服务与手机捆绑，达到与客户的深度联结；与实体商户合作，快速获取各类应用场景；与金融同业合作，研发各类适合互联网特点的金融产品。通过合作融合，实现互利共赢。

【案例分析】

浙商银行的产品协议范围更大，其中涉及的相关方有电商、第三方支付机构、电信运营商、手机厂商、商户、金融同业等主要六方干系人。与这些相关方也是本着开放共赢的态度，加强紧密合作，共同服务年轻化客群，一起构建互利互惠的金融生态圈，致力于打造金融平台经济，促进行业进步和区域经济发展。

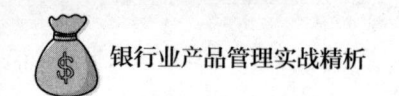

总结一下，产品协议是产品团队的军令状，核心目的是让团队有工作承诺，尤其是技术和营销两大职能的承诺。产品协议通常有四项内容：明确每个职能将传递给顾客的最终产品是什么；与所有参与者交流产品创新章程的要点；确定开发的周期；协议的要求是可衡量的。

8.4　产品文化：只论输赢，不论对错

产品文化是一个比较大的话题。构建成功创新团队的最重要方面之一是要了解组织和项目团队的文化。充分了解企业文化对团队生产力的影响，对项目负责人及高层管理者来说是很重要的。大量研究表明，团队文化是实现成功团队成果的关键要素之一。具有强有力团队文化的群组通常能像团队一样更有效地执行任务。

例如，如果组织文化是许可式的，哪怕是微小的任务也需要正式的书面请求，那就可能难以整合自治团队去设计高度不确定的、激进的新产品。相反，这种类型的项目工作需要有自由度的团队来从事开放式创新，并与各种最终用户联合共创。

文化定义为群组、部门或职能内的成员的一套共同的习俗和信仰。大多数企业表现出特定的文化，大型组织中的项目团队也展现出类似的统一特征和特点。在新产品开发中最成功的公司和团队，共同体现出一种高度聚焦于实施创新战略的文化，所有高绩效的新产品开发团队都反映了共同的文化。

团队文化可能反映了组织的整体文化，也可能团队接受了独立于母公司的共同行为习惯。此外，团队文化体现了团队成员的多样性，包括他们的技术、业务和专业知识，以及团队成员的鲜明个性。决定新产品开发团队文化的一些元素包括团队结构的基础、团队目的和领导力。

在高层管理者的全面指导下，团队领导的常规职责是正式的管理和团队培训。高绩效团队需要不断地改进和学习，从而提升项目团队的效率。

下面我们来看一个小故事。1908年，亨利·福特成功推出T型车。这种"廉价小汽车"外观看来有些笨，但轻巧又坚固，因此很快就风靡全美，成了国家的"吉祥物"。但随着社会的进步，T型车日益落伍。到1925年，已没有人买这种车了。后来福特公司不得不放弃T型车。

产品是效用功能和审美功能的统一，对消费者而言，它是至关重要的。当T型车的整体形象适应了那个时代人们的需求时，它就成为畅销物；当消费者的眼光改变，需要漂亮、舒适、高性能的汽车时，T型车便被无情地抛弃了。

福特的错误在于他忽视了一条人性规律：没有的时候，人们希望拥有；一旦拥有，就会追求更好的。产品也要与时俱进，去适应消费者不断变化的需求。产品文化其实就是"只论输赢，不论对错"。

大家都知道腾讯的企业文化的核心就是产品文化，腾讯的产品文化体现在三个

方面。

第一，产品化一切。"产品化"是腾讯做事、分工和发展的基本思路。每个项目团队都在以产品为单位相对独立地操作，可以独立地开发、独立地推广，以及拥有独立的渠道宣传等。

第二，面向用户、背靠老板。面向用户：腾讯做产品的指导思想是以用户为中心，员工绩效由用户满意度决定，而不因老板的意愿而改变。背靠老板：实际工作中，当遇到实在难以解决的问题时，员工才会去找老板给予帮助。

第三，产品体验和产品数据。对产品体验的极度关注一直是腾讯的风格，当一名员工做新产品研发的时候，从他的组长直至马化腾，都会去体验他的产品。另外，员工上班第一件事就是习惯性地去观察产品数据。如果数据出现问题，相关责任人立即组织修复数据，保证体验和使用流畅。

从上面两家公司的故事，我们可以看出，构建良好的产品文化是产品创新的重要一环。那如何构建好的产品文化呢？

第一，团队自主权。当新产品开发团队具有高度自主权时（尤其是当新产品工作复杂度和风险都较高时），团队的效能最高。对一个有效的跨职能新产品开发团队来说，富有成效的团队文化能使其成员跨越部门边界，获取到项目可交付成果所需的知识和信息。团队需要了解到与高管或项目负责人有不同的意见也是允许的，应鼓励团队成员分享不同的观点，从而获得最大可能的创新成功。

第二，容错机制。在寻求一种更好的做事方式时，团队成员需要有诚实犯错的自由。通常情况下，只有从错误中才能学到新知识。各个团队成员必须对工作环境感到舒适，从而充分参与到将新产品从创意到概念再到上市所需的任务中。

第三，团队平等。大多数人在平等的前提下会展现出最好的工作绩效。在新产品开发团队中，这意味着营销代表与研发工程师及运营代表拥有平等的投票权。无论级别或地位高低，新产品开发团队的成员应该明白：没有一个人被认为是"上级"或"下级"。自由的团队环境可以产生高效率。

以上我们分析了福特和腾讯两家公司的案例，再来看一家知名商业银行的产品文化。

案例8.6 农业银行的产品转型文化

案例背景

习近平总书记指出："当前中国处于近代以来最好的发展时期，世界处于百年未有之大变局。"变局中危和机并存。对银行业而言，金融科技的蓬勃发展，互联网企业及金融科技公司持续冲击银行业竞争格局，正逐步颠覆银行业务的发展模式，产品转型变革迫在眉睫。

"唯改革者进，唯创新者强，唯改革创新者胜。"农业银行深知转型的重要性，不转型就没有出路，而其中最重要的就是业务模式和产品的转型。要牢固梳理互联网思维，加快业务模式的互联网化，对支付的产品、服务进行供给侧结构性改革，提高服务客户的能力，打造具有互联网和大数据基因的新型信用卡发展模式和产品服务。

高度重视场景建设。场景化金融时代，金融与非金融业务已经实现全面融合，银行要能够实现金融在各类场景下的互通互联，将银行服务入口嵌入客户日常生活的各类情境中，让客户不再需要"跑银行"就能被银行感知需求、获取服务。"数字一代"根据自己的衣、食、住、行、玩等实际需求，随时随地挑选满足这些需求的便捷支付服务，商业银行需要将信用卡账户快速融入社交、旅游、消费等生活场景，实现支付服务在客户工作、生活场景中"即插即用"，提升用户使用便利性。这些便捷支付服务的背后，要求商业银行对整个企业乃至合作伙伴的资源进行线上、线下的深度整合，成为生态圈的营造者。

重塑客户全旅程。在金融科技的冲击下，银行的终极目标和底层逻辑依然是客户，科技只是将用户体验做到极致的手段。目前银行业已经开始运用科技手段洞察客户需求，但仅做好数据采集、360度画像、客户分群、千人千面、智能推送等还不足以实现从产品思维到客户思维的转变。未来，银行业必须以客户旅程为基础，加快整个客户旅程的数字化改造，向简约、极致方向快速创新和迭代，消灭服务的断点痛点，增强端到端的服务能力。谁真正以客户为中心，客户就会对谁不离不弃。图8-11为农业银行的燃梦信用卡。

图8-11　农业银行燃梦信用卡

（图片来源：https://m.sohu.com/a/275429194_737505）

挖掘数据的力量。理论和实践表明，银行业具有天然的大数据基因，例如信用卡面向海量用户，具有交易小、高频、快捷的特点，风险管控遵循大数法则，持卡人在申请环节及消费过程中提供了丰富的身份数据、交易行为数据等，是商业银行中应用数据量最大的业务。这些基本特征决定了信用卡必须用数据说话，数据是信用卡业务的"心脏",是信用卡经营的重要生产资料。以人工智能、机器学习等技术为生产力,推动信用卡各项业务进入数据化经营、智能化决策、自动化生产,这是信用卡业务不可逆转的发展趋势和规律。商业银行应充分利用信用卡数据密集型、数据依赖性业务的特征,遵循信用卡业务发展的本质规律,将大数据思维融入产品设计、业务运营、市场营销、客户服务、风险管理中,形成系统化、全流程的生态体系,充分发掘金融科技的爆发力,将业务流程带入快车道,实现跨越式发展。

【案例分析】

产品文化不仅仅包括产品开发的文化,产品文化实际上是一个组织对待产品的态度。农业银行的产品态度非常明确坚决,就是"转型"二字。"唯改革者进,唯创新者强,唯改革创新者胜。"不转型绝没有出路。

而转型的核心在于三点:高度重视场景建设、重塑客户全旅程、挖掘数据的力量。产品源于场景需求,客户需要全旅程的陪伴,需要从数据金矿中掘金。这三点不仅是农业银行,某种程度上说也是商业银行产品转型文化的共鸣。只有具备这种态度,才有可能赢得客户的尊重,让产品为市场所接受。

总结一下,我们列举了福特、腾讯和农业银行三个组织的故事,得出构建良好的产品文化是产品创新的重要一环的结论。产品文化是"只论输赢,不论对错"。构建良好的产品文化较重要的因素有:团队自主权、容错机制和团队平等。

总结

跨职能团队是新产品开发成功的必要条件。新产品开发团队是指具有互补技能的少数人员致力于一个共同的目的,设定一套绩效目标,并为此共同承担责任。

一共有四种类型的新产品开发项目的组织结构。

首先,职能工作团队非常适用于垂直整合的项目,这些项目通常需要深度的专业知识,以及本质上非常简单且对终端客户的影响很小。

其次,相对于职能工作团队,轻量级团队加强了协调和沟通。轻量级团队用于产品的增量改进、衍生。该团队可以由经验不那么丰富的项目领导来管理,而且他对团队成员并无管理职权。个体团队成员需要平衡日常工作和新产品开发项目的工作,而且持续从他们的职能经理处接受具体的工作指导。

再次，重量级团队针对新产品开发工作的所有工作活动建立良好的沟通和协调机制，经常应用于公司开发新平台产品。该项目涉及的技术或市场开发的复杂度极为显著，团队由跨职能的核心成员和相关的子团队组成。重量级团队领导通常经验丰富，管理与职能部门经理的关系，协调主题专家资源参与新产品开发的工作。但职能部门的经理也保留了大部分对项目团队成员的职权。

最后，创业团队也被称为自治团队，重视独立性而且往往是由高度熟练的专家集中办公完成激进的创新开发。该创业团队的项目可能导致公司分拆，但这由于新产品开发工作的高风险、高费用及复杂度并不经常发生。创业团队可在一个地点集中办公，与公司的基础运营相分离，并将由一位德高望重、有成就的高管来领导。

无论是团队结构还是团队领导都是基于项目的复杂度而选择的。新产品开发项目领导的职责跨度很大，从有限范围的工作，到最常见类型的新产品开发项目团队的创新经验（轻量级和重量级）都有。

第9章 工具与度量指标

本章内容

- 质量屋
- 原型法
- 智能制造
- 财务分析
- 销售预测
- 创新指标

本章案例

- 案例9.1 江苏银行普惠民生
- 案例9.2 广发银行应用原型法开发智能支付手环
- 案例9.3 建设银行与海尔智能制造开展账户出海合作
- 案例9.4 京东数科的"金融科技下半场"
- 案例9.5 比特币的创新扩散
- 案例9.6 世界再大,大不过一盘番茄炒蛋
- 案例9.7 拼多多应对新冠疫情能力背后的"低线"指标
- 案例9.8 商户拓展SaaS服务商的公司新产品指标

产品管理中有大量的研发、设计和管理工具。据美国PDMA报道,产品管理能力最佳的公司比一般公司在使用工具和方法方面多出30%~50%。在本章中,我们讨论三个被大多数行业所用的产品工具:质量屋、原型法和智能制造。

9.1 质量屋:需求转化的利器

首先来看一下质量功能部署(Quality Function Deployment,QFD)的工具,又被称为质量屋。QFD是一种用来将客户需要和需求与产品设计规范相连接的客户之声技术,它使用矩阵分析将市场需求与如何在新产品开发工作中实现该需求连接起来。质量屋由美国学者J.R.Hauser与D.Clausing于1988年提出,这个学科不断壮大,现在已经有世界QFD协会这样的组织进行专门的研究。

QFD主要用于新产品开发流程的第三阶段(概念评估阶段),使跨职能团队根据满足客户需要的产品特性和规格来形成产品概念。采用QFD的关键优势包括产品工作的多职能视角,以及最小化目标市场所期望设计特征的遗漏。质量屋结构如图9-1所示。

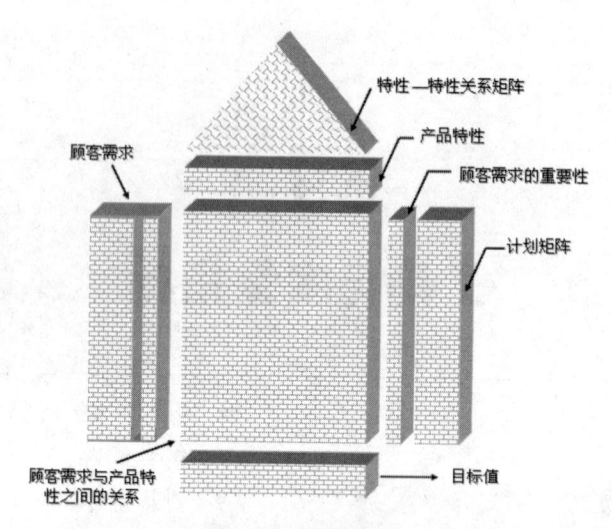

图9-1 质量屋结构

还是先看一个小例子,以帮助你更好地理解这个工具。现在白领对身体健康都很重视,因此健身的需求市场很大。假设我们一起开一家实体健身房,在同一个地区有两家竞争对手。我们应该如何分析需求,如何突出我们的优势,再如何逐步落实具体举措呢?我们一起来看看怎么用QFD实现需求到产品设计的转化。

第一步,构建需求行。我们可以运用客户之声收集客户的需求信息来构建矩阵的行。例如,有的客户反映健身房必须要有清洁的衣帽间,而有的客户认为有停车场是必需的,如图9-2所示。

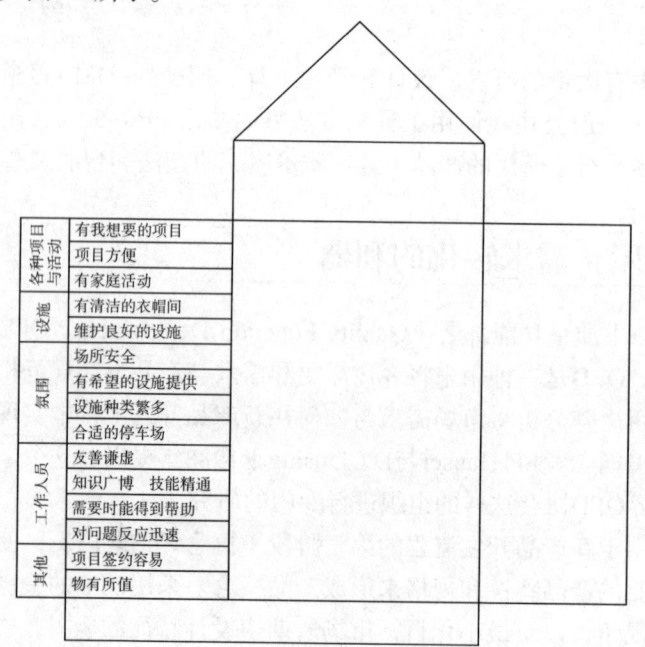

图9-2 构建质量屋需求行

第二步，构建技术列。需求一定要通过技术来实现，因此我们将技术实现要求填充矩阵的列。同时因为各种技术有相关性，所以我们将技术的相关性按照"非常强相关""强相关"和"弱相关"三种不同强度填充在QFD的屋顶。例如，项目时间（游泳项目）与设施时间（常温游泳池保持常温的时间）就是强相关的，如图9-3所示。

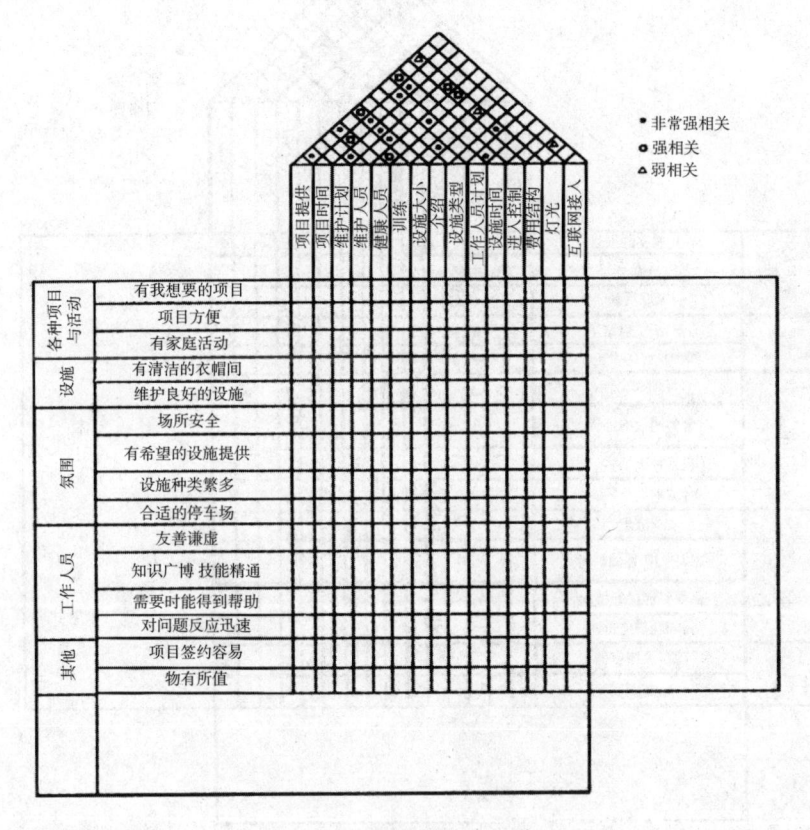

图9-3 构建质量屋技术列

第三步，连接需求与技术。现在已经有了客户需求和实现需求的技术了，我们接下来将这两者联系起来。如何联系呢？如图9-4所示，我们按照"非常强相关""强相关"和"弱相关"三种不同强度填充在QFD的"中腹"。例如，客户需求的"设施种类繁多"与技术要求的"设施种类"是强相关的，因为要满足"设施种类繁多"的需求，一定要有多种多样的设施。

第四步，竞争评估并分析卖点。既然同地区有竞争对手（A和B），就要分析一下竞争对手的情况，并选择我们的卖点。什么是卖点？就是我们区别于竞争对手的优势点。如何寻找卖点呢？首先，要对客户需求进行重要性的排序（1~5分，1分重要性最低，5分重要性最高）；其次，对竞争对手在该需求方面的表现进行评分（1~5分，1分表现最差，5分表现最好）。有了这两项信息后，卖点怎么选择呢？

我想你已经猜到了，就是"需求重要性高"与"竞争对手表现差"的交集点。例如，"有家庭活动"客户认为非常重要（重要性5分），且A和B两个竞争对手表现差（A表现1分、B表现3分），如图9-5所示。

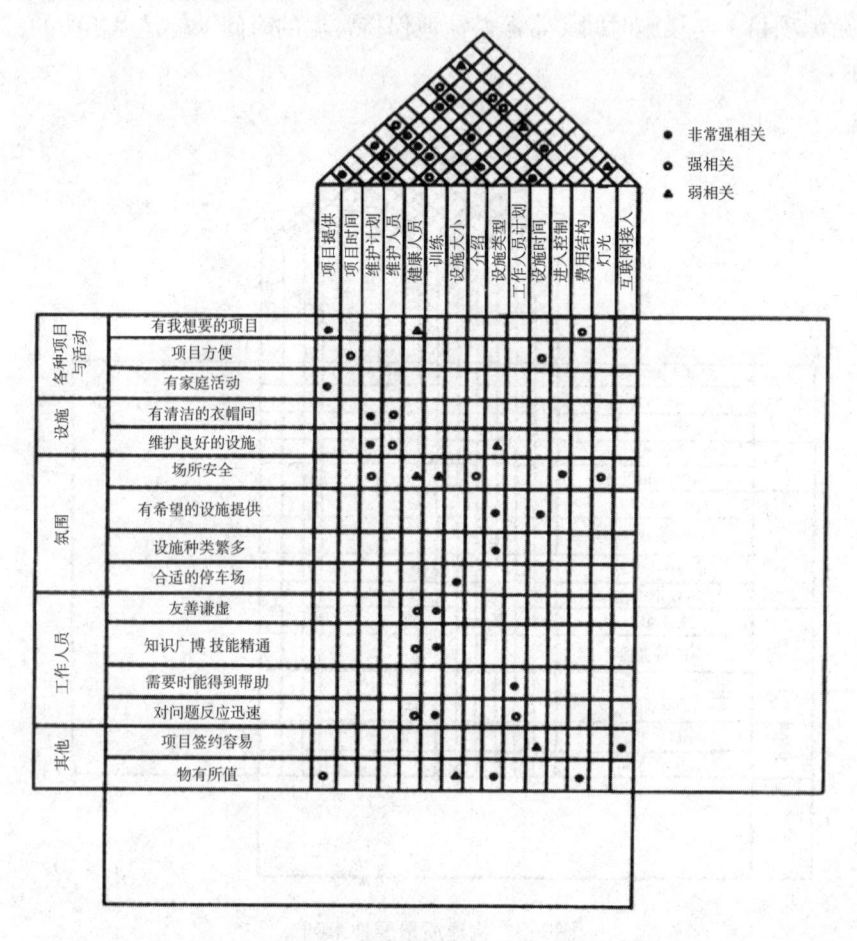

图9-4　质量屋需求与技术相关度

第五步，评价竞争对手的技术表现，并提出我方的技术目标。找到卖点后，最终还是要通过技术来进行实现。因此接下来我们要评价竞争对手的技术表现，按照纵向的技术列对A和B的技术表现进行打分（1~5分，1分表现最差，5分表现最好）。同时，提出我方的技术目标。在提出我方的技术目标时有一个关键原则：一定要找到我方的技术发力点。我们知道每个组织的资源都有限，所以不可能什么方面的技术都投入资源，使其尽善尽美，关键是找到我们的技术发力点。那如何找发力点呢？答案是"卖点"所决定的。那如何根据卖点找发力点呢？以"有家庭活动"这个卖点为例，去看这个需求行与哪些技术列有交叉，再去筛选有强相关的技术要求，这个技术项目就是我们要发力的点。在技术展开的一行上标记为"重点"，并且设定技术目标，如图9-6所示。

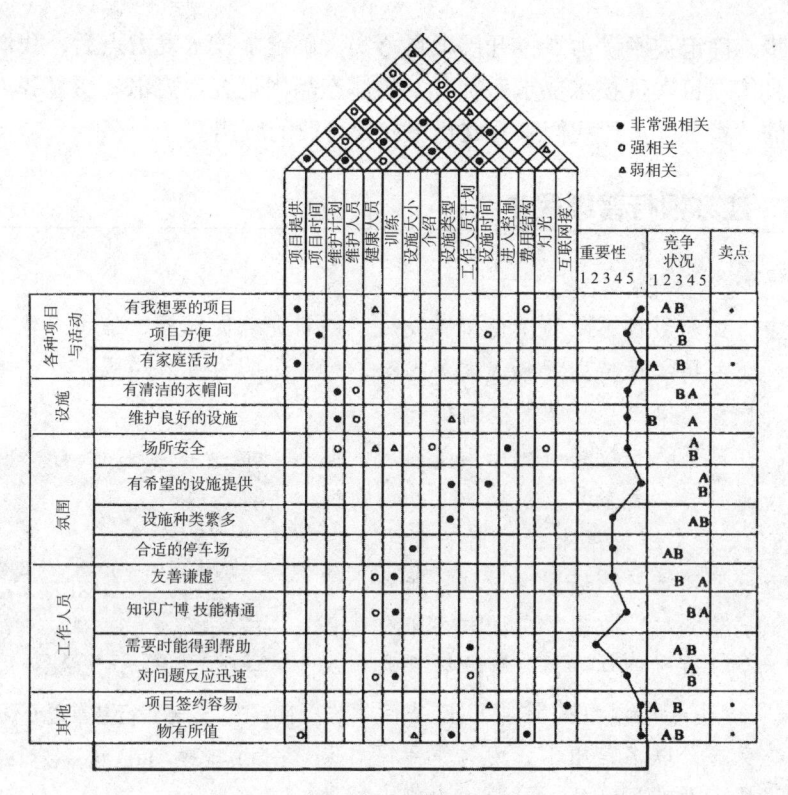

图9-5 质量屋竞争评估

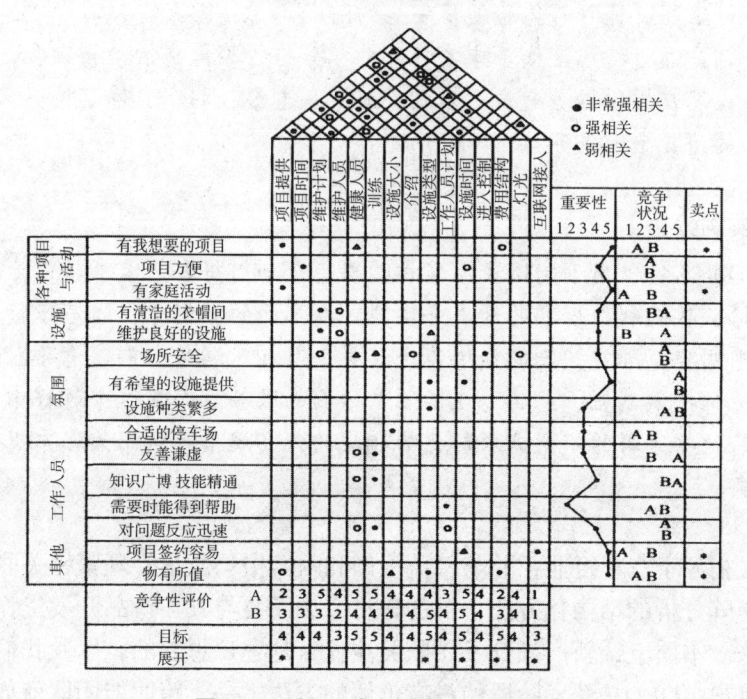

图9-6 质量屋竞争对手的技术表现

第六步，确定技术发力点，开展项目落实。确定了技术发力点后，我们就要立项，通过具体项目实现技术要求，并开发具体产品满足客户需求，彰显我方具有差异化优势的"卖点"。让我们来看质量屋在银行业的应用。

案例9.1　江苏银行普惠民生

案例背景

近年来，江苏银行不断转型变革谋发展，创新突破促提升，信用卡业务经营成果逐步呈现，并持续保持向好趋优发展态势，行业影响力逐步增强，初步实现了规模、效益、质量、渠道、品牌的全面提升。

其中，江苏银行积极响应居民消费需求，提升品质消费水平。一是聚焦支持城乡人才创新创业，打造了人才主题信用卡，同时不断下沉客群，通过互联网覆盖三四线城乡区域，服务小镇青年及相对弱势人群，推出了美团联名卡及慈善爱心认同主题卡（见图9-7），持续提升城乡居民生活水平；二是计划与共青团中央共同发行"青年守信荣誉"联名信用卡，为青年守信者提供专享金融服务及费用减免；三是大力推进移动便民支付示范工程，让百姓体验便捷安全的随心支付体验；四是通过将线上线下丰富多彩的积分打折等优惠活动相融合，不断推陈出新，为个人客户提供涵盖教育、培训、旅游、电影、购车、停车位、家装专项分期等多方面的消费金融服务。

图9-7　江苏银行慈善爱心认同主题卡
（图片来源：http://www.51kaxun.com/card/2099.html）

【案例分析】

QFD并不仅仅用于制造业，其核心思想是如何将客户需求转化为具体的产品规格，从而利用后期的开发来实现。在上面的案例中，江苏银行聚焦的需求点很明确，那就是三四线城市小镇青年及相对弱势人群、青年人这个客群，给他们提供创业、慈善、生活等多方面的服务。而在这个过程中，就涉及如何将这些客群的不同需求转化为相应的产品规格，从而为客户提供针对性的服务。

QFD最初源于汽车行业，并与精益生产和六西格玛质量管理紧密关联。QFD是一种采用矩阵分析的结构化方法，目的是将市场需要与其在产品开发工作中如何达成连接起来。本质上，新产品开发团队关注什么是客户想要的，以及我们将如何将其传递给客户。QFD是开发阶段的最有价值的方法之一，跨职能团队就如何针对顾客需求转化为能解决这些具体需求的产品规格和功能可以利用该工具达成一致。

许多团队发现构建完整的质量屋是有挑战性的，其中包括竞争分析、监管要求和基本的客户需求数据。虽然大多数企业不使用正式的质量功能展开结构，但是该技术被广泛应用来减少忽略重要的设计特征及新产品各种设计特性和属性的交互的可能。许多公司在实践中使用简单的清单，记录客户排序的产品最重要功能，然后确保这些设计元素纳入最终产品。

QFD提供了市场的"是什么"与工程设计的"如何做"的细节匹配，是促进新产品开发团队跨部门沟通的重要部分。市场与工程团队成员之间的关系往往有天然的矛盾。因为在这两个领域使用的术语是显著不同的。QFD提供市场和工程团队在根据质量设计规格设计满足客户需要的产品方面的合作机会。

总结一下，QFD是一种用来将客户需要和需求与产品设计规范相连接的客户之声技术，它使用矩阵分析将市场需求与需求实现手段连接起来。具体转化步骤共分为六步。通过系统化的步骤，实现了技术落地，同时使客户的需求得以有效实现。

9.2 原型法：所见即所得，所得即所见

原型法这个工具应用的行业范围非常广泛，在软件、汽车、制造、工程、航空航天等行业都有不同程度的应用。

什么是原型法呢？原型法是指在真正开发前通过提供期望产品的工作模型，以尽早获得用户需求反馈的方法。该模型通过为干系人提供测试、试验和提出反馈的机会来渐进细化需求。原型法是一种迭代的方法，包括原型的创建、评价和改进。这个过程一直持续到所获得的需求足够完整，并能进入需求过程的下一步，如图9-8所示。

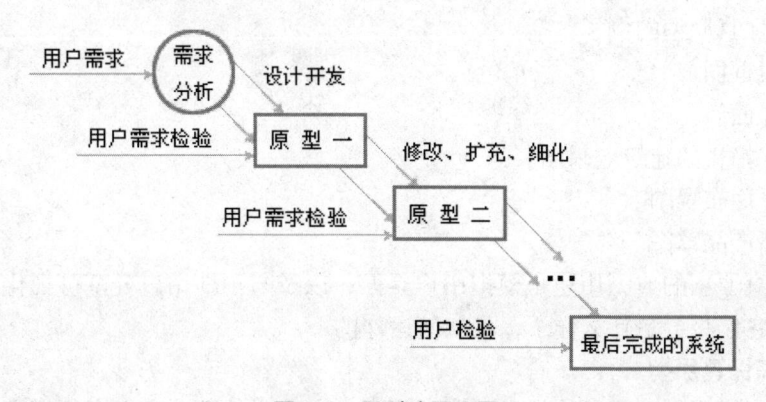

图9-8 原型法原理图

我们都知道"百闻不如一见"，人们往往相信看见的东西。基于看得见的东西，人才会有进一步的想法和反馈，从而使需求得以进一步细化，产品得以进一步

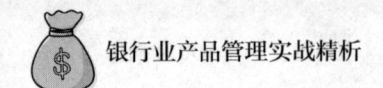

完善。这就是我们所说的"所见即所得,所得即所见"。通过这样一个正向的反馈环,产品开发才不是封闭的,而是由持续的客户参与的。

案例9.2　广发银行应用原型法开发智能支付手环

案例背景

近年来,广发银行信用卡中心发布的"广发G-Force"智能支付手环,集"运动健康、移动支付、公交地铁、慈善捐步"四大功能于一体,如图9-9所示。

目前G-Force手环已发展到二代产品,除原有的四大功能外,又加入了NFC非接感应技术,实现了共享单车、门禁系统、园区饭卡等非金融场景的应用。

图9-9　广发G-Force智能支付手环
(图片来源:http://shop.cgbchina.com.cn/mall/goods/1701180000321?itemCode=17011800000433)

【案例分析】

广发银行信用卡中心发布的G-Force智能支付手环是业界的一款创新产品。在开发这款产品时,广发银行利用原型法,利用产品概念、草图和样品不同的产品原型与用户进行交互,从而不断得到客户的反馈,实现"所见即所得"。

那么,原型法都有哪些类型呢?通常有两种类型:低保真原型和高保真原型。

1. 低保真原型

低保真原型用钢笔和纸、标记笔和白板完成,也可以通过建模工具在计算机上完成。低保真原型的例子包括:

- 线框图。
- 界面。
- 一幢楼的建筑效果图。
- 平面布置图。
- 新产品草图。

低保真原型的典型用途是模拟用户界面,以及与预期用户分享可视化的解决方案,说明它们将会是什么样子,是如何运作的。

2. 高保真原型

高保真原型创建了最终成品的表示形式,由客户使用。高保真原型通过迭代的方式完成。用户可以操作屏幕,输入一些数据,并在各个界面屏幕间切换来亲身体验产品将如何工作。

高保真原型有两种：抛弃式原型和演进式原型。
- ◎ 抛弃式原型：一旦界面被确认，就将被废弃的原型。这类似于由制造企业开发的产品原型。原型用来帮助定义产品制造的工具和过程，但原型本身不卖。
- ◎ 演进式原型：在过程中的实际成品，第一个经过检查的原型是最终产品最早的可工作版本。在每个后续的原型会上，更多的功能被添加或对现有的功能进行改进，以达到更高的质量水平。

原型法在各个行业中都有广泛的应用。例如，汽车行业正应用虚拟现实（VR）技术进行原型模拟。福特就在汽车设计过程中以多种方式利用虚拟现实技术。员工戴上虚拟现实头盔，并模拟观察一辆汽车，而他们的同事将可以通过大屏幕查看他们的体验，并且在多种不同条件下以虚拟方式去查看汽车。这种VR技术的应用其实就是原型法的一种。

3D打印技术其实也是一种原型技术，现在已经用于工业制造、航空航天等多个领域。3D打印的核心是首先在电脑中设计出新产品的数字化生产方案，这种方案可以实现可视化地呈现，包括产品的关键参数。相比传统制造方式，3D打印设计可以减少新产品的开发周期，并且能实现特殊的设计以改善产品。

总结一下，原型法是指在真正开发前通过提供期望产品的工作模型，以尽早获得用户需求反馈的方法。原型法的核心就是"所见即所得，所得即所见"。原型法有两种类型：低保真原型和高保真原型（其中高保真原型又可分为抛弃式原型和演进式原型）。VR技术和3D打印技术都是原型法在不同行业的应用。

9.3 智能制造：产品制造的未来趋势

制造技术是在新产品开发流程第五阶段——上市的重要工具。智能制造是人工智能与制造自动化的融合，是产品制造的未来发展趋势。

9.3.1 产品制造过程中的工程设计和分析工具

谈起智能制造，就不得不先聊聊制造自动化。制造自动化这个领域所涉及的面很广，下面介绍两种产品制造过程中的工程设计和分析工具。

9.3.1.1 计算机辅助工程和设计

计算机辅助工程（Computer Aided Engineer，CAE）定义为一种允许工程师使用电脑进行分析工作的技术，它与计算机辅助设计（Computer Aided Design，CAD）密切相关。例如，一些计算机辅助工程软件会帮助工程师了解有限元素应力分析、热分析和时序电路。CAE与CAD的主要区别是CAE涉及动态仿真，而CAD则是静态的工程设计工具。

如下图9-10显示的示例图像中，CAD程序的输出显示在图像的上半部分，而

CAE图像显示在下半部分。请注意，CAD图像表明了会进行突显齿轮与其他齿轮的间距和校准的研究，以及齿轮的齿数是否合适。CAD图像是静态的，并检验了新产品设计的物理工程特征。

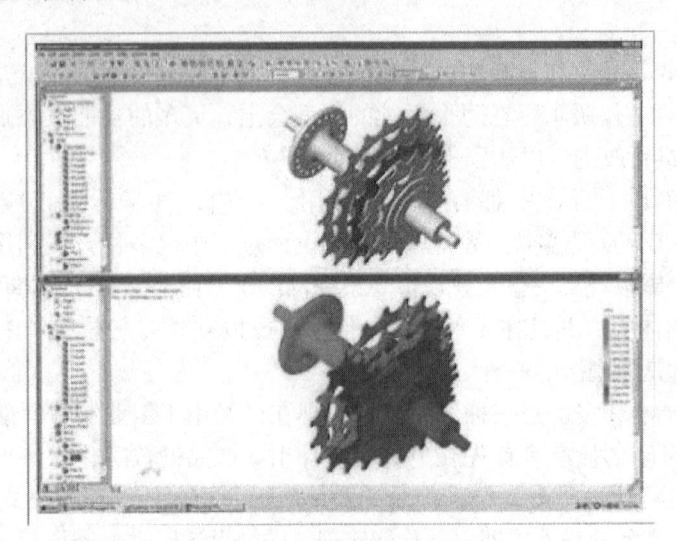

图9-10 计算机辅助设计示意图

CAE的分析是采用计算机来对齿轮运动中的压应力进行建模。当选择特定的齿轮时，颜色码显示了轮轴上的压应力。CAE通常是用来协助工程师设计新产品功能的动态模型。

9.3.1.2 仿真

仿真通常被认为是一种专业化的工程工具。新产品开发的仿真是在构建手动测试的昂贵原型前使用计算机进行设计性能的仿真。例如，现代的三维计算机辅助设计软件允许工程师和操作者模拟"走查"工厂，从而确保设备间隙是足够的，并能有效开展未来的维护工作。然而，请注意不要将采用计算机辅助设计软件的仿真与作为工程设计工具的计算机辅助设计本身相混淆。

仿真的例子还包括这些场景：当新电机添加到设施时的变压器电气负载，精益制造厂内的机器人布局，以及飞机驾驶舱仪表板设计的虚拟现实试验。仿真允许工程师、设计师和潜在客户以较低成本来检查新产品功能。利用计算机建模和仿真，我们就可以在项目后续阶段更昂贵的制造步骤实施前，进行产品设计的测试和完善。

9.3.2 智能制造的含义

智能制造是一种由智能机器和人类专家共同组成的人机一体化智能系统，它在制造过程中能进行智能活动，诸如分析、推理、判断、构思和决策等。通过人与智能机器的合作共事，去扩大、延伸和部分地取代人类专家在制造过程中的脑力劳动。它把制造自动化的概念进行更新，扩展到柔性化、智能化和高度集成化。

9.3.3 智能制造的特征

9.3.3.1 自律能力

自律能力是指收集与理解环境信息和自身的信息,并进行分析判断和规划自身行为的能力。具有自律能力的设备称为"智能机器","智能机器"在一定程度上表现出独立性、自主性和个性,甚至相互间还能协调运作与竞争。强有力的知识库和基于知识的模型是自律能力的基础。

9.3.3.2 人机一体化

人机一体化一方面突出人在制造系统中的核心地位,同时在智能机器的配合下,更好地发挥出人的潜能,使人机之间表现出一种平等共事、相互"理解"、相互协作的关系,使二者在不同的层次上各显其能,相辅相成。

9.3.3.3 虚拟现实技术

借助各种音像和传感装置,虚拟展示现实生活中的各种过程、物件等,并可以按照人们的意愿任意变化,这种人机结合的新一代智能界面,是智能制造的一个显著特征。

9.3.3.4 自组织与超柔性

智能制造系统中的各组成单元能够依据工作任务的需要,自行组成一种最佳结构,其柔性不仅表现在运行方式上,而且表现在结构形式上,所以称这种柔性为超柔性,如同很多人类专家组成的群体,具有生物特征。

9.3.3.5 学习能力与自我维护能力

能够在实践中不断地充实知识库,具有自学习功能。同时,在运行过程中自行诊断故障,并具备对故障自行排除、自行维护的能力。这种特征使智能制造系统能够自我优化并适应各种复杂的环境。

对于银行业的机构来说,虽然不直接参与智能制造,但由于智能制造是国家制造业发展的必经之路,商业银行需要洞察这种发展趋势,并找到相应的商机。下面我们来看一个善于利用智能制造商机,来打造自己独特金融产品的案例。

案例9.3　建设银行与海尔智能制造开展账户出海合作

案例背景

近年来,中国自主品牌的"出海之路"从寥寥星火转变为寻常步伐,从坎坷摸索到开疆拓土实现领先,逐步融入与深度塑造着全球化时代的跨国商业社会。

海尔就是其中一个"出海者"。海尔所把握的趋势之一是工业智能物联网。从互联网进入物联网,竞争的下半场将是抢占工业互联网制高点。而工业制造业的智能网联升级，将成为再次驱动社会经济大发展的核心要义。

作为物联网全场景解决方案的提供商，海尔集团旗下增长强劲的上市公司之一——海尔智家为工业智能物联网赋能的生态之道做出了示范。

2019年9月，海尔智家001号体验中心（见图9-11）开业。目前，海尔智家已在全国布局3 500+体验中心，位于上海的海尔智家001号体验中心刚开业1个月，营业额已接近2 000万。在海外，"海尔智家"仅4月份就在英国、巴基斯坦落地体验中心，5月曼谷海尔智慧家庭品牌店也开门纳客。海尔智家就是智能制造的典型案例。

而建设银行则与包括海尔、小米在内的二十余个机构开展了账户出海合作，在互联网平台嵌入建设银行II类、III类账户。而且，建设银行也在加快"出海"步伐，截至2019年，建设银行在境外设有26家一级机构，各级机构总数133家，覆盖24个国家和地区。24小时不间断的全球金融服务网络体系将初步建成。

图9-11 海尔智家001号体验中心

（图片来源：https://www.chinaweiyu.com/wynews/ 201909/16/256445.html）

【案例分析】

银行业与各个行业都有交集，因为每个行业都涉及资金。随着国家提出"中国制造2025"战略，智能制造就成为毋庸置疑的发展趋势。建设银行无疑善于洞察和把握这种趋势，与海尔开展账户出海合作，不仅为制造业企业提供了有力的金融服务，也有利于自身的"出海"布局，完善了全球金融服务网络体系。

总结一下，智能制造是人工智能与制造自动化的融合，是产品制造的未来发展趋势。制造自动化部分介绍了计算机辅助工程和设计与仿真两种技术。智能制造包括五种特征：自律能力、人机一体化、虚拟现实技术、自组织与超柔性、学习能力与自我维护能力。

9.4 新产品开发的财务分析

新产品开发项目通常是通过增加销售或扩大市场份额来提升公司的盈利能力。因此，财务指标是评估单个新产品的成功，以及与其他产品创意相比较的必要手段。

在第4章"产品组合管理"中我们已经讨论了新产品开发中一些常用的财务工具。例如，NPV、ROI、经济利润和项目收益等财务工具，通常都用来评估单个项目的可行性。其他工具，比如ATAR预测模型（在下文阐述）常用于在新产品开发中预估未来的销售量。

9.4.1 NPV

NPV是财务分析的常用方法，新产品开发的从业人员应熟悉制定这个指标。不少金融专家会推荐用于项目的NPV计算方法，因为它允许不同期限的项目在相同的基础上进行比较。在第4章中，已经讨论了使用NPV的项目优先级排序法。

NPV是通过比较未来的现金流来计算的，包括基于贴现的流入公司的收入和流出公司的花费。贴现是一种典型的财务处理方式，所有未来的现金流缩减（贴现）成今天的现值。由于通胀和利息增加了未来价值，折现因子用于以未来价值来评估现值。其核心理念是今天的钱比未来的钱更值钱。

举例来说，假设一颗糖果在今天的价格是1.00美元。由于通货膨胀，3年后要花费1.30美元购买相同的糖果（未来价值），因此糖果的折现值是1.00美元（与当前的价格一致）。如果我们在存款账户上投资1.00美元，其中支付利率完全等同于通货膨胀率。那么3年后，我们将获得1.30美元。在这种情形下，3年的折现率是1.30%。【现值（PV）的计算公式是 $PV = FV \cdot DF$，其中FV是未来价值，DF是折现因子。在上面糖果的简单例子中，PV = 1.00，FV = 1.30，因此 $DF \approx 0.769$。】

NPV考虑未来的收入和支出，将今天的钱扣除净未来价值。因此，项目的盈利能力可以预测，并与现值进行比较。对于具有不同生命周期和不同收入及成本流的各种类型的新产品开发项目，NPV都可用来评估其盈利能力。

例如，我们手中的现金流有限，但必须要做出未来购买糖果还是购买新铅笔的投资决策。根据市场研究，一支铅笔3年后预计需要支付300美分，因为有5支铅笔的需求，总的未来价值是1.50美元。已知折现率为0.769，3年后为能买5支铅笔，那么今天的投资是1.15美元。

NPV的分析允许进行权衡评估。例如，与购买5支铅笔的决策相反，为我们必须做出未来以1.20美元的成本只购买4支铅笔的决策，投资4支铅笔的现值是0.92美元，今天就直接节省了0.28美元。

当然，这个对糖果和铅笔进行比较的实例是很简单的，但其逻辑和推理的方法与新产品开发项目的财务评估是一致的。新产品开发工作的当前投资与产品的未来收入必须进行权衡评估，并且产品的未来收入也需持续地进行比较。当然，贴现因子对创新项目的NPV影响很大，因为预期通胀率和预期利率是NPV计算的关键变量。

除此之外，在数量和收入方面的销售预测也影响NPV的计算。近期产生的销售收入比远期产生的销售收入能更大程度地抵消当前的开发成本。同样，近期规划的营销和开发成本较项目生命周期后期所产生的费用能更大程度地抵消未来收入。如下面描述的ATAR预测模型等市场研究工具，可以增强销售预测的准确度。PLR的有效数据分析有助于提升产品开发成本估算的准确度。最后，公司的财务部门通常

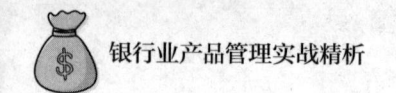

会针对项目NPV计算所推荐的贴现因子提供具体的指导意见。

请注意，NPV计算可以很容易地通过财务计算器自动执行，许多新产品开发项目的负责人会发现在电子数据表内建立NPV模型可以使他们迅速和不费力地评估新产品开发项目的权衡决策。例如，NPV计算的关键要素是贴现因子和项目生命周期，这种模型也允许运用到营销计划里，以便不费力地在整个产品生命周期内调整销售价格和数量。

需要注意的是，沉没成本（已经投入项目的资金）并没有考虑在NPV计算中，NPV计算主要用来检验和评估前行的决策。例如，汽车的过往购买成本与维修或购买不同车辆的前行选择是不相关的，在这种情形下，汽车的主人会将维修汽车的现值与购买新车的现值进行比较。

NPV是项目评估最常用的财务指标。正如第4章中所描述的，无论是新产品开发团队还是高层管理者，都必须在项目的早期谨慎使用这个工具。然而，几乎每一个企业和项目都需要如NPV这样的财务评价指标，目的是展示产品的可行性和产生公司利润的潜力。

9.4.2 ROI

另一个用来评估新产品开发项目可行性的常用财务指标是ROI。ROI是衡量项目盈利能力的标准测量手段，通常以新产品开发项目的全生命周期的贴现利润与初始投资（开发成本）的百分比来表示。

本质上来说，ROI是一家公司资产配置良好程度的指标。对于新产品开发的情况，ROI提供了项目比较的一致方法。基于开发资源（时间、金钱、人员和设备）中的投资，ROI用来评估哪个新产品开发项目是最有价值的。

举一个简单的例子，如果一家企业今天投资了100美元，一年后它的价值是110美元，ROI就是10%。由于很多项目都会持续好几年，因此大部分新产品开发项目都会考虑贴现成本和收益。在实践中，所有的投资费用都是从项目收益中减去，再除以项目投资的。因为未来的收入和成本都折算成现值，所以与NPV一样。要注意：适当的折现因子和ROI计算的时间周期必须一致地应用于新产品开发项目的比较。

通常公司会利用ROI作为创意筛选或项目早期阶段的门槛收益率。门槛收益率（或最小收益率），是公司指定的最低可接受ROI，新产品项目必须超过这个指标才能被批准为活跃的项目。公司将针对可比较的项目风险投资，基于期望的ROI来设置门槛收益率。

实战技巧：新产品财务分析应注意的关键数据

新产品在做财务分析时，应注意一些关键数据，这对于得到正确的财务分析决策是很重要的。

◎ **经济环境**：大多数公司都会持续预测经济的走向，但是有时团队成员间的期望会有所不同。如果这样，应注意到这些差异。

◎ **市场或产品类别**：对于新产品的"市场"要小心地定义，要注意增长率的假设。此外，总市场的销售量与销售额也要记录下来。

◎ **产品寿命**：新产品的经济分析的寿命数通常由公司政策决定，但任何特殊的项目可能是例外。

◎ **定价**：从最终用户的标价开始，通过扣掉各种各样的贸易折扣之后得到工厂出货价格，然后再扣除任何计划的特殊折扣与津贴。单位产品的平均售价即计算财务报表所使用的定价。

◎ **生产成本**：这个项目有什么特别的对象需要"制造"吗？实际预期成本直接用于财务报表上。注明工厂的负担成本率。

◎ **未来的特别支出**：这些通常包括工厂设备、许可权、一次性市场导入的营销成本、对供应商预先支付的费用、产品改良与生产线延伸的进一步研发支出，以及当销售量增长时工厂扩充的费用。上述都是投资支出。

◎ **运营费用**：这部分估计的金额包括现金、存货和支持销货所需的应收账款。这些资金要怎么收回？

◎ **设定的管理费用**：有些公司只分派"直接的"管理费用——这些通常是由新产品所引起的（像一个扩充的销售团队或一个新的质量函数）。其他公司则认为管理费用是销售量的函数且会随着销售量增加而增加，这部分应该包括在内。

◎ **调拨销售的净损失**：当新产品开始导入市场销售时，就会夺取原有产品的销售量，产生销售的损失。这个损失必须从收入中扣除。部分专家相信如果我们不做，其他竞争对手也将做，因此他们会忽略它。

◎ **未来放弃项目的成本/损益**：项目持续进行可能累积设备、人员、专利权、存货等。如果现在放弃了，处置这些资产将产生收入，这些钱也就是放弃这个项目真正的成本（机会成本）。

◎ **课税抵减**：政府提供租税优惠，激励符合大众利益的投资活动。

◎ **设定的折旧率**：由管理层所制定的政策来决定。

◎ **政府的所得税率**：公司提供的数字，由法令规定。

◎ **期望回报率**：这个数据代表了需要使用的现金流的贴现率，它可能具有复杂性与政治性。理论上，这个数字是加权平均的资金成本，其中包括了资金的三种来源——负债、优先股及留存收益。通常这仅是公司的当期借款率。它也可能是当期运营的收益率。新产品经理希望这个数字低些，而保守的财务人员可能希望这个数字高些。实际上这个数字的值通常是一个武断的决策。不论期望回报率是高还是低，下一步要做的是，将这个项目的风险与公司其他活动的风险进行比较。

◎ **敏感度测试**：在使用原始数据完成一项分析之后，对于一些敏感的因素，分析员会使用其他数字并重新计算利润。
- ◎ **战略要素**：在评估新产品计划时，重要的决策能够促进它们的战略。在特定战略之下，可能会准许开发低利润的产品。
- ◎ **基本销售额和成本预测**：这部分提供原始的输入数据——如销售量、每单位的直接生产成本，以及销售总支出。
- ◎ **最低资金预期回报率**：有时，公司会选择非回报率变量作为最低预期成本回报率的变量。
- ◎ **重要的权变因素**：一家公司可能设定一项或多项权变因素来进行每次的分析工作，并非随意地指定。
- ◎ **其他特别的假设或准则**：这是个典型的混合栏目，需要考虑综合情况。
- ◎ **隐藏在关键数据表格的沉没成本**：沉没成本不应该纳入这项分析。沉没的资金就是一去不回的。在此时，不论项目是继续进行还是放弃，这些投入的资金都无法回收。
- ◎ **残值**：NPV公式有时要求提供在产品生命周期结束时销售这个产品的废弃设备所获的金额。这些金额通常很小，建议忽略不计。
- ◎ **产品组合**：如果这个新产品是整个项目组合的一部分并扮演着重要的角色，那么应该考虑这个角色的价值。这个新项目可能是高风险的，但是为了平衡公司内大量的低风险项目，仍然值得进行。

9.4.3 经济利润

经济利润也称经济附加值（Economic Value Added，EVA），是另一种衡量价值的财务测量手段。这种手段同时考虑项目给组织所增加的价值，以及选择一个项目而不是另一个项目的机会成本。因此，经济利润代表了在资金成本之上所增加的价值，而这些钱本可以用在其他的投资选择上。

与用于NPV计算中的利率（折现因子）相似，经济利润将投资资本的机会成本看作投资相关的风险。然而，不像ROI是用百分比来衡量的项目回报，经济利润是一个资金指标，反映了企业的盈利能力和业务规模。销售增长归因于新产品的导入，而新产品的导入几乎总需要在固定资产和库存方面的追加投资。经济利润有助于确定这样的投资是否可以通过赚得的利润来证明。

例如，一个对公司有1 000万美元经济利润贡献的新产品开发项目拥有：
- ◎ 完成项目需要支付的所有现金流出。
- ◎ 以公司实际资金成本的形式提供所有流出现金。
- ◎ 产生流入公司的1 000万美元追加资金。

举个例子，一个新产品项目产生税后1 200万美元的净利润，但需要大约3 100万美元的资金支出，因为公司可以6.5%的利率对这笔钱进行投资，资金成本是201.5（3 100×0.065）万美元。从税后净利润中扣除资金成本后，企业增加的价值仅为998.5万美元。

经济利润计算比NPV和ROI更复杂，因此，项目团队应咨询组织的PMO、财务部门来得到指导。而更复杂的是，当结合了投资回报的概念与利润量时，经济效益是新产品开发项目的有利测量手段。特别是，经济利润有助于评估创新项目和其他业务活动的权衡。

> **小·贴士**
>
> ### 运用财务分析的生命周期概念
>
> 　　公司有时会因为将财务分析集中在某个特定的时点上而出错（或许在阶段—关卡系统的某一阶段）。那一时点通常是全面性筛选阶段（项目组合的筛选）。另一个时点较晚，接近必须做出一些重要的财务承诺的时间，如建造工厂或批准一个昂贵的营销导入计划等。经理人在一个没有回报的时点进行商讨。这确实是一道阶段性的关卡、一个障碍，而新产品经理可能要花数周的时间来准备这个会议。
>
> 　　但这两个时点都被夸大了。技术性工作能够在公司未承诺进行庞大技术性支出之前就展开。通常可以通过将早期生产外包或通过建立一个大型向导系统以供受限定的首次展示进行试验营销，来避免建造工厂。
>
> 　　对经理人而言，更好的对策是将其项目视为一个有生命的对象——一条在项目的生命周期中逐渐创立的财务基线（Bottom Line），它绝不可能完全准确，甚至在新产品市场导入之后，也是如此（见图9-12）。而对于管理层来说，只有当他们相信技术与市场机会必须相互匹配，且符合公司的战略与目标时，产品创新章程才会被接受。产品创新章程描述出一个我们未能确定最终分数但我们应该能赢的主场赛事。概念测试的结果也不能确保财务上的成功，但它能告诉我们还有一个步骤需要去做——有意图的用户也赞同我们的产品概念——一些他们需要的东西，并想要试用。早期产品原型的实地使用测试亦不能确保一定能成功，但可以说有意愿的用户喜欢他们所看到的事物。广告代理商或销售经理也不能保证成功，但他们能评估该产品是否会吸引潜在最终用户的注意与试用。如果它传递给最终用户，产品就能卖得出去，且如果能够制造出消费者想要的产品，那么该产品就能获利。在任何时点我们所做的最好的事情就是，询问新产品迄今的进展是否与成功的生命周期一致。
>
> 　　这与财务分析是相同的：我们当前所处的财务阶段，与我们所知道的事物与利润目标一致吗？有理由改变我们过去所做的预测吗？现今有些财务分析员较偏好在一开始就建立完整的财务报表，然后依据这些报表对照项目进度加以比较。起初有许多地方是空白的，当我们对情况有所了解时，就能将

数据填入空格中。但在报表最底部的利润金额不是当前的预测，而是当前的目标。只要目前的进展与目标相符，我们就能继续进行下去。一次成功的可乐的口味测试，也不会是消费者最终试用的可靠指标。如果我们能使消费者愿意试用该产品，则口味测试可以说是让我们能够使消费者重复购买该产品的机会。

财务分析的生命周期概念使我们能避免建立单凭一次销售预测或成本预测做出决策的制度。

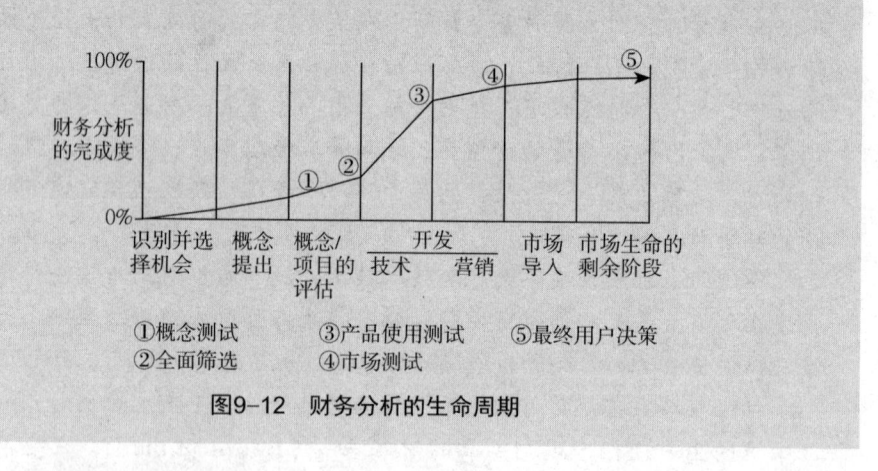

图9-12 财务分析的生命周期

9.4.4 项目收益

项目收益也称回报，是另一种用于简单评估项目回报的财务工具。项目回收期是收回开发成本的时间，收益是一种简单的回报计算，不考虑资金的时间价值，因此，财务专家们相较于回收期分析而言，普遍更喜欢NPV和ROI。另外，简单的项目收益关系是很容易理解的，因此可用于当前产品的收入或利润用来资助下一代产品的情形。

收益分析决定了需要多少时间（通常以月或年的单位来计）新产品应计收益（收入或利润）将超过投资（开发）成本。图9-13说明了新产品开发项目的收益分析，由于此图表绘制了项目随时间（X轴）的累计回报（Y轴），因此它通常被称为"项目回报图"（Program Return Map）。

图9-13中时间轴最先开始的线表示新产品开发成本。由于新产品是在第12个月上市的，在这一时间点上开发成本大幅下降。因此，在过去12个月的累计开发成本达到3 600万美元，曲线就渐趋平缓了。

产品一旦上市后，新产品的收入就开始增加（时间轴上第三条开始的线）。简单的利润计算公式是从销售收入（时间轴上第二条开始的线）中减去开发成本。请注意第28个月这个时间点，新产品利润等于累计开发成本（3 600万美元）。这个点通常被称为"盈亏平衡点"或"盈亏平衡时间"。

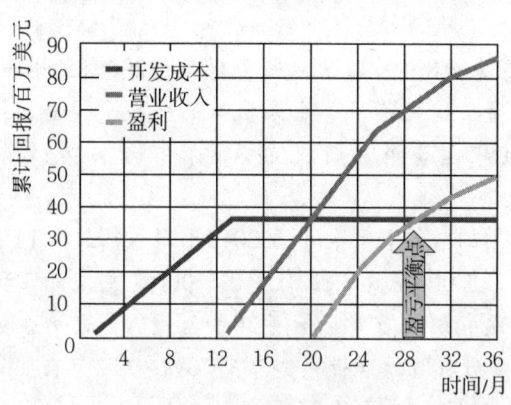

图9-13 项目回报图

项目回报图可以帮助高层管理者和组合管理团队进行项目选择的决策。此外，许多规模较小的公司依靠现有产品的现金流来资助下一代产品的开发工作。因为利润超过了盈亏平衡点后的成本，对下一代产品进行调查的时机可以进行优化。

在其他情形下，高层管理者可能会确立回报期的内部需求。例如，针对简单的产品改进项目，往往需要盈亏平衡点不到两年。而更复杂的开发项目通过包含贴现的现金流，可以扩展项目回报图的应用。此外，当收入和开发成本平衡时（图9-13的第28个月），公司在投资下一代产品时可能会觉得更安全。

当然，回报周期越短，对公司来说就越好，因为能越快回收开发成本。然而，高层管理者必须认可回报更短的简单产品改进与更复杂、长期的开发工作之间的平衡，复杂和长期的开发工作通常会带来激进的、使市场变化的创新。

案例9.4　京东数科的"金融科技下半场"

案例背景

近年来，京东数科CEO陈生强多次提到"金融科技下半场"，而京东数科在"金融科技下半场"推出的产品可以概括为"一个系统、三大解决方案"：一个系统是构建一个开放的金融科技操作系统，三大解决方案是金融数字化解决方案T1、信用卡数字化运营解决方案和智能资管科技平台JT2，三大解决方案构成了一个系统的主要内容。

T1主要向金融机构提供涵盖IaaS、PaaS、DaaS、FaaS在内的整体数字化解决方案，包括针对科技能力建设的技术中台解决方案、数据中台解决方案，以及针对开放能力建设的移动开发平台解决方案和开放平台解决方案等。

信用卡数字化运营解决方案是围绕信用卡行业在效率、场景、流动性三个方面的诉求，通过客户洞察和风险管理，帮助银行提升获客转化效率；通过场景化经营维持客户活跃度，提升资产质量；助力银行激活信贷资产，充分发挥银行效率和场景的优势。

在资管领域，JT2上线8个月以来，服务机构近200家，用户数量超过1 300个，覆盖银行、券商、基金、信托等多类金融机构的交易、投资、托管、研究等环节。而且京东数科已经在中国香港注册成立资管科技子公司，拟开展资管科技境外服务。

根据京东数科提供的数据显示，截至2019年11月19日，T1已累计支持合作银行的零售业务交易规模近5 000亿元，保有量破1 000亿元，并实现连续18个月的高速增长；信用卡数字化运营解决方案已服务30余家银行，助力金融机构风险识别能力提升50%，审批时效提升80%，审批人力节省70%；JT2与农业银行携手打造的"智能托管平台"，上线首周交易量达1.04亿元。

通过对比可以发现，与网银在线、京东钱包、京东白条等"金融科技上半场"的产品和服务不用，"一个系统、三大解决方案"的着力点明显从C端转向了B端，从单一的产品和服务的提供者转向了技术输出、成果共享的合作者，而且与通常所说的"科技赋能金融"不同的是，"一个系统、三大解决方案"更强调的是科技的共享、共建和开放，而不仅是单方面的赋能。

利用数字技术，携手市场机构打破自我封闭，实现效率最优、成本最优，共同创造更大的产业价值和客户价值，这可能就是京东数科"金融科技下半场"的正确打开方式。

【案例分析】

上面的案例背景中分析了京东数科的"一个系统、三大解决方案"，这些金融科技的产品与服务更多侧重在技术输出、成果共享，取得了不错的财务表现。

这些财务的评价维度包括NPV、ROI和投资回收期等几个方面。

9.5 新产品开发的销售预测

到目前为止描述的财务指标（NPV、ROI、经济利润和项目收益）都依赖于正确的新产品销售预测。然而，预测未来的成本通常比预测销售额（用来估算未来收入）更精确。如上所述，当使用历史数据或参数模型时，费用可以更高的精度来估算。另外，新产品的销售额由于各种市场因素的影响会更不确定。

新问世产品或新公司产品的销售额可以使用市场研究方法来预估。当使用乐观、平均和悲观的销售估算时，预测通常包含一定的错误范围。当产品通过结构化的新产品开发流程阶段向前推进时，销售预测的错误范围和制造产品的成本范围都将缩减。

许多新产品是衍生产品、增强产品或现有产品的改进，在这些情形中的销售预测是简单易懂的，因为未来的销售量可以在现有的数据基础上进行扩展。这与先前描述的历史成本估算过程很相似。例如，对于能提供更大容量的改进型存储产品，新产品开发团队可以预估未来的销售量将以5%的价格提升来保持稳定的增长。在其他情况下，产品的销售额可以用基于市场上采用相似产品的实际销售数据模型来进行预测。

9.5.1 创新扩散

科学来讲，"扩散"这个词意味着一种物质从单一点进行扩展。例如，喷雾剂从源头扩散到整个房间。同样，创新扩散定义为随着时间推移或各类型用户接受产品的过程，创新的使用在市场群体中进行扩散。

创新扩散有时也称消费者采纳过程。埃弗里特·罗杰在1962年首次引入了"创新扩散"这个名词。罗杰确定了将创意扩散到具体群体的四个要素：

◎ 创新或创意本身。
◎ 沟通路径。
◎ 时间。
◎ 社会系统。

对于新产品开发来说，这四个要素是通过完全不知道产品存在的消费者，但后来变成产品的普通用户来实现的。这种转变发生于这种情况：消费者首先通过自己社交系统的沟通渠道知道该产品，并在产品对他来说可购得时，愿意冒着风险去尝试产品，然后喜欢上产品，并定期重复购买。

在这里，新产品营销已经转变为瞄准的早期消费者采用产品的过程。这与早期的营销方法形成了鲜明对比，先前的营销方法强调拥有较高品牌忠诚度的重要用户，或者大众市场的方法用于新产品中。创新扩散背后的理论鼓励新产品开发团队的营销专家要识别产品的早期采用者。

创新扩散最相关的领域是新产品如何进入市场。我们回顾一下，第3章描述了颠覆式创新，即使产品绩效比市场标准要低，边缘市场的消费者仍愿意接受新产品，因为产品在其他维度上提供了更多方便的特性。在创新扩散理论的组成中，这些客户被称为"创新者"。这样的消费者愿意承担风险，认为第一个拥有新产品是有价值的。该模型表明创新者只是市场群体的一小部分，约占2.5%。

作为"早期采用者"，下一类消费者约占市场群体的13.5%。创新扩散理论表明，当有约15%~20%的市场用户采用了新产品，该产品就变成市场的标准而被接受。当达到这个转折点时，早期的多数接受者（大约占市场群体总数的占34%）都会认为采用新产品不会有实质性的风险。接下来，随后一部分用户（大约占市场群体总数的34%）会追随早期采用者，这些人的特点是会等到大部分同伴采用创新产

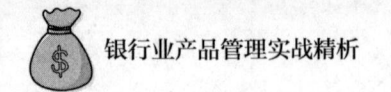

品后才会使用。

称为"落后者"的那一组占市场群体的16%,他们对新产品创新持怀疑态度。这些消费者可能永远不会采用新产品或非常不愿意采用。落后者可能没有经济来源购买产品,或者他们所住社区并没有能使用该产品的基础设施。此外,这组消费者需要更高程度的保障才能有效使用该产品,因此他们的决策周期非常长。例如,当按键式电话取代拨号电话,市场落后者包括那些不经常采用新技术的老年人,因为他们很难理解这些新技术。另外,基础设施薄弱的国家(地区)落后者不会采用按键式电话,因为最新的技术对他们来说不可用。

基于创新应用时期的使用者类别,如图9-14所示。

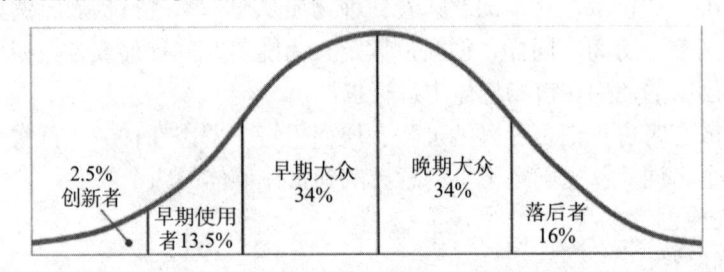

图9-14 基于创新应用时期的使用者类别

我们应注意到,许多公司将根据创新扩散模型所识别的不同市场细分来确定新产品的营销阶段。许多产品的生命周期遵循高斯分布,类似于创新扩散模型所展示的。因此,当晚期大众最终成为产品的常规用户时,创新产品就可以达到成熟。因此,新产品开发者使用该模型既可以出于营销的目的,也可以为下一代产品开发项目进行规划。

案例9.5 比特币的创新扩散

💰 案例背景

习近平总书记在中央政治局第十八次集体学习时强调,"把区块链作为核心技术自主创新的重要突破口","加快推动区块链技术和产业创新发展"。作为分布式记账(Distributed Ledger Technology,DLT)系统的核心技术,区块链被认为在金融、物联网、大数据、商业贸易、征信、资产管理等众多领域,拥有广泛的应用前景。仅2019年11月披露的区块链应用项目就有57个,环比增长约110%,区块链项目集中涌向了金融"高速公路",正因为如此,行业参与者更需要稳步慢行,防止"碰擦"。

作为区块链在金融行业的典型应用——数字货币,也正在经历着从创新者(2.5%)到早期使用者(13.5%)的转变。目前,主流的数字货币是以比特币为代表的"去中心化"数字货币。从表9-1近10年的价格变动表,可以看出比特币的过山车式的变化。

表9-1　比特币近10年价格变动表

序号	时间	价格（单位：美元）	
1	2009年1月3日	0	
2	2009年10月5日	0.001	↑
3	2010年5月22日	0.005	↑
4	2010年11月6日	0.5	↑
5	2011年2月	1	↑
6	2011年6月8日	31.9	↑
7	2012年2月	2	↓
8	2012年12月6日	13.69	↑
9	2013年1月	265	↑
10	2013年12月	1 147	↑
11	2015年8月	200	↓
12	2016年12月	1 000	↑
13	2017年1月11日	789	↓
14	2017年12月18日	18 674	↑
15	2018年2月7日	8 100	↓
16	2018年10月31日	6 280.19	↓

2009年1月3日，在"比特币创始人"中本聪挖出第一枚比特币时，比特币还没有价格。所以，这时第一枚比特币的价格为0美元。2009年10月5日，美国比特币论坛用户根据计算机运行电量、美国居民平均用电成本计算出1美元=1 309枚比特币，此计算方法得到了论坛创始人的支持，给了他5 050枚比特币，该用户随后支付版主5.05美元。这是最早的有记录的比特币价格。

2010年5月22日，诞生了史上最贵的比萨。美国佛罗里达州的程序员拉兹罗·翰耶斯用10 000枚比特币交换了两张价值25美元的棒约翰比萨券。这笔交易诞生了比特币世界第一个公允价格。后来为了纪念这历史性的时刻，人们把5月22日定为比特币比萨日。

2010年11月6日，"电驴之父"杰德·麦凯莱布创建了一家叫MTGox的比特币交易平台。这个交易平台在后来很快成为全球最大的比特币交易平台。MTGox成立之时，比特币的价格是0.5美元。

2010年到2011年，由于价格基数小，加上投资者们的不断涌入，比特币的价格一直在不停上涨，到2011年2月，比特币价格正式与美元等价。2011年3月到2011年4月，比特币与英镑、巴西币、波兰币兑换交易平台上线，比特币得到了越来越多权威媒体的报道，价格随之水涨船高，在2011年6月8日，比特币单价达到了31.9美元。

2012年2月，比特币单枚价格跌破2美元。2012年下半年，比特币基金会成立，开始制定一些市场监管措施，比特币市场逐步回暖。2012年12月，比特币单价为13.69美元。

2013年1月，比特币单价为265美元，按照当时的兑换汇率，全球比特币价值已经超过10亿美元，投资者们深刻意识到了数字货币的"去中心化"和"全面监管"带来的重要意义，许多欧洲国家相继出台了数字货币的发行政策，至2013年12月，比特币单枚价格达1 147美元。

2014年至2016年，受英国脱欧、美国大选、投资者数量波动等因素影响，2015年8月，单枚比特币价格跌至200美元；2016年12月，单枚比特币价格达1 000美元。2014年9月，美国eBay公司宣布，该公司旗下支付处理子公司Braintree将开始接受比特币支付。该公司已与比特币交易平台Coinbase达成合作，开始接受这种新型支付方式。

2015年，欧洲法院裁定，比特币及其他虚拟货币在欧洲应享受传统货币同等待遇，不应被征收增值税。根据欧盟法律，对纸币、硬币等法定货币的交易免征增值税。瑞典政府先前提出，比特币并非真实货币，因此不应享受免税待遇，但欧洲法院持不同看法，所做的裁决令比特币支持者深受鼓舞。

2016年，全世界比特币交易所已达到数十家，大多数国家和地区的比特币交易量都出现了激增。中国境内的比特币交易一度占据超过全球80%的交易量，但随着央行监管的收紧，资金开始撤离。

2017年可谓比特币的"爆发年"，其价格从年初的789美元暴涨到年底的将近20 000美元，最高价位达18 674美元。在很多人趁此机会捞一桶金的同时，比特币的暴涨引起了各国政府的高度重视。

但是，根据2018年数据显示，2018年2月7日。比特币单枚价格为8 100美元，2018年10月31日，比特币价格遭遇寒冬，跌至6 280.19美元重要心理关口，创下了2018年新低。根据Coin MarketC ap的数据，比特币下跌使比特币全球市值蒸发了150亿美元，由比特币抛售引起的所有加密货币总市值减少了300多亿美元，数值不容小觑。

纵观过去的10年，比特币的价格受政策原因、竞争比重、技术原因、投资人心理波动等各方面因素影响，由最低0美元，到峰值18 674美元，期间经历过山车似的上涨及断崖式的下跌。这种价格的波动，使比特币在短期内难以承担作为本位币的货币职责。

但是，基于区块链技术无限的潜力，以比特币为代表的数字货币更受投资人的青睐，在数字货币诞生的短短10年间，暴发期内涌入的大量投资者只是把比特币当作"股票"来"挣快钱"。

【案例分析】

如果把比特币看成一个产品，那么这个产品在10年的发展期间内，已经经历了创新者（2.5%）到早期使用者（13.5%）的转变。2009年到2012年，比特币处于创新者阶段，其转到早期使用者阶段的关键事件是比特币基金会的成立，以及市场监管措施的制定。

目前比特币正处于早期使用者（13.5%）到早期大众（34%）的关键时期，能不能从投资者青睐的"股票"到某些国家的本位货币，是判断比特币转到早期大众阶段的重要标志。

小贴士　预测产品扩散的技术

创新的扩散指的是一种创新跨越时间与使用者类别在市场上散布的过程。就像我们前文讲的，使用者类别分为创新者、早期使用者、早期与晚期大众及落后者。理论上，较早期阶段的使用者将通过语言和其他影响过程对后续使用者的购买行为造成影响。产品扩散的速率将较难以估计，特别是目前处于新产品过程的早期，因为我们不知道较早期使用者的影响力有多大。

为了解一种创新性产品的成长潜力，我们可以运用类比法，将已有的产品当作指导。如果我们正在评估一个新型汽车轮胎的市场潜力（比如说，一种被扎破后还能安全行驶160公里的轮胎），我们可合理地使用辐射胎来作为类比物。这些轮胎被卖给相同的群体（汽车制造商与维修服务中心），且基本上提供相同的利益。因此，做一下粗略的估计，新轮胎的长期市场潜力可能相似于辐射胎的销售水平。关于新产品在管理上的判断，显示出实际的市场潜力会比最初估计的还要稍微高或低一点。

根据过去的产品销售水平，使用定量的创新扩散模型亦能够被用来预测未来某产品类别的销售额。一个被普遍运用于耐用品的扩散模型是Bass模型（Bass Model），用来估计在未来的某个时间点t，某产品类别的销售额$s(t)$为

$$s(t) = pm + [q-p]Y(t) - [q/m][y(t)]^2$$

其中P是最初的试用概率，q是扩散率参数，m是潜在购买者的总数，$Y(t)$是在时间点t之前的购买总数。

此Bass模型是以某一群体所使用新产品的扩散曲线为基础的。最初的扩散率（购买总数的增长）基于创新者对产品的采用。在创新者早期的购买之后，他们的宣传有助于新产品的推广及越来越多市场顾客的采用，使销售额增长率有所提升。然而，当产品销售数量逐渐到达某一水平后，此时还没试

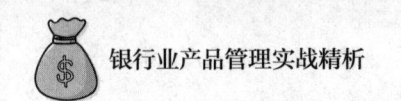

用过产品的潜在购买者已经很少了，从而使销售额增长率也会减缓。

管理上的判断，或者市场潜力评估的标准过程能够被用来估计m，即潜在购买者的总数。如果该产品类别在市场上已有一段时间，且已积累了几期的销售数据，即可运用这些过去的销售数据来估计p与q的大小。如果要估计新进开发的创新产品的数值，可能会参考已知数值的类似（类比）产品，或者依据此类模型的判断或先前的经验来决定。经验表明，尽管这些数值会依情况的不同而有所变动，但是，p通常是在0.04左右，而q基本上接近于0.3。

此增长模型有个值得讨论的特征是，一旦将p与q估计出来，达到销售最高峰所需的时间（t*）以及销售高峰当时的销售水平（s*）就能够预测出来。亦即

$$t^* = [1/(p+q)] \ln(q/p)$$
$$s^* = m \cdot (p+q)^2/4q$$

9.5.2 ATAR预测模型

许多公司为了让新产品的预期销售和利润趋于一致，会同时考虑几种不同的预测方法。除了用户采用新产品的时机，新产品开发团队也会从新产品的销售额中近似估算利润。开发和制造产品的成本和费用通常能比销售量以更高的精度来估计。但是对很多消费品来说，销售数量和收入可以被预测。特别是那些知名的目标客户群和已经上市的相似定位的产品，这些情况的销售和收入预估精度会更高。ATAR模型就是基于创新扩散理论来构建的具体预测模型。

ATAR模型是根据专家推断来估计了解新产品的消费者比例、愿意尝试新产品的消费者比例、愿意购买新产品的消费者比例，以及已经尝试过新产品的消费者中愿意重复购买的比例。因此缩写ATAR描述了消费者从最初不知道新产品的存在，到忠诚，再到重复购买新产品的消费者链式模型：

◎ A——了解（Awareness）。
◎ T——试用（Trial）。
◎ A——获取（Availability）。
◎ R——重复购买（Repeat）。

使用ATAR模型，新产品开发团队将首先预估整体的市场规模，然后分解目标市场来寻找新产品的潜在利润点。

如图9-15所示，一家商业银行估计，总的市场规模有400万用户，广告和市场活动的渠道有杂志、电视、抖音和微信，可以直达大约75%的目标市场用户。因此，新产品了解的渠道会减少目标市场规模到300万消费者。基于包含焦点小组和大型购物超市的免费采样分布的市场研究，新产品开发团队估计知晓液体浴皂产品的消费者中将有20%会试用产品。随着ATAR模型的分解，潜在的市场规模减少到

60万潜在的消费者。

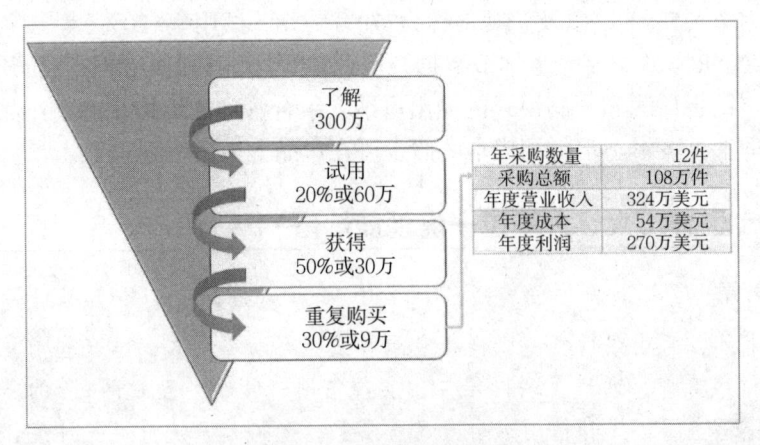

```
了解
300万

试用
20%或60万

获得
50%或30万

重复购买
30%或9万
```

年采购数量	12件
采购总额	108万件
年度营业收入	324万美元
年度成本	54万美元
年度利润	270万美元

图9-15　ATAR销售预测模型

此外，商业银行的分销局限于特定的合作伙伴，那么潜在的新产品购买者会由于50%的可购买渠道而减为30万。最后，了解产品、试用产品、购买产品的消费者中有30%会变成忠诚用户，并会重复购买产品。然后遵循ATAR模型的分解原则，潜在的消费者数量最终为9万。

如图9-15所示，单位销售额可从ATAR模型的假设估算出来。一个消费者平均每月使用信用卡到特定商户消费1次。通过结合潜在的重复购买的消费者数量（9万）和年采购数量（12件），预计年单位销售量可以达108万件。

然后，以零售价每瓶3美元的价格来计算，新产品年收入预计可达324万美元。那么，新液体浴皂的产品利润可以通过减去制造成本来获得，计算出来的期望利润为每年270万美元。

使用ATAR模型可以计算出高精度的单位销售额和利润预测。当模型中没有直接涉及竞争因素时，理解市场渗透是新产品的了解、试用和购买的要素。因为在实际情况下，产品很少会获得100%的目标市场份额。另外，ATAR模型说明了基于市场研究的消费者行为（尝试和重复购买率），而且这个模型也很容易修改以适应没有消费包装品特征的产品。

例如，汽车、家电和工业设备都不属于频繁购买的产品，因此重复购买和年购买单位数量可以从模型中去除。关于市场规模、了解、试用和购买的假设就可以得到这个产品或服务的单位销售额和利润的预测。

因为有新产品开发中基于模型的假设，市场规模和分解预期可以强烈地影响输出。例如，调整浴皂产品示例中的试用率，上升5%（试用率为25%，而不是20%），利润估计将增加81万美元。为了提高采用ATAR模型的销售预测准确性，许多公司使用市场研究的历史数据来填充认知、尝试和重复的分解变量。预估范围也能对新产品开发团队提供有价值的数据。因此，了解类似产品在相同的地理区域提早一年上市并产生了23%的试用率，可以验证浴皂利润预测的乐观估计为351万美元（试用率=25%），以及悲观估计为270万美元（试用率=20%）。

由于ATAR模型需要大量细节数据，因此该预测工具最好在新产品开发流程的后期使用。销售预测和利润模式的输出可纳入组合管理和结构化的新产品开发流程的高层管理者决策中。定价和成本的假设可在产品上市后得到验证。

案例9.6　世界再大，大不过一盘番茄炒蛋

案例背景

近年来，各商业银行尝试以视频音乐和线上互动等形式，结合当前社会热点，主打情怀和感情牌，通过互联网传导，实现信用卡营销"互联网+"的升级，以打开市场营销新空间，提升信用卡自身品牌形象，赢得客户流量及关注度，获得良好的品牌传导效果。

招商银行以留学信用卡作为载体，以真实故事为原型推出微电影《世界再大，大不过一盘番茄炒蛋》（见图9-16），一经上线即发酵成为现象级品牌营销事件，引起全民"炸屏"。微信朋友圈广告投放后获得793万次视频播放，48万人次朋友圈转发，刷屏朋友圈；"招行微刊"单帖阅读量突破560万次；"番茄炒蛋"事件登录当年微博热搜第7位，百度风云榜实时热点第1位，相关讨论超过1 000万条。

这次成功的网络情感营销使招商银行信用卡品牌在新时代下全方位赢得民众和媒体的关注，创造了行业品牌经典案例。

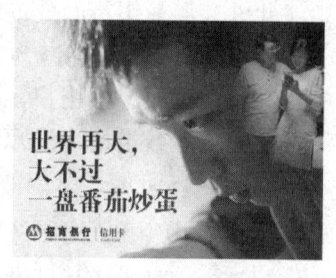

图9-16　招商银行"番茄炒蛋"视频营销

（图片来源：https://www.sohu.com/a/202433105_368277）

【案例分析】

招商银行"番茄炒蛋"的视频营销非常成功，其成功之处在于通过低成本的事件营销有效扩大了ATAR模型中的用户"了解"层的基数，以及提升了ATAR中从"了解"到"尝试"到"购买"，再到"重复购买"的转化率。

793万次视频播放，48万人次朋友圈转发，"招行微刊"单帖阅读量突破560万次，相关讨论超过1 000万条。这些数字的背后，是招商银行信用卡中心善用ATAR模型的结果。

9.6 创新指标

我们通常都需要指标来驱动创新团队的绩效，以及评估新产品计划的结果。创新指标定义为跟踪产品开发的一系列规定的测量，允许公司衡量过程改进随时间所带来的影响。虽然没有一组具体指标对所有的组织和行业都有效，但创新指标可以按如下标准来建立：

- 支持业务和创新战略。
- 增强关键组织能力。
- 评估创新工作的财务回报。
- 发掘行业最佳实践。
- 激励新产品开发团队的持续学习。
- 推动有利润的商业增长。

此外，有效的创新指标有利于高级管理者基于事实来检查新产品开发工作对商业战略的支持，识别能力差距，并实施优先级排序的改进措施。

> **小贴士　产品开发绩效度量的考虑因素**
>
> 产品开发绩效度量的考虑因素包括寻找因果关系，寻找促成产品开发成功的大的因素，做正确的事，正确地做事，文化、氛围和组织等。

大部分组织使用创新指标来审查新产品开发项目的结果，但只有38%的公司采用指标实现了战略和个人目标的对接。公司必须建立一套平衡的指标来确保质量决策，从而推进单个的新产品开发项目，并确定整体产品组合的优先级。创新指标应在各维度间达成平衡，这些维度包括历史绩效、项目、项目集和组合，以及生产力、时间和成本等。而且，创新指标不仅应该测量确立新产品开发系统有效性的项目的输出和最终结果，还应测量创新工作的输入，目的是推动组织内鼓励性的行为和能力。

设计有效的创新指标项目分以下四个步骤：澄清目标，规划指标项目，实施创新指标，在业务范围内试运行项目。

此外，公司应从四个不同层级来考虑指标：企业、平台（或产品）、项目集（或项目）、流程。

从企业到过程层级的具有层次性的业务指标，允许组织平衡交织的新产品开发创新的目标，并支持整体的业务和创新战略。

9.6.1 目标

明确指标项目的目标也许是设计创新指标系统最重要的一步。指标必须支持业务和创新策略，但跟踪太多的指标可能会导致不可预料的结果。不恰当的指标可能会鼓励个人和团队成员聚焦指标本身，而不是加强创新系统增长的行为和能力。

创新的指标必须与战略联系起来，并与支持战略的新产品开发资源的绩效挂钩。带来创新成功的要素会因业务和创新战略的不同而不同，然而不同的战略能产生相同行业内竞争的不同公司的成功。例如，我们来看两家虚构的公司，阿珂姆公司和威利实业。

阿珂姆公司遵循以探索者产品战略来创造领先优势产品的商业战略（见第3章）。为了测量创新项目的成功成果，阿珂姆公司跟踪了来自最近3年来发布的新问世产品的销售比例。此外，阿珂姆公司采用预算测量手段（如与销售相关的研发支出百分比），来显示绩效及创新项目与战略的一致性。

因为指标也必须驱动团队的行为，所以阿珂姆公司采用如上市时间、新产品开发流程的生命周期（完成一个阶段工作的时长），以及新竞争对手的数量等测量指标。新产品开发团队成员的能力和胜任力也可以通过一个特定阶段内职员接收的技术和创新培训的数量或比例，以及结构化的新产品开发项目的有效性来进行衡量。

威利实业遵循典型的成本领先战略（见第3章）。威利实业的创新战略与防御者战略非常类似，因此成功指标将非常聚焦于运营的稳定性，例如在下一代产品中复用组件的比例。你会记得，防御者战略的特点是在激进的新产品开发方面有微少投资，更多是维护现有的客户基础。威利实业也会采用如投入产出比和盈亏平衡点等这样的绩效指标，来鼓励引领卓越生产的适当团队行为。

案例9.7　拼多多应对新冠疫情能力背后的"低线"指标

案例背景

随着一二线城市渗透率的逐步饱和，低线城市及长尾用户已成为蚂蚁金服、微信支付等头部非银行支付机构的重点拓展场景，依托背后生态体系内电商业务的快速发展，带动移动互联网支付规模持续扩大。

拼多多已成为微信支付中电商交易的重要组成部分，其对微信支付中电商交易增量贡献度超过50%。到2019年年底，年度活跃买家数达到5.852亿人次，较上年同期增长113%；手机月活用户数达到4.815亿人次，较上一年同期净增2.09亿人次；拼多多386%的销售额同比增速达到了行业平均增速的15倍，这也是拼多多立足低线城市、满足长尾用户需求带来的业绩成果。

2019年，拼多多实现农（副）产品成交额1 364亿元，农（副）产品年活跃买家数达2.4亿人次，较上一年同期增长174%。期间，拼多多相继探索、实践"多多农园"等创新扶贫助农模式，有效帮助贫困地区农户增产增收。截至2019年年底，平台农（副）产品活跃商家数量达58.6万家，直连农业生产者超过1 200万人。在此基础上，拼多多进一步提出农业"两台四网"目标，将创建中国最大的农产品上行平台及中国最大的互联网农业数据平台，以"市场+科技"为核心，形成更有利于农业生产者的生产要素和价值分配机制。

经过近5年的发展，拼多多显示出承受未知挑战的能力。2020年新冠疫情暴发后，拼多多努力平抑物价、保障供给，为平台5.852亿人次用户及全民抗疫工作提供必要的支持与帮助。

2020年1月23日，拼多多全网上线"抗疫专区"，设立6亿元应急资金，对疫情防控相关的医疗卫生用品进行全面覆盖。拼多多联合湖北省新冠肺炎疫情防控指挥部指定销售渠道，向湖北地区每天定向提供300万只、售价不足2元的一次性口罩。

拼多多的农产品上行体系，在关键时刻也发挥了重要作用。新冠疫情暴发后，农产品供给出现短期失衡现象。针对急速上升的线上需求和陷入停摆的线下流通渠道，拼多多采取了一系列灵活有效的专项行动，有效带动超过400个农产区的上行通路恢复畅通，保障了城市居民不出小区、无接触式服务的物资需求。

【案例分析】

2020年年初的新冠疫情令很多人措手不及，机会永远留给有准备的人，拼多多用5年的发展证明了这一点。5年发展的核心是立足低线城市和长尾用户的坚持，用以目标用户为导向的创新指标来支持战略业务的发展，如图9-17和9-18所示。

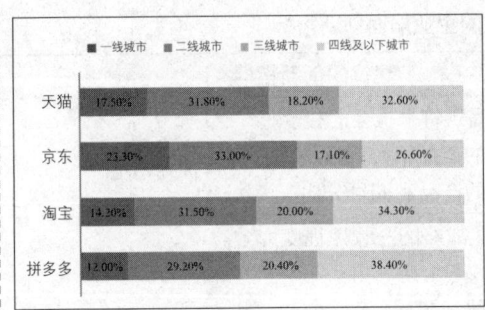

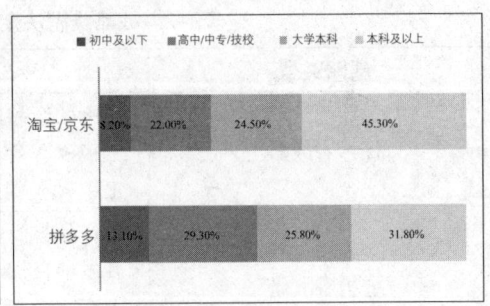

图9-17 拼多多立足低线城市　　图9-18 拼多多面向长尾用户

从以上图表就可以看出，拼多多的创新指标是立足战略定位和目标用户的。因此它才能实现386%的销售额同比增速，达到了行业平均增速的15倍。

9.6.2 企业指标

在最高层级上，公司将评估研发活动和新产品开发过程的长期有效性。企业指标表明该公司业务和创新战略的成功实现，它可用来将公司的创新绩效与其他公司进行对标。此外，企业指标给高层管理者提供关于组织成长和领导能力的反馈。

通常的企业指标可能包括：

◎ 创新活动的资本投入。

◎ 来自外部和内部的创意比例（开放式创新）。

◎ 产品开发周期。
◎ 新发布产品占当年收入的百分比。
◎ 新产品占有50%或更大的市场份额。
◎ （研发）支出占销售额的比例。
◎ 新专利的数量（包括存档的、在申请的、颁发的）。
◎ 创新团队人头数。
◎ 投资回报率。
◎ 盈亏平衡时间。

虽然这些指标在各个行业很常见，但高层管理者必须考虑组织价值，以及驱动绩效和团队行为的单个指标的使用。例如，研究还没显示出在研发支出或专利数量与创新绩效有任何直接的关联。但是，这些指标确实表明了公司将新产品开发作为战略目标的看得见的承诺，可以用来将公司的绩效与其他竞争对手进行对标。

如先前所说，企业指标应与公司的战略目标相一致。回顾第3章，创新战略类型包括渴望成为市场第一的探索者战略、乐于快速跟随的分析者战略、希望维持稳定运营但也会进行必要的创新来保护自己领地的防御者战略，以及尽可能以简洁方式来识别创新项目始终如一的战略方向的反应者战略。表9-2阐述了一些针对迈尔斯和斯诺战略类型的企业层面的典型创新指标。

表9-2 战略类型决定的企业层面创新指标

战略类型	建议的创新指标
探索者战略	• 今天的产品提供将来机会的程度 • 上市 < N 年的产品销售百分比 • 上市 < N 年的产品利润百分比
分析者战略	• 新产品与商业战略的一致性程度 • 开发项目投入产出比 • 上市 < N 年的利润百分比 • 成功/失败比率
防御者战略	• 开发项目投入产出比 • 项目达成5年目标
反应者战略	• 开发项目投入产出比 • 成功/失败比率 • 新产品与商业战略的一致性程度 • 全面项目成功

请注意，探索者将主要聚焦于增长，并将评估先前的新产品开发工作如何支持未来的增长。类似地，分析者将使用与源自产品开发的增长的相关指标，同时检验创新项目的生产效率。防御者将使用与产品开发效率一致的指标，因为创新是必要的，但不是核心的企业经营目标。最后，反应者将遵循通常主观的指标，而且这些

指标会因每个特殊的创新项目而变化。反应者的指标，通常会在其组织内进行深层次的变革，因此将在主观上跟踪财务绩效。

企业层面的创新指标推进探索和开发。也就是说从长期来看，创新指标提升了组织发现与业务战略一致的新创意的能力，以及新产品成功上市的能力。

9.6.3 规划

创新成功的有效评估，首先需要理解目标，然后进行工作的组织。规划创新指标项目包括定义绩效目标，以及识别当前条件和未来状态的差距。采用指标驱动创新系统的公司能识别研发和新产品开发能力的差距，并为了长期利润和与商业战略一致的增长能持续改进。

中期指标对创新项目规划和目标设定是有效的。绩效测量驱动行为，帮助管理者和团队领导选择正确的项目，并将注意力集中在关键的创新目标上。高层管理者应规划创新指标项目，它定义了绩效目标并确定了研发组织的当前能力和胜任力。目标设定把注意力转到需要做的工作上，让有创意的人才迎接挑战，并为新产品开发工作提供紧迫感。

在规划创新指标和设定绩效目标时，新产品开发团队找到了动力去实现战略使命。人们在追求具有挑战性或困难性的绩效目标时往往会有更多的成就感，但目标必须要明确规定。绩效目标通过关注人们工作的难度和时长及鼓励多样化的任务策略去实现目标，来规范组织行为。

拥有最佳绩效成果的公司，将会选择平衡生产力、质量、成本和上市时间的指标。公司会评估当前的创新指标，从而在任何地方都能有所利用，而且也应该规划创新指标项目来测量能驱动期望行为的合适变量。创新绩效指标应该精确而且高效地进行收集。

9.6.4 平台指标

平台指标有时称为产品指标，它往往是中期的、平衡的测量措施，目的是确定新产品开发项目目标达成的有效性。通常，这些措施包括技术绩效、需求规范、产品工程和设计约束。

此外，全面创新项目的健康情况可以在平台指标层级进行评估，这是通过接受创新工具和系统方面持续培训的职员数量来评估的。结构化的新产品开发流程和组合管理系统的成熟度也是创新成功的先行指标。

技术和设计测量措施对平台或产品来说通常是特定的。但是，一些常用的平台指标可能包括：

◎ 需要识别的客户数量。
◎ 产品需求中的累计变更数量。
◎ 不同新产品开发阶段规格缺陷的比例。
◎ 结构设计的变更数量。

◎ 原型修改的数量。
◎ 设计后审查的变更比例。
◎ 产品权重与计划/目的。
◎ 产品设计范围（寿命）。
◎ 平均故障间隔时间。
◎ 单位生产成本。

在平衡产品组合的过程中，公司将根据短期和长期的业务目标确保项目类型的合理分布。如第3章所示，项目类型可在产品/市场矩阵图上进行绘制。从绩效测量角度来看，公司可能考虑将产品在市场上的新颖程度与产品在公司内的新颖程度相比较。各种创新平台层级的指标根据项目类型来推荐，如表9-3所示。

表9-3 按项目类型推荐的常用平台指标

建议的创新指标	新问世产品	公司新产品	延伸产品	改进型产品	新定位产品	成本削减产品
竞争优势	√	√	√	√	√	
客户验收	√				√	√
客户满意度		√				
市场份额目标		√	√			
满足利润目标	√	√	√	√		
利润或投资回报率目标	√					√
营业收入增长		√	√	√		√

9.6.4.1 新问世产品

新问世产品将创造一个全新的市场。这种类型的项目可能是采用探索者战略公司的聚焦点，新问世产品或服务为客户提供了针对他们所不能解决的问题的解决方案。因此新问世产品主要基于客户的指标来进行测量。成功是由消费者和最终用户接收产品的程度来显示的，并将推动产品被市场的其他人所接受。

9.6.4.2 公司新产品

公司新产品使公司进入一个成熟的市场。公司新产品可以由采用以下有效的长期创新战略的公司来导入：探索者、分析者和防御者。因此，有用的创新指标将测量竞争性绩效、市场份额和公司所获利润。基于客户的指标对这些项目类型来说非常重要，因为客户对新产品的满意度对于公司获得市场份额来说至关重要。产品盈利能力对于公司新产品来说也非常重要，因为新产品的商业论证将识别其他的收入机会作为成功的测量指标。

9.6.4.3 延伸产品

现有产品线的追加（延伸线）对于市场和公司都是具有中等新颖度的。这些类型的产品将补充公司既有的产品线。产品线延伸项目由于各种不同的原因而启动，包括：

- ◎ 直达特定的目标市场和客户。
- ◎ 保护产品线免受竞争攻击。
- ◎ 增加新产品使用的频度。
- ◎ 针对追加的市场或客户扩展总体产品吸引力。

产品线延伸项目在采用分析者和防御者战略的公司内发起的数量最高。此外，经历战略和业务聚焦点突变的反应者，将致力于众多新产品开发项目来扩展现有产品线的范围，如上表9-3所示。

与公司新产品项目类型一起，产品线延伸将利用基于客户的绩效措施和财务指标来衡量是否成功。这些指标包括市场份额和盈利目标。也许最有利于理解产品线延伸的成功是竞争优势的测量，因为产品线会老化或容易受到新竞争对手的市场侵蚀。

9.6.4.4 改进型产品

虽然客户通常会将基于现有产品的改进或修正视为低程度的创新，但产品改进对公司来说是中等新颖度的产品。这种类型的项目将提供改进的绩效，或者客户的角度来看的更大价值。产品改进项目完全可以替代公司已有的产品，或者其他竞争对手新的或改进的产品。

所有迈尔斯和斯诺战略类型（见第3章）的公司都参与开发和上市改进的产品。这些项目为现有的产品和服务提供下一代产品的创新绩效。公司往往会担心市场份额和竞争优势的维持，而财务绩效对于维持产品线非常重要。

产品改进型项目的创新成功指标可能取决于整个产业的健康度和成熟度。收入增长是具有许多增长机会的高潜行业的合适测量措施。然而，在停滞不前的市场，针对平台层级创新成功的客户满意度和市场占有率等指标可能就足够了。

9.6.4.5 新定位产品

重新定位现有产品进入新的市场或新的细分市场是较少的实践战略。产品是公司利用已有的技术来开发的，因此对市场来说可能是中等的新颖程度。实施这样的项目如同将"新生命"注入现有产品线一样，因为现有产品可能面临在主要市场正经历着销售衰退的困境。

因此，客户验收就成为创新项目的关键成功指标。对一个新问世产品来说，不仅要求消费者可以接受它，也要对其满意。另外，因为基础产品可能遭受日益增长的竞争或日渐衰退的销售等情况，因此实现盈利的目标在产品重新定位进入新市场

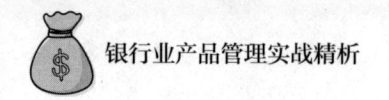

时就非常重要。

9.6.4.6 成本削减产品

成本削减的项目对公司来说是低风险的，因为它们对于公司或市场不一定是全新的。这些产品通常以较低的成本提供相同的绩效和效益，因此采用防御者战略的公司最关注此类产品。从组合管理视角来看，成本降低类项目也被看作支持性项目。

削减新产品制造成本的项目可以在产品的全生命周期内进行。在新产品开发流程的早期，公司通常都要学习如何将制造过程流水线化，以及如何提升分销系统的效率。随着产品的成熟，成本削减项目在激烈的市场竞争情况下可以促使财务的稳定。所以成本削减项目的许多通用创新成功措施会包括获取利润空间、投资回报率和营业收入增长等财务目标。

成本削减项目的其他技术成功指标还包括满足质量标准和绩效规范。为了有效维系当前市场份额，并持续满足现有的客户，这些产品的要求是不能牺牲的。

在规划创新指标时，绩效目标必须平衡当前的能力。将技术绩效指标与平台层级的战略举措相匹配有助于企业创新的成功。虽然表9-3中所展示的按项目类型的创新成功指标通常用于平台和企业的层级，但许多企业会将平台层级的指标只聚焦于新产品的技术实现。

案例9.8 商户拓展SaaS服务商的公司新产品指标

案例背景

银行卡市场是典型的双边市场，产业各方获利水平取决于网络效应的规模。因此，银行和非银行支付机构都需要拓展商户来扩大市场覆盖率，吸引持卡人使用它们提供的支付产品。这些商户来自不同渠道、不同地域、不同行业，具有不同特点和需求，需要能满足其个性化需求的解决方案。银行、非银行支付机构受到资源和成本约束，针对所有商户提供定制化服务存在困难。商户拓展类服务商的出现，恰好弥补了这一市场缺口，其利用自身的渠道优势，帮助银行、收单机构快速切入行业、打入市场。

其中，垂直行业的SaaS服务商具备技术研发能力，可对支付机构提供的支付接口做进一步开发、拓展、升级、研发新功能，使支付方式更加快捷、支持更多场景、更好满足市场需求。

垂直行业的SaaS服务商大部分由聚合支付服务商转型而来。聚合支付服务商通过为商户提供集成式的支付服务，掌握了商户的流量入口，积累了丰富的商户资源，再加上监管机构对聚合支付规范发展提出要求，未取得支付许可证的聚合服务商只能作为外包服务商提供服务，不得接触处理支付敏感信息。因此，部分聚合服务商发展成为某一垂直行业SaaS平台，部分发展成为多个垂直行业SaaS平台提供支付解决方案的"支付SaaS"。前者以二维火、客如云等机构为代表，后者包括哆啦宝、哗啦啦等机构。

其中，二维火专注于云计算餐饮软件系统的研发和应用，开发出智能收银一体机等硬件设备，向餐饮商户提供前厅管理、后厨管理、店铺管理、供应链管理、营销管理、大数据分析等功能。

而哆啦宝针对特定行业特点和客户差异化需求提供对应的解决方案。对于零售行业，提供全渠道、全生命周期的连锁商业管理软件；对于专卖店行业，提供基于互联网云计算模式下的在线商业管理软件及专业化的行业解决方案。除了提供支付相关服务，哆啦宝结合多年来在公众号运营、广告、电商、金融等方面运营经验与各行业SaaS深度合作，提供的产品服务能融合企业的ERP系统、移动支付终端及第三方平台。哆啦宝的营销模式可分为渠道分销、项目直销、租赁和运营服务，对应的收费来源为软件许可费、大客户一体化解决方案收费、包年或包月租赁服务费。

【案例分析】

商户拓展SaaS服务商二维火和哆啦宝所提供的产品和服务是公司新产品。作为公司新产品，需要在竞争优势、客户满意度、市场份额、利润等方面进行发力，因此二维火开发的智能收银一体机等硬件设备，其目的就是提供差异化优势，以及提升客户满意度。

哆啦宝则是提供全渠道、全生命周期的连锁商业管理软件，以及提供基于互联网云计算模式下的在线商业管理软件及专业化的行业解决方案，在市场份额和利润方面有更多关注。

这些指标都是组织根据自身情况所设定的，目的是更好地推出公司新产品，并服务好目标市场客户。

9.6.5 实施

设计有效的创新指标系统需要明确目标，目标应与战略相一致。而且还需通过定义绩效目标和评估当前测量系统的差距来规划指标项目。有了对评估新产品开发项目的成功这个背景和原因的深入理解，下一步就是实施创新指标。在创新指标项目的执行阶段，高层管理者和创新项目负责人需要完全理解决策环境，以及具体的输入和输出指标。

特别是，许多创新测量措施用来通知关于新产品开发项目继续推进或停止那些不吸引人的项目的决策。管理层应实施不仅限于简单的财务绩效和改变组织能力的创新指标。创新指标对新产品开发团队来说应该是平衡的、透明的，而且是灵活的，以提供持续的学习和成长。此外，创新指标应支持新产品开发的决策过程。

在创新项目的生命周期中，决策是在很多不同的场景下做出的。结构化的新产品开发流程（见第5章）对照一系列既定的战略和战术标准来评估单个的项目计划。其中的许多指标综合了中期平台（技术）目标和公司总体的战略方向。组合管理工具和技术（见第4章）也通过在可用的财务和人力资源的制约下进行所有活跃项目的优先级排序。其他的长期企业层级指标为资深管理者提供了关于业务和创新战略达成情况及合适情况的反馈。最后，将企业和平台层级创新指标与其他行业竞争对手对标，允许公司进一步测量它们的成功水平。

有效的创新指标体系必须确定谁负责审核新产品开发项目的当前绩效，谁负责发起改进工作。通常，新产品开发的协调者在收集和分析通用的创新指标方面起到关键作用，尤其是那些涉及中期和长期有效性的指标。除此之外，新产品开发流程的所有者会维持许多平台、项目集和流程级别指标的所有权。新产品开发的协调者和流程所有者都会审核和修正创新指标，确保在跟踪新产品开发成功测量方面的一致性和相关性。

许多显示创新战略有效性的创新指标趋向于测量创新系统的输出。也就是说，以回顾的方式来收集数据。新产品开发团队的行为和单个项目受鼓励创新绩效和风险平衡的指标影响。

输出指标通常是滞后的，因为通常在项目结束后才测量创新工作的输出。这些指标描述了业务成功的量化情况，但不一定驱动创新行为。许多企业和平台层级的指标是创新系统的输出：不到5年产品的营业收入比例、开发项目的投入产出比，以及结构设计变更的比例。

输入指标确立和加强了创新思维。利用先行指标，经理可以塑造环境，以及鼓励新产品开发团队将其观点变成有价值的业务建议。输入指标显示了创新工作配备了足够多的人员，并且通过有效的关口评审，可以提供适当的预算和指导，以及将新产品开发与整体战略保持一致。

输入指标的例子包括外部想法（开放式创新）的比例、组合平衡（突破式项目和增量式项目），以及在创新系统中得到充分培训的员工数量。许多用于推动创新绩效的中期指标是创新效率的项目级测量措施。

9.6.6 项目指标

项目指标评估了开发项目和项目集执行过程中的中期效率。项目层级的创新指标将评估组织系统与过程，辅助和精简创新流程的能力。评估项目指标可能启动新产品流程的改进，同时实施具体的项目管理工具来推动持续的绩效，以及填补创新系统当前状态与理想状态之间的差距。

除了使用传统三重制约变量（范围、进度和成本）来测量项目绩效，项目指标还会评估生产力、开发生命周期和资源能力（见图9-19）。PLR将提供讨论实施创新项目中期有效性的很自然的讨论场景。我们还记得PLR从学习和成长的角度来评估项目，询问新产品开发项目执行过程中什么做得好、什么做得不好，以及下次什么可以改进。

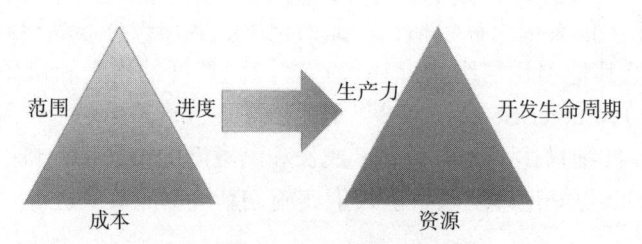

图9-19 项目层级指标

在PLR之外的项目层级的指标包括：
◎ 进度绩效（实际与计划）。
◎ 成本绩效（实际与预测）。
◎ 每个雇员的平均创新培训小时数。
◎ 平衡计分卡。

平衡计分卡在新产品开发中建议作为项目层级指标，目的是通过检查财务和其他指标来确定创新成功，以及战略的有效实现。采用平衡计分卡，公司就能在新产品开发团队中"桥接"战略开发和战略实现之间的差距。除了标准的财务维度，平衡计分卡还会测量指标的其他三个领域，意图是推动不断改进的创新行为。这四个角度具体如下。

9.6.6.1 财务维度

业务是公司生存的关键，因此业务总是需要测量其财务结果。平衡计分卡的优势是，财务指标与其他战略聚焦领域协同，并与绩效措施整合在一起来推动持续改进。平衡计分卡的财务维度会展示公司所选择的创新战略是否有助于达成最低要求，如果不是，就需要尽早地改进流程。

平衡计分卡中的财务指标包括所选择创意的投资比例、研发投入的回报，以及新产品的研发投资比例。通常来说，公司应该选择能反映战略增长目标的财务措施，如增长的目标市场份额或增加的新产品利润。平衡计分卡的财务指标能帮助高层管理者和新产品开发团队了解整个创新生命周期所创造出来的价值。

9.6.6.2 客户视角

显而易见，客户满意度是创新项目的重要成果之一，但许多公司却没有从客户角度明确测量新产品开发的结果。正如第3章所述，商业模式包括将独特的客户价值主张应用于目标市场，以提高公司的盈利能力。新颖的客户价值主张需在平衡计分卡中进行测量，来确保产品绩效、质量和服务达到或超过客户的期望。

平衡计分卡中包括客户视角的主要优点是聚焦于战略的实施，以及从客户角度来衡量和感知价值。消费者的反馈提供了市场的洞察，从而可以在下一代产品中获得新的创新机会。

平衡计分卡上的客户指标包括：产品回报率、客户投诉等级和研发资金回报。平衡计分卡上的其他项目层级指标还包括客户满意度的提升和市场份额的扩大。净推荐值（Net Promoter Score，NPS）是平衡计分卡框架中一个常用的客户视角指标。一般来说，详细描述了客户利润、成长和满意度的市场指标将引导高层管理者和新产品开发团队更好地理解项目层级上实施创新战略的有效性。

9.6.6.3 内部业务流程

平衡计分卡要解决内部业务流程、程序和政策能否通过有针对性的创新工作来支持战略。组织文化在如何决策和选择活跃的新产品开发项目方面起到重要的作用。内部业务流程（如组合管理和结构化的新产品开发流程）能推动管理层的决策和激励新产品开发团队的行为。新产品开发团队将采取与公司政策和流程相一致的行动，从而影响组织创新价值的产生。

内部业务流程的指标聚焦于业务的运作，并推动新产品项目风险承受力范围内的，以及决策相关的具体行动和团队行为。其聚焦领域包括运营管理（研发）、客户整合，以及监管对创新的影响。内部业务流程维度内的平衡计分卡指标包括开发周期、新产品开发项目的成本和定价模型。

员工满意度也可以作为客户满意度的代表或领先指标。研究已发现：员工满意度与产品建议的数量和工作质量提升之间有很强的相关性。因此，平衡计分卡内的其他项目层级指标包括项目活动的协作、团队成员伙伴的互助与联盟，以及外部法规对研发项目的影响。而且，平衡计分卡还将相关的业务活动（如全面质量管理）整合为描述成功的战略实施的单一管理视角。

9.6.6.4 学习和成长

长期来说，成功的创新有赖于持续的组织学习和知识转移。平衡计分卡通过测量学习和成长来确保高层管理者关注内部的技能和能力，这些技能和能力对支持价值创造、交付和获取至关重要。

虽然组织可以财务数据的改进来获得短期的创新成功，但从长期来讲，可重复的创新成功依赖于新产品开发团队和职能的系统和文化。因此，学习和成长指标会监测员工绩效的差距，并将其与公司关键竞争者进行对比。

平衡计分卡中学习和成长的建议指标，包括新产品开发团队成员的培训和经验、能力或培训需求，以及员工创新的态度和天赋。公司也可以将专利、授权和技术转让协议的数量作为对标基准，来显示项目层级的学习和增长成果。

通常，平衡计分卡对致力于创新改进的公司是有益的。因为该措施将财务绩效与客户、内部业务流程、学习和成长等方面的关键领域进行整合，从而使企业可以在运营层面评估战略执行的有效性。除此之外，平衡计分卡还提供问题的早期预警信号，如对绩效或战略方向的差距可以进行识别和解决。

9.6.7 创新指标的推出

与新产品本身一样，创新指标系统也应进行设计、测试和调整，以达到持续改进的目的。设计有效的创新指标体系包括清晰地确定目标，规划指标项目，实施创新指标，以及推出指标计划。让我们回顾一下，创新指标分为以下几个类别或层级：企业、平台、项目和流程。

在设计创新指标系统的前几个步骤中，高层管理者已确定了关键的创新指标，来验证创新战略和目标层级的改善程度。当推出创新指标时，这些初始的指标集合将进行以下方面的测试：

◎ 数据的可用性。
◎ 数据收集的容易度。
◎ 数据收集的角色和职责。
◎ 驱动绩效的指标容量。
◎ 持续改进机会的建立。

指标项目的推出应包括一个试运行项目，如可以在一个小型业务单元或一个市场区域首先进行测试，来验证创新指标的有效性。高层管理者和创新团队成员将鼓励试运行项目参与者的真实反馈，从而识别出改进机会，并发起必要的纠正措施。

一旦出现通过试运行的验证，该创新指标就可以在整个公司业务和区域中推出。当创新指标为公司文化所接受，并成为标准后，收益对所发起和选择的创新项目来说就是显而易见的。新产品开发团队的绩效将持续改进，从而驱动和支持战略。创新指标需平衡长期、中期和短期的成功度量。

9.6.8 过程指标

过程指标是确定创新路程有效性的短期测量措施。流程指标通常用于预测单个新产品开发项目或产品本身的绩效。通常情况下，过程指标在第一次PLR过程中进行评估，目的是评估将结构化的新产品开发流程应用于具体项目的有效性。这样的经验教训回顾将在整个新产品开发项目生命周期中进行，以确立项目与计划相对比的当前状态。这些中级的项目评估是项目关口和里程碑会议的自然产物。

与计划、成本、进度绩效（提前或延迟）和质量措施（如千行代码的错误数或发布的设计图纸数量）相比，某些过程指标例子包含实际的资源人员。与其他创新指标一样，过程测量是针对正在开发的新产品的。然而，关于过程指标的通用原则是指标应评估当前的项目状态来预测产品绩效。衰退流程指标的评估结果之一，就是产生使开发工作回归项目计划的任何必要行动，而这些行动是在产品创新章程或

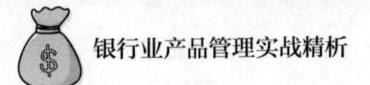

具体关口可交付成果中所确定的。

9.6.9 创新指标陷阱

由于组织使用指标来驱动行为，因此在使用创新指标过程中了解一些陷阱是非常重要的。这包括不清楚的或冲突的指标、缺乏透明度的指标，以及不支持业务目标的指标等。

首先，当公司正在设计和实施创新指标系统时，最好先启动一小部分透明的指标。这些指标应简单而且容易被整个组织理解。指标应直接而且避免混淆和冲突，例如，同时跟踪营业收入比例和新产品的利润比例会导致新产品开发团队成员的困惑。提高营业收入绩效的行动与提升利润率的行动是不一样的，团队成员需开发与创新战略一致的新产品。因此，需要清晰、简洁和透明的指标来推动和支持绩效和组织学习。

其次，透明的创新指标更容易理解和计算。例如，平衡计分卡财务指标应保持简单（如新产品的投入产出比），从而便于团队成员充分理解他们的行为如何影响绩效指标。除此之外，高层管理者应确保绩效指标是透明的，以便输入指标能有效影响团队成员行为，而且创新系统的改善是无可争辩的。

最后，所有的创新指标必须与商业目标相关联。通常，当输出绩效指标对组织来说是高度可见时，员工将会努力在指标的竞技场来提高他们的绩效。然而，创新绩效（无论是输入还是输出指标），都需要支持期望的行为和行动，从而缩小创新系统的质量差距。因此，所有创新指标需要紧密关联业务和创新战略，并直接推动变革。

总 结

新产品工具范围广泛，覆盖了新产品开发流程的各个方面和阶段。创意生成工具有助于新产品开发团队在新产品开发流程的早期阶段识别市场、技术和产品。组合管理在新产品开发过程的所有阶段都有应用，目的是对新产品创意进行优先级排序，这包括那些从头脑风暴和其他构思系统中所生成的创意。

同样，组合管理使用财务分析工具（如NPV、ROI、经济利润和回报）来筛选出活跃的组合项目，并且把关者会评估每个新产品开发项目的财务吸引力，目的是将项目推进到下一阶段。在开发阶段，工程师和设计人员将使用各种创新工具来增加或改进产品的功能。

市场研究的数据在许多新产品开发流程都有应用，目的是协助财务评估和商业化预测。创新扩散和ATAR预测模型依赖于一般的市场评估和收集到的主要研究数据来评估每一个新产品。

高层管理者和新产品开发团队的负责人通过采用一套指标来评估新产品开发的项目决策和战略一致性。许多创新工具可作为创新成功的测量手段。

同时，创新指标是多样的，需适应公司的具体创新和商业战略。新产品开发成功的指标跨度很大，需适应许多不同的环境。成功的创新指标应支持和驱动战略。

设计创新指标系统包括澄清目标、规划指标项目、实施项目，以及将创新标准推到所有业务等步骤。新产品开发指标包括通过收集和分析以往绩效数据的输出指标。有成功创新项目的公司也会使用输入指标，来鼓励和支持创新战略和目标的团队行为。指标需要不仅限于简单的财务数字，还需涵盖关注客户、内部业务流程，以及学习和成长。

四个通用的创新标准层级是：企业、平台、项目和流程。这些指标会平衡以下方面：长期的战略机会、具体新产品开发项目的绩效，以及公司的创新系统。这些创新指标的层次结构如图9-20所示。

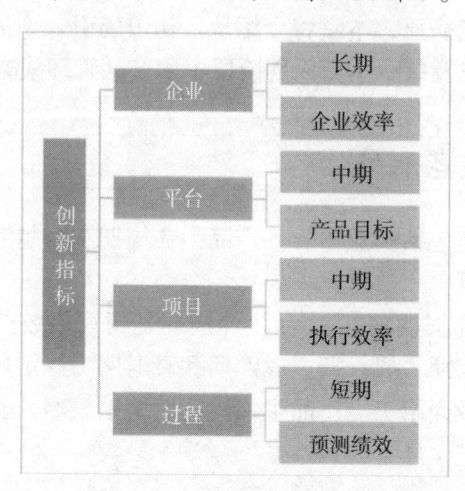

图9-20 创新指标的四个层级

我们应该熟悉四个层次的创新指标和成功推荐的措施。创新指标由各种工具和技术支持，还被定制来适合公司的特殊的创新目的和目标。

第10章 产品生命周期管理

本章内容
- 产品生命周期
- 产品生命周期的影响和产品组合
- 跨越鸿沟
- 抢滩战略

本章案例
- 案例10.1 鸿联九五智能客服，助力产品不断成熟
- 案例10.2 蚂蚁金服和微信支付抢滩东南亚
- 案例10.3 "国家队"抢滩区块链市场

任何产品都有生老病死，本章将介绍从最初市场引入到最终消亡的产品生命周期各个阶段的特点，以及每个生命周期阶段中的产品管理战略。

10.1 产品的生老病死

产品生命周期管理包括两点内容：产品生命周期和跨越鸿沟。我们先来看一下产品生命周期的基本概念。

什么是产品的生命周期呢？产品生命周期是指大多数产品所经历的从出现到消失的四个阶段：引入期、成长期、成熟期和衰退期（见图10-1，开发期是引入期的前置阶段，稳重不做介绍）。产品生命周期对营销策略、营销组合和新产品开发有很大的影响。

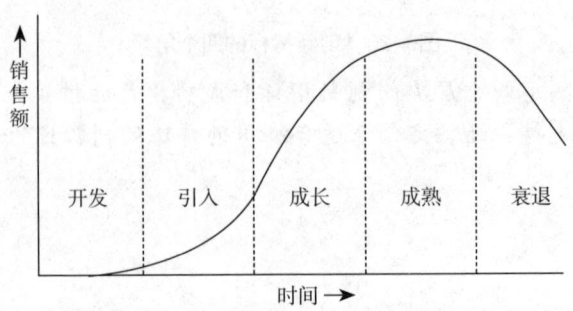

图10-1 产品生命周期四阶段

那四个阶段的特点是什么？下面我们来逐一分析，并用一个案例帮助你更好地理解。

- 引入阶段（Introduction）：建立产品的市场知名度，开发市场。案例：VR（虚拟现实），刚刚引入市场。它以非常高的价格（撇脂定价）上市，借此回收高昂的研发成本。该产品当前仅吸引很少的早期采用者。
- 成长阶段（Growth）：建立品牌偏好，增加市场份额。案例：3D打印机，处于成长阶段。价格大幅下降，使用更加简便。
- 成熟阶段（Maturity）：竞争加剧，公司要维护市场份额，实现利润最大化。案例：iPhone，处于成熟阶段。在过去10年里，iPhone在功能和外观设计方面进行了很多改进，以保护其市场地位。
- 衰退阶段（Decline）：销售额开始下降，公司需要对产品何去何从做出艰难的决策。案例：胶片，处于衰退期。随着数字照相技术的进步，已经很少有人用了。

那如何管理产品的生命周期呢？关键在于在产品生命周期的各个阶段，产品不同的营销组合元素（产品、定价、分销和促销）需要对应不同的战略。

1. 引入阶段

- 产品：建立起品牌与质量标准，并对专利和商标等知识产权进行保护。
- 定价：可能采用低价位的渗透定价法（Penetration Pricing）以获取市场份额，或者采取高价位的撇脂定价法（Skim Pricing）以尽快收回开发成本。
- 分销：慎重选择渠道，直到消费者已接受认可该产品。
- 促销：应瞄准早期采用者，通过有效沟通让客户了解产品，教育早期潜在客户。

2. 成长阶段

- 产品：维护产品质量，可能需要增加产品特性和辅助服务。
- 定价：维持定价，此时的市场竞争较少，公司能够满足不断增长的需求。
- 分销：渠道要随着需求的增长及接受产品的客户数量的增长而增加。
- 促销：瞄准更为宽泛的客户群。

3. 成熟阶段

- 产品：需要增加产品特性，通过产品差异化与竞争对手区分开来。
- 定位：由于出现了新的竞争者，价格可能有所降低。
- 分销：强化分销渠道，给分销商更多激励，从而扩大客户购买产品的机会。
- 促销：强调产品差异化和增加的新产品特性。

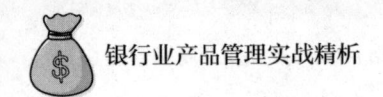

4. 衰退阶段

◎ 维护产品，还可以通过增加新特性和发现新用途重新定位该产品。
◎ 通过降低成本收割产品。持续提供产品，但是产品只投入忠诚的利基细分市场。
◎ 让产品退出市场，仅保留部分存货，或者将该产品卖给别的公司。

案例10.1　鸿联九五智能客服，助力产品不断成熟

案例背景

随着大数据时代和网络时代的到来，人类社会从IT时代进入DT时代，互联网、云计算、智能终端的不断发展和丰富，借助自然语言处理、语音识别、图像识别、机器学习等人工智能技术构建的智能服务系统，在客户服务中的价值不断凸显，助力银行客户服务向网络化、智能化、信息化方向发展。

一、人机协同：银行智能客服应用现状

1. 智能客服应用的意义

智能客服是在大规模知识处理基础上发展起来的一项面向行业的应用，适用于大规模知识处理、自然语言理解、知识管理、自动问答系统、推理等技术行业，智能客服=AI客服+传统客服（在线客服+工单客服+呼叫中心），这里的AI客服指的是AI在客服系统的能力。平时大家接触的智能客服机器人只是它的冰山一角。智能客服不仅为银行提供了细粒度知识管理技术，还为银行与海量用户之间的沟通建立了一种基于自然语言的快捷有效的技术手段，同时还能为企业提供精细化管理所需的统计分析信息。

在银行客户服务中，智能技术主要应用于IVR语音导航、智能知识库、智能质检，以及网站、微信、短信、手机AP等多媒体在线客服服务，逐渐形成了现代智能客服系统。依托知识库平台智能客服可以同时接入多渠道服务平台，通过语义分析与处理，为客户提供7×24小时应答服务。这种程序化、规范化的服务，以较低的运营成本、高效的服务响应、优质的客户体验，获得各家商业银行的青睐。

中信银行于2012年5月推出国内银行业首个智能客服"CC"。随后，建设银行、招商银行、工商银行等纷纷推出智能化客户服务，大力推进智能客服系统建设与应用。

2. 智能客服应用技术

智能客服是一种能够使用自然语言与用户进行交流和协助客服人员工作的智能自动服务软件系统，通常包含交互前端、智能引擎和管理后台三部分，其应用逻辑如图10-2所示。

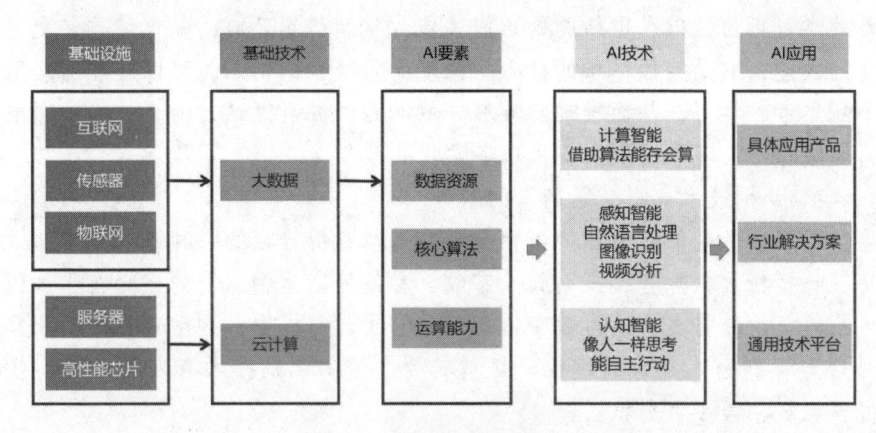

图10-2 智能客服应用逻辑

交互前端是"感觉器官",负责为用户提供服务窗口和操作界面。智能引擎是"思考器官",负责针对用户提出的需求,进行语义分析和处理,该部分是决定机器人表现是否智能的关键。管理后台是"运动器官",负责对用户服务需求分析后,从后台快速索引至对应服务内容。

交互前端、智能引擎、管理后台这套组合拳,正是智能技术在客服中心的典型搭配,分别代表了以下三大智能技术。

1)自然语言处理技术:更"自然"的交流

自然语言处理技术主要研究机器人与人之间的自然语言交流,运用编译原理、机器学习等技术,实现语义及语境的分析,使机器人理解和接受人类用自然语言输入的指令。在商业银行智能客服最直接面对客户的入口处应用自然语言处理技术,可以为用户提供简单、自然、高效的人机交互方式。

自然语言处理大体包括自然语言理解和自然语言生成两个部分,实现人机间自然语言通信意味着要使计算机既能理解自然语言文本的意义,也能以自然语言文本来表达给定的意图、思想等,前者称为自然语言理解,后者称为自然语言生成。自然语言处理是计算机科学领域与人工智能领域中的一个重要方向。自然语言处理的终极目标是用自然语言与计算机来进行通信,使人们可以用自己最习惯的语言使用计算机,而无须再花费大量的时间和精力去学习不自然和不习惯的各种计算机语言。

目前,具有相当自然语言处理能力的实用系统已经出现,典型的例子有:多语种数据库和专家系统的自然语言接口、各种机器翻译系统、全文信息检索系统、自动文摘系统等。

2)深度学习技术:更"智慧"的大脑

2016年,AlphaGo以4:1压倒性优势战胜了世界冠军李世石。AlphaGo有实力取胜,要归功于新的学习方法——深度学习。深度学习,是指机器通过深度神经网络,模拟人脑的机制来学习、判断、决策,深度学习是人工智能的最新演进。

深度学习就是让机器具备与人一样学习的能力,专门研究计算机怎样模拟或实现人类的学习行为，以获取新的知识或技能，重新组织已有的知识结构使之不断改善自身的性能，它是智能体系的核心。深度学习技术的引入，可以让智能客服像人一样不断思考、学习，从而准确解答客户的问题，并可以通过海量日志来抓取与客户的行为跟踪，为客户提供个性化、多元化的服务。

3）生物识别技术：更"精确"的服务

生物识别技术是依靠人体的生物特征来进行身份验证的一种解决方案。人体的生物特征包括指纹、声音、视网膜、掌纹、骨架等。生物识别的核心在于如何获取这些生物特征，并将之转换为数字信息，存储于计算机中，利用可靠的匹配算法来完成验证与识别个人身份的过程。目前较为主流的识别技术有人脸识别、指纹识别、虹膜识别、语音识别等。

用户身份识别是一切金融业务开展的前提和基础，在安全可靠和用户体验方面，生物识别技术发挥了传统核身手段所无法比拟的优越性。随着生物识别的算法不断优化创新，生物识别技术在金融领域的应用正日趋丰富，主要应用在远程开户、转账取款、支付结算和核保核赔等金融场景中。

此外，图像识别及最近大热的量子技术，都可以为智能客服的深度应用提供支撑。图像识别，可以进一步丰富交互方式；量子技术，可以为人机交互的安全性保驾护航。

3. 智能客服应用场景

结合客服中心业务知识点多、变更快，服务要求高，标准一致，工作重复性高的特点，以智慧大脑为基础的智能技术，与客服中心碰撞出新的火花。

1）智能知识库

智能知识库也称专家系统，是企业产品、知识、问题处理的集合系统，帮助企业和话务员分析和解决基于逻辑树或已知问题的事件，它包含了诸如事物介绍、问题分析和解决等功能。智能知识库也是目前智能技术应用的核心模块，融合多种人工智能技术和知识本体网络构建技术，以"结构化+半结构化+非结构化"的知识体系为基础，以智能搜索引擎为核心，以知识的全生命周期管理为标准，以数据挖掘及推荐系统为助力，内外部多种渠道知识应用，构建完整的企业知识应用与管理平台。实现知识积累有序化、知识应用智能化、知识管理结构化、知识展现个性化，充分满足内外部多种渠道知识应用的需要，支撑各个智能场景。

智能知识库利用自然语言处理、深度学习等AI技术，具备知识管理、知识检索、自主学习、智能质检等能力，带来知识升级的全新体验。随着技术迭代，目前智能知识库更重视知识使用的场景，切入以人为核心的服务、销售场景。诸如智能IVR、智能服务助手、智能质检、智能在线客服、智能外呼、培训考试等模块均需要智能知识库的支撑，来实现体系化的智能客服建设。智能知识库的服务逻辑如图10-3所示。

第10章 产品生命周期管理

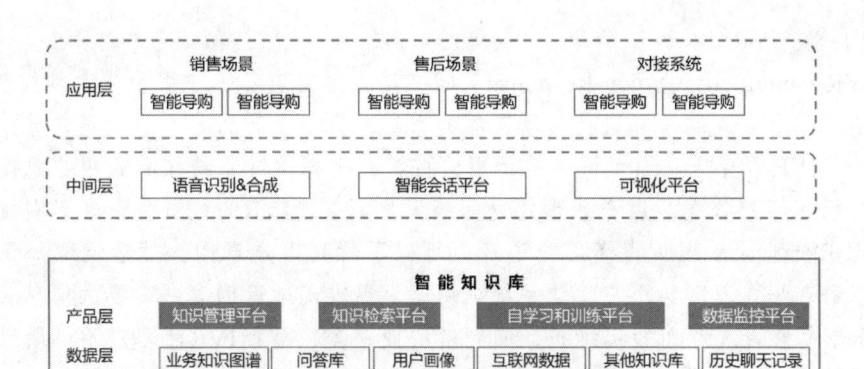

图10-3 智能知识库服务逻辑

智能知识库对于知识的总结、归纳、学习,以及对其他模块快速响应是其作为"智能大脑"的关键能力。智能知识库贯穿知识生产、管理、应用的全流程,在知识管理每个阶段进行AI赋能,使知识管理更加智能,其优势如图10-4所示。

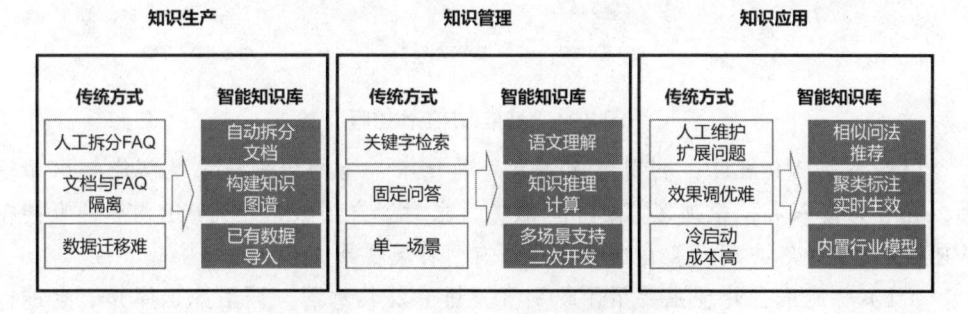

图10-4 智能知识库知识管理优势

- 在知识生产阶段,智能知识库利用数据挖掘技术,沉淀大量的行业通用知识,提供快速生产知识的工具、知识图谱构建工具,实现冷启动。
- 在知识管理阶段,对结构化知识、半结构化知识等多种类知识进行管理,并可对知识提供质检,有效规避出现矛盾知识、过期知识,保持知识的时效性和准确性。
- 在知识应用阶段,智能知识库充分利用智能核心算法模型及多轮会话技术,快速检索知识,提升用户获取知识的效率。搭配语意理解技术运用,同义不同字的文字都可以被准确理解和召回,语义泛化能力强,知识准召率高。

在模型的自主学习机制上,通过标注少量历史会话数据,为模型提供正负反馈样本后,模型可自行进行重训,不断优化问答效果,实现机器自主学习的闭环,大大减少了人工干预,节省了系统的后期运维成本。

2）智能IVR

IVR（Interactive Voice Response）即交互式语音应答，它用预先录制或TTS文本转语音技术合成的语音进行自动应答的系统，提供一种为客户进行菜单导航的功能。传统IVR语音交互通过语音提示用户按键，根据按键系统来判断用户意图，随后去知识库匹配答案，以语音形式返回给用户。智能IVR的核心是语音识别技术。语音识别技术让系统听得懂用户语音，可以了解到用户意图，然后调取知识库内容，以语音形式返回给用户，让系统更快速、更准确地返回客户需要的信息。传统IVR需要大量的人力和知识维护，问题解决效果差，智能IVR让客户不再通过接键模式而是语音交互方式实现客户问题最优解决，其工作流程如图10-5所示。

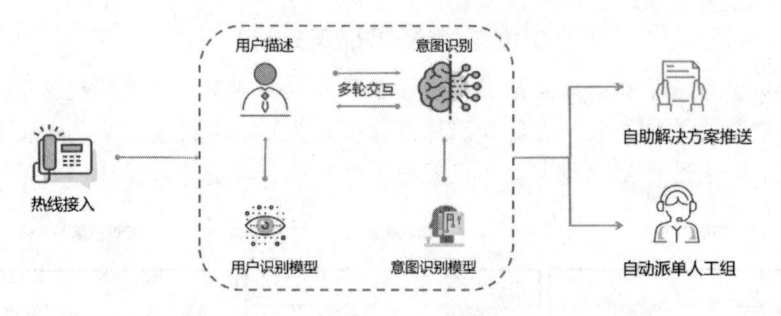

图10-5 智能IVR工作流程

以服务类IVR来说，利用智能语言处理技术、生物识别技术及智能知识库辅助，在客户接入后，根据客户的不同服务诉求对客户播放个性化IVR内容，直接在IVR上快速解决客户问题。在这种思路下有两种展现形式：

（1）智能语言处理主要用于识别客户语音及其意图，调用知识库知识点进行匹配，帮助客户快速跳转至对应的IVR节点，精简客户的操作，缓解人工服务的接通率压力，客户交互感知也得到了提升。

（2）同样是依赖智能语言处理识别用户意图，识别该业务的特殊性质，判断适合于自助服务，系统后台根据预先设定的规则联动分组技能，直接将用户转入对应的服务小组之中。并且系统自动记录下该记录，当客户意外掉线，再次进入咨询时，可以直接二次进入对应小组队列中，大大提高智能IVR的客户满意度。

3）智能服务助手

智能辅助是基于语言处理技术、智能知识库配合延伸出辅助功能，不同于智能IVR或智能机器人单轮对话和多轮对话的自动回复。人机协作场景下，仍然是人工客服在提供服务，智能客服系统只是通过一个小窗口实时给出回答建议。人工客服可以对推荐回答进行编辑修改或直接使用/推送，不仅能够提高回复效率，还能减少培训成本，把公司的业务知识和沟通经验通过实时推荐的方式辅助客服人员，达到知识和经验传递的效果。同时也能对服务过程中出现的话务员不恰当言语进行实时识别和提醒，及时纠正服务状态。智能辅助的流程逻辑如图10-6所示。

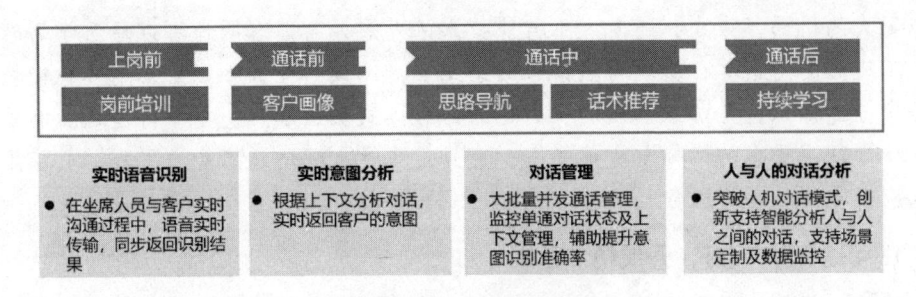

图10-6　智能辅助流程逻辑

4）智能质检

智能质检基于ASR语音转文本技术，结合智能知识库，实现客服录音质检。在服务过程中利用智能质检系统实现的全量质检，能够解决传统抽样质检中存在的抽样少、抽样偏见及质检员专业知识不足和质检项目不客观等问题。通过对话术录音数据的结构化分析，不仅能加强对新进座席的岗前培训和测试，还可以通过对优秀录音的进一步聚类挖掘，不断优化话术，实现提升作业技能的目标。智能质检的实现逻辑如图10-7所示。

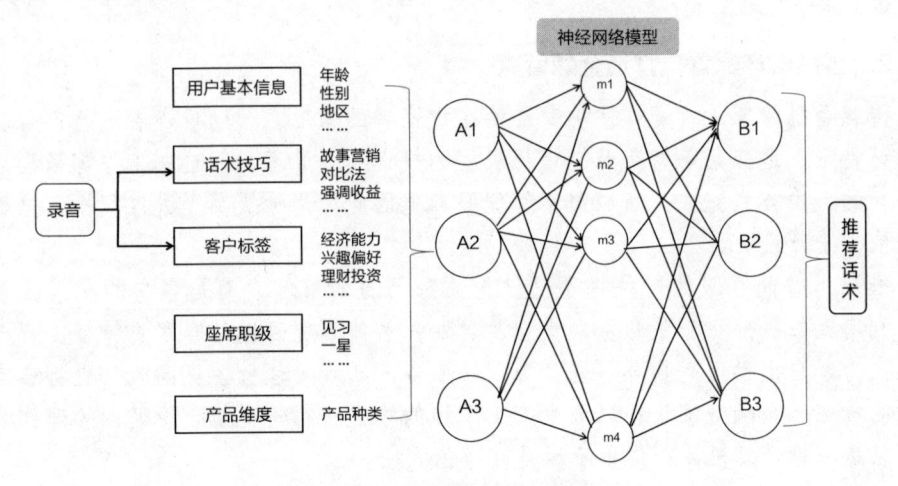

图10-7　智能质检实现逻辑

另外，对人工服务进行事中监控，主动拦截不礼貌用词、错误回复等降低服务风险。

并且，通过对录音中系统热点分析及客户情感倾向的分析，可以及时发现高危投诉或高危事件并建立客户满意度评测模型。通过客户满意度评测模型的建立了解客户服务的运行状态，及时发现服务过程中出现的问题，从而去了解原因，寻求解决方法，加强改善管理，以提前避免不良后果的发生。

二、阅读+理解：智能客服应用展望

人工智能技术的快速发展和广泛关注，为银行智能客服的应用提供了更多的可能与更大的机遇,未来,随着人工智能技术的发展,智能客服还可以通过学习客户及人工座席的对话等,实现自然语言的组织。"阅读"业务知识后,用客户能理解的语言描述知识,并加入幽默的、有趣的语言方式反馈客户,将不再遥远。智能客服正逐步获得更多的感知与决策能力,更具自主性,环境适应能力更强,其应用范围也应突破传统客户服务。

1. 识别客户偏好,开展精准营销

受益于现今信息化程度的飞速提高,消费者可以借助各种信息手段产生消费行为,包含通话、购物、网上浏览等,而用户的消费行为会在信息通道留下轨迹和数据,我们可以借助这些数据来分析用户、分析市场。麦肯锡的一份研究显示,金融业在大数据价值潜力指数中排名第一。中国银联涉及43亿张银行卡,超过9亿的持卡人,超过1 000万家商户,每天近7 000万条的交易数据,核心交易数据都超过了TB级。未来,智能客服可以与银行生产系统打通,对客户信息、交互记录、交易数据等进行综合分析,为客户推荐可能关注或感兴趣的产品,此外,还可以通过聚类分析,寻找某一类客户的共性,为该类型客户提供相似产品或服务,提高营销的精准度。

2. 客户资产配置,打造金融管家

传统金融管家(投资顾问)需要站在投资者的角度,帮助投资者进行符合其风险偏好特征、适应某一特定时期市场表现的投资组合管理。而这些工作都需要以大量昂贵的人工方式完成,所以财富管理服务也因此无形地提高了进入门槛,只面向高净值人士开设。

未来,智能客服的定位将不仅仅是业务问题的解答,而是客户的私人金融管家。利用大数据分析、量化金融模型及算法,智能客服可以结合客户特征、资产情况等,为客户提供理财指导、资产规划等服务,实现更理性、更高效、更符合客户需求的投资。金融管家正在以最少人工干涉的方式进行投资组合管理,管理你资产的可以是一排计算机,而你也不用是高净值人士。

3. 监测舆情风险,防范风险事件

语言处理及生物识别技术的进一步发展,未来能帮助智能客服更深入过程,一方面,将质检标准和规则写入智能机器人系统,由智能机器人对会话日志进行分析和判断,确保质检的公平性和一致性;另一方面,对人工服务进行事中监控,主动拦截不礼貌用词、错误回复等,降低服务风险。此外,智能客服还可用于客户之声收集和客户负面情绪识别,提取客户意见或建议,为产品创新和优化提供素材。

智能客服还可应用在未来的电子银行反欺诈领域,将欺诈类交易触发规则模型维护植入系统,对可疑程度高、范围广、影响大的可疑交易实施事中控制,而在可疑程度低、影响小的交易触发规则时,由智能客服主动推送安全提示,降低欺诈风险。

【案例分析】

鸿联九五的智能客服围绕产品而开展，并通过收取客户反馈，促使产品不断迭代升级，臻于完善和成熟。前文我们说过，产品在成熟阶段需要增加产品特性，通过产品差异化与竞争对手区分开来。同时产品的定位也由于出现了新的竞争者，价格可能有所降低。

而鸿联九五的智能客服使得产品通过服务差异化而有别于竞争对手，并能通过精益流程不断降低产品运营成本。其智能客服的特点核心有三个：

第一，通过自然语言处理技术、深度学习计划和生物识别技术来强化智能交互。

第二，通过智能知识库、智能IVR、智能服务助手和智能质检，来提升智能客服水平。

第三，通过产品、营销、风险、客服四位一体的生态运营，优化产品服务体验，提高客户满意度和黏性。

总结一下，产品生命周期是指大多数产品所经历的从出现到消失的四个阶段：引入期、成长期、成熟期和衰退期。管理产品生命周期的关键在于在各个阶段，产品不同的营销组合元素（产品、定价、分销和促销）需要对应不同的战略。

10.2 产品生命周期的影响和产品组合

前面在第4章中曾专门讨论了新产品组合，特别是如何确定是否将新产品机会纳入产品组合中。

如上所述，在产品生命周期的不同阶段，战略强调产品改进、新特性、产品线延伸和降低成本的重要性。这些都应在新产品组合中有所体现。正如第4章所述，整体业务战略和创新战略为产品组合管理提供了方向和框架。这些战略决定了各种产品开发选择的优先排序，包括：

◎ 新公司产品。
◎ 产品线延伸。
◎ 成本降低。
◎ 产品改进。

新公司产品及产品线延伸类产品有潜力为公司带来新的产品，而成本降低和产品改进则是产品生命周期管理中的基本工具，其目的是更新和延长产品的寿命。

可以从产品生命周期的概念出发，来回答"是什么定义了一款产品"这个问题。以iPhone为例，iPhone本身是产品，还是2G、3、4、4S等不同机型的产品？答案是，iPhone本身有生命周期，各个机型也有自己的生命周期，各个机型都

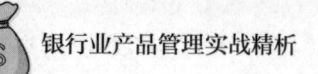

使iPhone的生命周期得以延长。通过增加特性和发布新的型号以延长产品的寿命，已经成为大多数公司产品开发组合的重要组成部分。

如今，产品改进和性能提升的频率越来越快，特别是在电子、软件和互联网行业。因为这些行业承受着更大的压力：上市速度更快，新产品开发周期缩短。于是，对于产品开发的战略关注极大影响了新产品开发流程，使其走向了敏捷和精益。

除了平衡产品开发的类型，通过组合管理在产品生命周期中保持产品平衡同样重要。显然，持有过高比例的处于引入（上市）阶段的产品会给组织带来极大的资金压力。另外，若处于衰退阶段的产品比例过高，那么组织的前景将不太明朗。

10.3 跨越鸿沟：产品走向成熟的关键

10.3.1 什么是鸿沟

创新产品的早期市场（第一个市场）和主流市场（第二个市场）之间存在着一条巨大的"鸿沟"，能否顺利跨越鸿沟并进入主流市场，成功赢得实用者的支持，就决定了一项创新产品的成败，如图10-8所示。

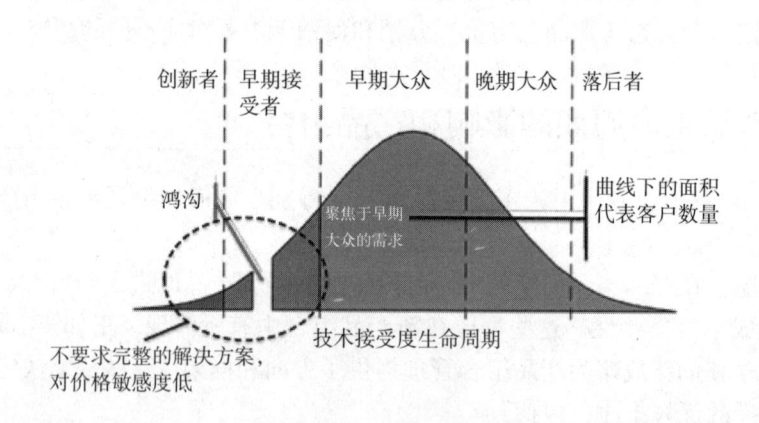

图10-8 产品鸿沟示意

其中第一个市场指的是由早期接受者和创新者所主宰的早期市场，这些消费者能够迅速地接受新技术变革所具有的特性和优势；第二个市场则指的是主流市场，由除早期接受者和创新者之外的所有消费者组成，他们既想体验新技术带来的好处，又不愿意经受此带来的一些令人不快的细节。这两个市场之间的过渡充满坎坷，所以我们说"跨越鸿沟是产品走向成熟的关键"。

10.3.2 市场发展划分的阶段

如同图10-8，对于一个创新产品来讲，通常可以将市场发展划分为以下几个阶段。

1. 早期市场

由创新者和早期接受者构成。创新者是新产品的狂热追随者，他们对产品的体验等不会有太苛刻的要求。早期接受者是有远见卓识的人。有远见者与技术狂热者不同，他们并不是从某个系统采用的技术中获得价值，而是从这项技术带来的战略突破中获得价值。

2. 主流市场

由实用主义者的早期大众和保守主义者的晚期大众构成。早期大众是实用主义者，他们需要确信自己买到的产品来自市场中起主导作用的一流企业。晚期大众是保守主义者。保守主义者对于颠覆式创新有一种本能的抗拒，与新的进步来说，他们往往对传统更加信任。他们通常只会在产品已经非常成熟时才会购买。

3. 落后者市场

落后者也是怀疑主义者。除阻碍购买之外，落后者并没有对高科技市场发挥任何其他的作用。因此，创新产品团队针对这些怀疑主义者开展营销活动的主要目的就是中和他们造成的不利影响。

10.3.3 如何才能顺利跨越鸿沟

应该说这不是一个简单的问题，我们需要从策略、产品、定位及营销四个方面来探讨。

1. 策略

抢滩策略。由于早期接受者与实用主义者对于高科技产品的接受观念的差异过大，因此造成了早期市场与主流市场之间巨大的鸿沟。为了能够进入主流市场，我们必须与其他的产品和公司资源结合起来，组成"整体产品"策略，集中全部力量，瞄准主流市场中的一个战略性目标市场细分攻击，尽可能跨越这条鸿沟。然后利用它作为基础，通过客户之间的口碑传递，努力开拓并占领新的市场空间。在产品创新中有一个专业名词描述这种策略："抢滩"（Beachhead）。

"抢滩"这个名词来自军队登陆敌军的土地上，对于许多产品的市场导入而言，这个比喻非常形象。在产品市场导入的背景上，抢滩是指克服销售停滞所必须投入的大量支出，一条开支曲线上升到一个高点，从此点开始，销售额以递增速率增加。

2. 产品

投资延伸产品。在任何一种新产品初次进入市场的时候，各个企业之间的营销大战主要是围绕着产品本身发起的，但是随着我们向主流市场的迈进，整体产品中的中心产品开始变得越来越相似,各企业营销大战的重心也就逐渐转向了整体产品的外围产品和服务。因此,一旦市场上出现了更多类似的产品,就不要继续在一般产品的水平上增加研发投资了,而应当针对延伸产品或潜在产品进行投资,这些产品将为你带来更高的利润。

3. 定位

好的产品定位。好的产品定位是在目标客户的头脑中创造一个空间,然后努力用你自己的产品填充这个空间。如何做到呢? 下面六句话可以帮助你快速进行产品的定位:

◎ 这款产品是为目标客户提供的。
◎ 他们对目前的市场替代选择感到不满意。
◎ 我们的产品是一种新的产品类别。
◎ 它具有解决现有问题的强大能力。
◎ 我们的产品与产品替代选择不同。
◎ 我们已经针对客户的具体应用在这款新产品中配备了关键的整体产品特性。

4. 营销

让客户满意的营销渠道。创新产品在跨越鸿沟时的首要目标就是,找到一个能够让实用主义者客户满意的营销渠道,顺利进入主流市场。例如,现在不少游戏开发商选择与微信推广渠道合作,就是出于这个目的。

案例10.2　蚂蚁金服和微信支付抢滩东南亚

案例背景

走到海外去,向海外市场输出中国金融科技企业的数字化发展经验及人工智能等技术,发力金融服务,似乎已成为国内金融科技企业的共同选择。自2017年以来,我们明显能感受到越来越多的中国金融科技企业加速了"出海"步伐。

相关统计数据显示:当前,至少已有包括蚂蚁金服、百度金融、陆金所、腾讯等在内的多家金融科技领军企业宣布或加大了海外投资或布局。

而在海外市场中,东南亚市场距离中国近,且有众多华侨,因此不少金融科技企业纷纷把目光投向了这里。核心还在于东南亚市场这座尚待开采的富矿,让国内金融科技企业有了释放、输出自身科技技术创新,赋能东南亚市场发展普惠金融的能力。

从东南亚市场自身来说,当前其所面临的一对显著矛盾是——"庞大的人口基数市场和传统的金融服务无法满足个人金融服务需求缺口"。

相关数据显示,当前东南亚有超过6.5亿的人口,但其中有4.5亿人因为基础设施的不完善、缺乏征信而得不到银行服务的机会，大量的信贷需求得不到满足，诸如越南信用卡普及率为2%~5%，印尼为2%，而柬埔寨不到0.3%。

东南亚当前的现实，一如多年前的中国市场。可以说，当下的东南亚市场就是10年前中国市场的一个翻版。但如今我们也能看到的是，随着金融科技公司通过不断的技术创新，当下我国的金融科技已经走在了世界很多国家的前面，移动支付更是引领世界潮流。

首先是蚂蚁金服早在2016年就开始布局东南亚市场，其发力点在新加坡、马来西亚、泰国、越南等国家和地区。采取的策略则是首先以服务中国出境到东南亚的游客为起点，借此迅速落地当地商户。随后通过技术输出，与当地企业合作，打造各国本地版的"支付宝"以吸引本地用户；在撬动了本地用户后，蚂蚁金服又趁热打铁，为菲律宾打造的本地钱包GCash正式上线线下扫码支付功能，从而在东南亚市场站稳了脚跟。我们再来看一下微信支付的东南亚布局策略。微信支付首先把马来西亚作为抢滩阵地。这是因为马来西亚人口中，大约有24%是华裔。微信支付以社交软件属性为依托、微信的嵌入式支付功能为基础，实现从即时聊天、付款、叫车到购物等，都可以在一个App里完成。而在市场开拓方面，微信支付采用腾讯惯用的跟随战略，等蚂蚁金服成功入驻到大大小小的商户后，移动支付的概念在当地也已经有了基础，微信就可以自然而然地跟随进入市场。

【案例分析】

以上是蚂蚁金服和微信支付抢滩战略的典型案例。抢滩战略的核心是以杠杆方式占领市场：选出最具潜力的细分市场作为产品首次上市的地点；基于产品在该市场上的成功经历，将它陆续投放到其他细分市场。

蚂蚁金服的抢滩战略是以服务出境游客为起点，借此迅速落地当地商户。随后通过技术输出，与当地企业合作，打造各国本地版的"支付宝"以吸引本地用户。这明显是一个出境游客—当地商户—当地企业—本地用户的四步走策略。

而微信支付以马来西亚的华裔客群作为抢滩阵地，以微信社交为依托，微信的嵌入式支付作为闭环，并在市场上采用跟随战略完成。

案例10.3 "国家队"抢滩区块链市场

案例背景

目前区块链成为市场关注的焦点，热潮之下，"国家队"也交出了一份亮眼的答卷。2019年11月15日，根据《上海证券报》报道，中国人民银行贸易金融区块链平台于2018年9月上线以来，经过了一年多的时间，已实现业务上链3万余笔，业务发生笔数6 100余笔，业务发生量约合人民币760亿元。截至2019年年底，平台已有

30家银行接入，实现供应链应收账款多级融资、跨境融资、国际贸易账款监管、对外支付税务备案表等四大业务场景上链。

该平台是由中国人民银行发起，中国人民银行数字货币研究所和中国人民银行深圳市中心支行建设和运营的金融科技基础设施，致力于打造立足粤港澳大湾区、辐射全球的开放金融贸易生态。在这个平台上，供应商可以使用其授信额度进行应收账款融资，解决了实力较弱的供应商授信不足和融资难、融资贵的问题，这将给中小企业融资带来极大的便利，不仅降低融资成本，还加快融资到账时间。作为中国人民银行贸易金融区块链平台的首批参与者，平安银行交易银行事业部有关负责人表示，原来一笔贸易融资，中小微客户的融资成本可能达到7%~8%，现在这种模式下，可能会降到5%~6%。

目前，中国人民银行贸易金融区块链平台正在加快生态建设和全国推广，已在甘肃落地并与北京和内蒙古商谈技术方案；同时，也积极与中国香港贸易联动平台、新加坡国家贸易平台等境内外同类平台洽谈对接事宜。未来，平台还将连接更多的国家和国际组织同类平台，形成一个广泛连接的全球贸易融资的"高速公路"、一个开放共享的贸易金融新生态。

【案例分析】

中国人民银行贸易金融区块链平台的抢滩策略很明确，一是功能聚焦四大场景业务：供应链应收账款多级融资、跨境融资、国际贸易账款监管、对外支付税务备案表。二是定向与首批5家商业银行合作，包括中国银行、建设银行、平安银行、招商银行、渣打银行。三是聚焦3个国内市场：甘肃、北京和内蒙古。四是与中国香港贸易联动平台、新加坡国家贸易平台等境内外同类平台对接，扩展业务。

这四个抢滩措施成效显著：业务上链3万余笔，业务发生笔数6 100余笔，业务发生量约合人民币760亿元，平台接入30家银行。集中资源力量，瞄准战略性目标市场细分攻击，实现了产品顺利的跨越鸿沟。

总结一下，跨越鸿沟是指顺利跨越创新产品的早期市场（第一个市场）和主流市场（第二个市场）之间巨大的"鸿沟"，成功赢得实用者的支持。要顺利跨越鸿沟，我们要从策略（抢滩策略）、产品（投资延伸产品）、定位（好的产品定位）和营销（让客户满意的营销渠道）四个方面着手，才能确保创新产品成功过关，获得成功！

总 结

产品生命周期管理
- ◎ 大多数产品都有生命周期，遵循引入、成长、成熟和衰退四个阶段。
- ◎ 总体上看，近年来产品生命周期变得越来越短，这给公司带来了很大的压力，公司必须不断开发新产品，更新现有产品。
- ◎ 在产品管理中，营销组合的所有要素——产品、定价、促销和分销由产品生命周期所处的阶段决定。
- ◎ 在很多产品类别中，产品开发战略聚焦于通过产品改进或增加产品特性和功能进行产品更新，以此作为延续产品生命周期的手段。
- ◎ 产品生命周期的关键是引入阶段。在此阶段，产品经理必须聚焦于出售的产品是什么（What），出售给谁（Who），产品如何到达目标市场（How），以及如何促销产品、说服目标市场客户购买（How）。

附录A 新产品开发术语表

具体内容可扫下方二维码获得。

附录B

新产品开发流程图

1. 五阶段总体图（见图B-1）

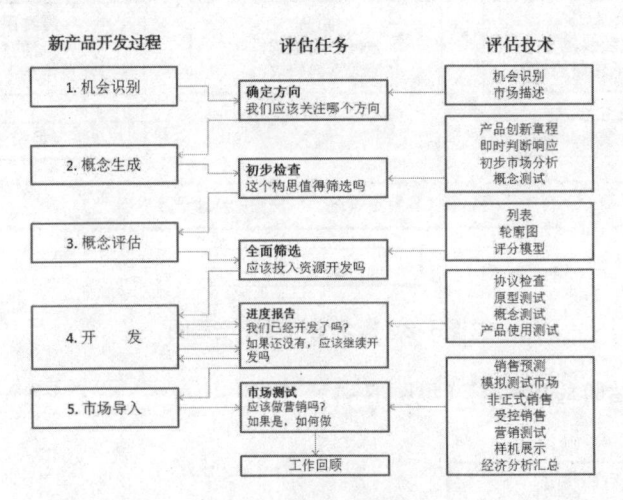

新产品开发过程	评估任务	评估技术
1. 机会识别	确定方向 我们应该关注哪个方向	机会识别 市场描述
2. 概念生成	初步检查 这个构思值得筛选吗	产品创新章程 即时判断响应 初步市场分析 概念测试
3. 概念评估	全面筛选 应该投入资源开发吗	列表 轮廓图 评分模型
4. 开发	进度报告 我们已经开发了吗？ 如果还没有，应该继续开发吗	协议检查 原型测试 概念测试 产品使用测试
5. 市场导入	市场测试 应该做营销吗？ 如果是，如何做	销售预测 模拟测试市场 非正式销售 受控销售 营销测试 样机展示 经济分析汇总
	工作回顾	

图B-1　五阶段总体图

2. 机会识别阶段流程图（见图B-2）

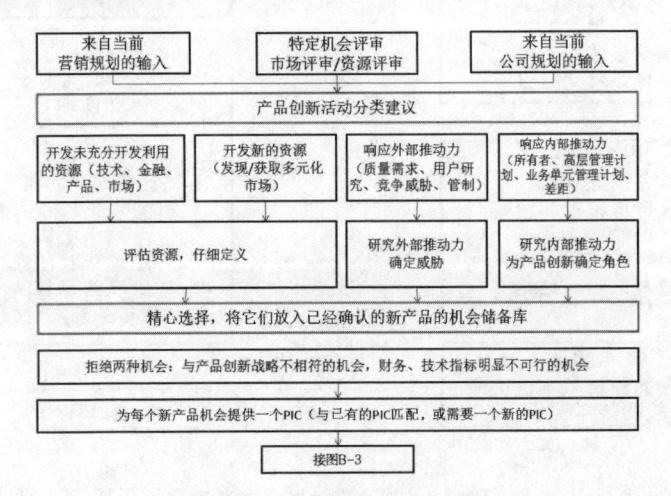

- 来自当前营销规划的输入
- 特定机会评审 市场评审/资源评审
- 来自当前公司规划的输入

产品创新活动分类建议

- 开发未充分开发利用的资源（技术、金融、产品、市场）
- 开发新的资源（发现/获取多元化市场）
- 响应外部推动力（质量需求、用户研究、竞争威胁、管制）
- 响应内部推动力（所有者、高层管理计划、业务单元管理计划、差距）

- 评估资源，仔细定义
- 研究外部推动力 确定威胁
- 研究内部推动力 为产品创新确定角色

精心选择，将它们放入已经确认的新产品的机会储备库

拒绝两种机会：与产品创新战略不相符的机会，财务、技术指标明显不可行的机会

为每个新产品机会提供一个PIC（与已有的PIC匹配，或需要一个新的PIC）

接图B-3

图B-2　机会识别阶段流程图

3. 概念生成阶段流程图（见图B-3）

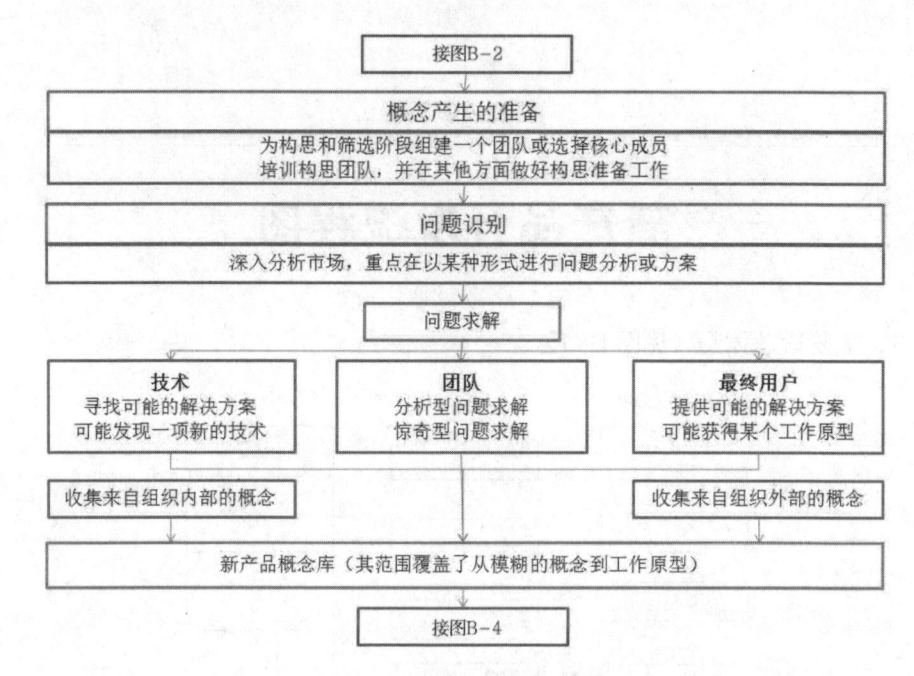

```
                    接图B-2
                       ↓
              ┌──────────────────┐
              │   概念产生的准备   │
              │ 为构思和筛选阶段组建一个团队或选择核心成员 │
              │ 培训构思团队，并在其他方面做好构思准备工作 │
              └──────────────────┘
                       ↓
              ┌──────────────────┐
              │      问题识别     │
              │ 深入分析市场，重点在以某种形式进行问题分析或方案 │
              └──────────────────┘
                       ↓
                   问题求解
         ┌─────────────┼─────────────┐
         ↓             ↓             ↓
      技术           团队          最终用户
   寻找可能的解决方案  分析型问题求解  提供可能的解决方案
   可能发现一项新的技术 惊奇型问题求解  可能获得某个工作原型
         ↓                           ↓
   收集来自组织内部的概念       收集来自组织外部的概念
                       ↓
       新产品概念库（其范围覆盖了从模糊的概念到工作原型）
                       ↓
                    接图B-4
```

图B-3　概念生成阶段流程图

4. 概念评估阶段流程图（见图B-4）

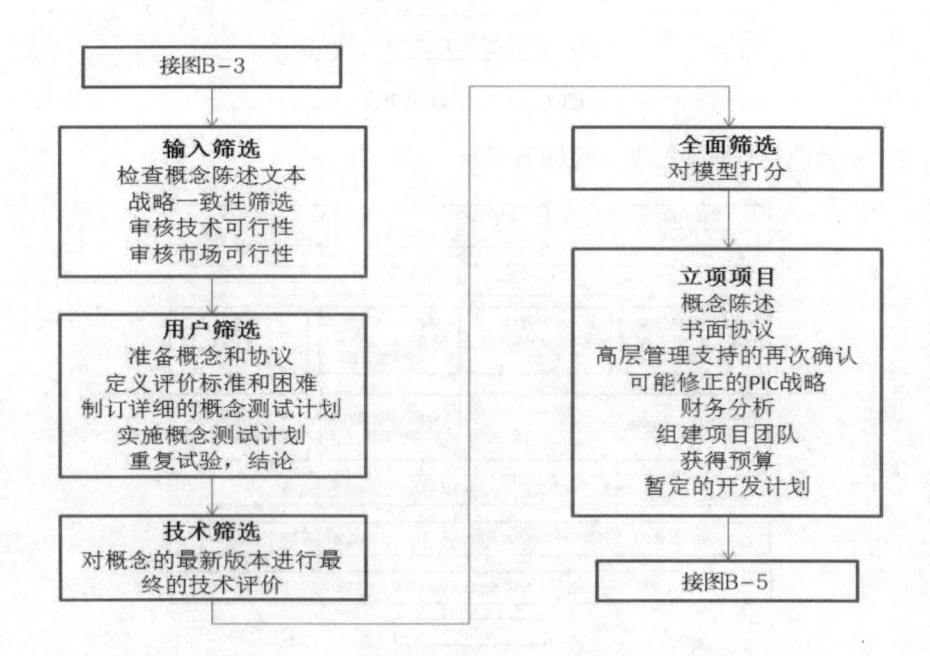

```
   接图B-3
      ↓
┌──────────────┐        ┌──────────────┐
│   输入筛选    │        │   全面筛选    │
│ 检查概念陈述文本 │       │   对模型打分  │
│ 战略一致性筛选  │        └──────────────┘
│ 审核技术可行性  │              ↓
│ 审核市场可行性  │        ┌──────────────┐
└──────────────┘        │   立项项目    │
      ↓                 │   概念陈述    │
┌──────────────┐        │   书面协议    │
│   用户筛选    │        │ 高层管理支持的再次确认 │
│ 准备概念和协议  │        │ 可能修正的PIC战略 │
│ 定义评价标准和困难│       │   财务分析    │
│ 制订详细的概念测试计划│     │  组建项目团队  │
│ 实施概念测试计划 │        │   获得预算    │
│ 重复试验，结论  │         │  暂定的开发计划 │
└──────────────┘        └──────────────┘
      ↓                        ↓
┌──────────────┐            接图B-5
│   技术筛选    │
│ 对概念的最新版本进行最 │
│   终的技术评价 │
└──────────────┘
```

图B-4　概念评估阶段流程图

附录B 新产品开发流程图

5. 开发阶段流程图（见图 B-5）

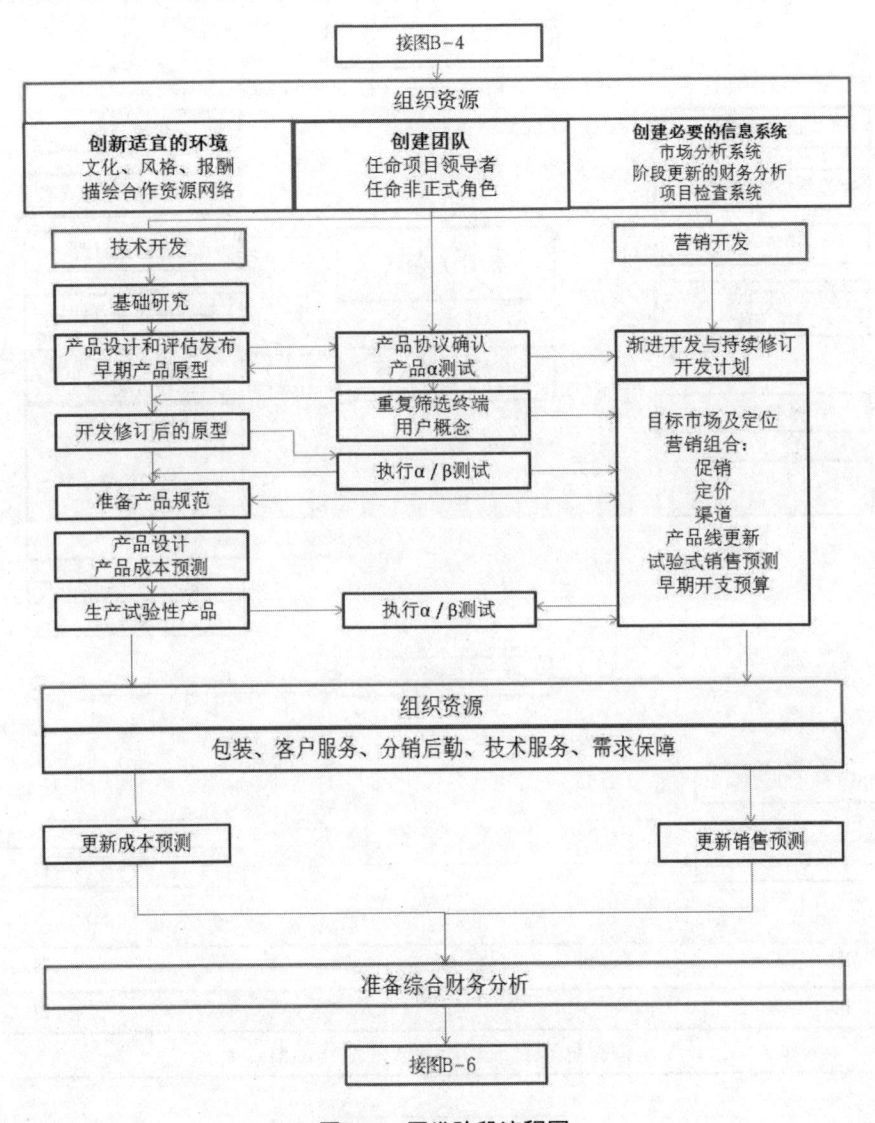

```
                          接图 B-4
┌─────────────────────────────────────────────────────────────┐
│                         组织资源                              │
│  创新适宜的环境        创建团队            创建必要的信息系统   │
│  文化、风格、报酬    任命项目领导者         市场分析系统        │
│  描绘合作资源网络    任命非正式角色      阶段更新的财务分析     │
│                                             项目检查系统      │
└─────────────────────────────────────────────────────────────┘

     技术开发                              营销开发

    基础研究

  产品设计和评估发布      产品协议确认         渐进开发与持续修订
   早期产品原型           产品α测试            开发计划

  开发修订后的原型       重复筛选终端          目标市场及定位
                         用户概念              营销组合：
                                                促销
                        执行α/β测试            定价
   准备产品规范                                 渠道
                                             产品线更新
   产品设计                                  试验式销售预测
  产品成本预测                                早期开支预算

  生产试验性产品         执行α/β测试

┌─────────────────────────────────────────────────────────────┐
│                         组织资源                              │
│       包装、客户服务、分销后勤、技术服务、需求保障             │
└─────────────────────────────────────────────────────────────┘

    更新成本预测                            更新销售预测

                        准备综合财务分析

                           接图 B-6
```

图 B-5　开发阶段流程图

6. 上市阶段流程图（见图B-6）

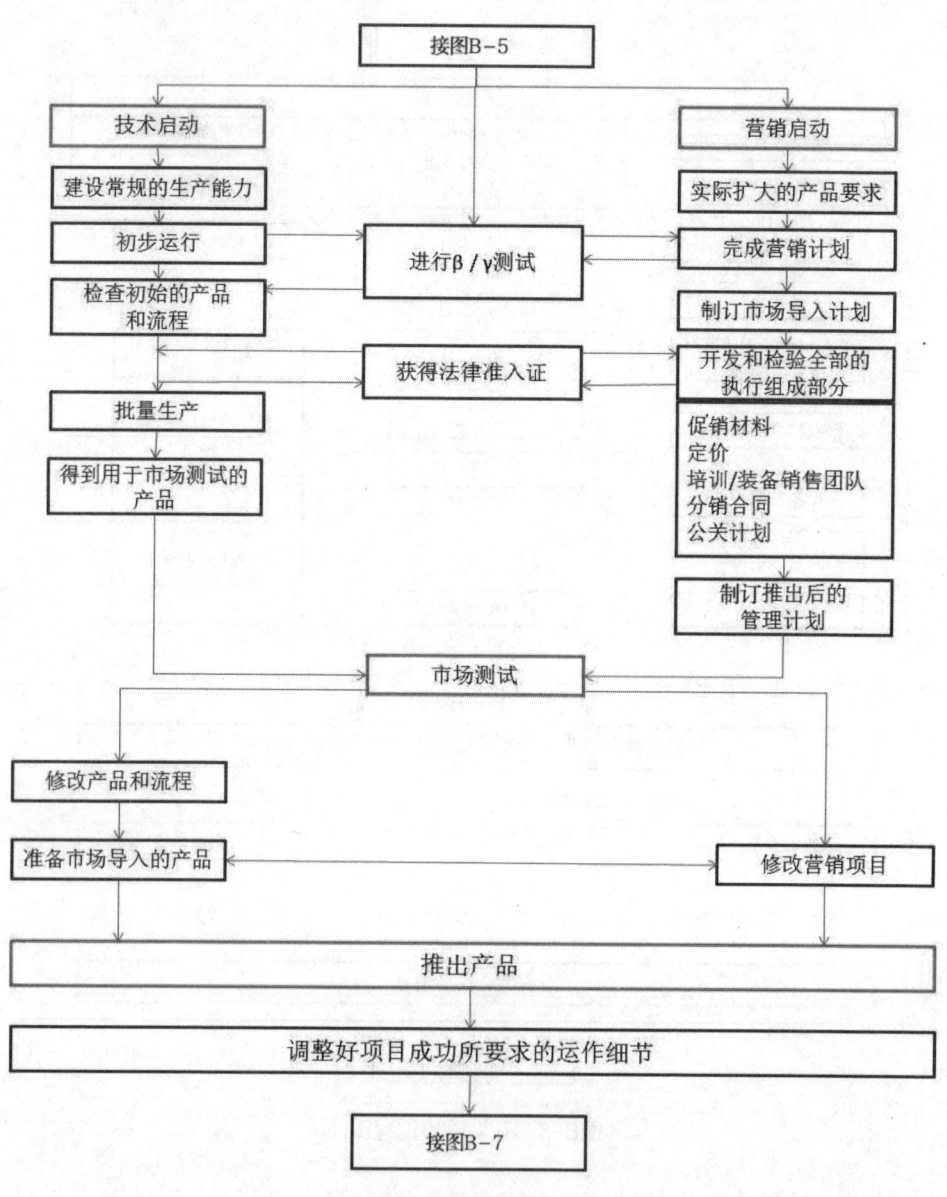

图B-6 上市阶段流程图

7. 发布后阶段流程图（见图 B-7）

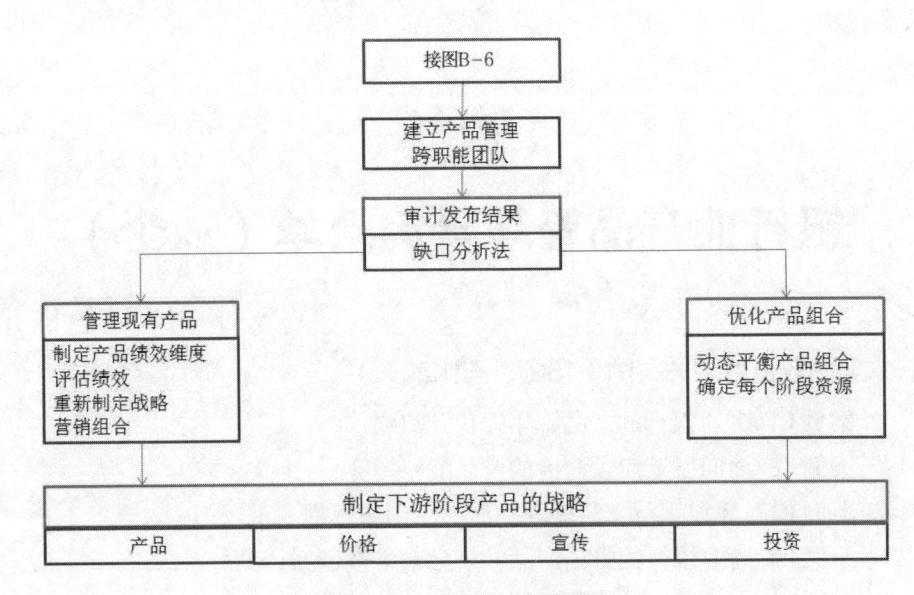

```
            接图B-6
              │
              ▼
        建立产品管理
        跨职能团队
              │
              ▼
        审计发布结果
        缺口分析法
         │        │
    ┌────┘        └────┐
    ▼                  ▼
管理现有产品         优化产品组合
制定产品绩效维度      动态平衡产品组合
评估绩效             确定每个阶段资源
重新制定战略
营销组合
    │                  │
    └────────┬─────────┘
             ▼
      制定下游阶段产品的战略
   ┌──────┬──────┬──────┬──────┐
   │ 产品 │ 价格 │ 宣传 │ 投资 │
   └──────┴──────┴──────┴──────┘
```

图B-7　发布后阶段流程图

附录C

银行业产品管理案例清单（58个）

一、大型商业银行相关案例（13个，占比22%）

- ◎ 案例3.1 交通银行的"品牌年轻化"战略
- ◎ 案例3.3 面向粤港澳大湾区的产品战略博弈
- ◎ 案例3.17 建设银行"慧兜圈"的产品创新章程
- ◎ 案例4.4 商业银行的野猫产品——金融科技创新产品
- ◎ 案例5.1 交通银行秒级服务的秘诀
- ◎ 案例5.3 建设银行电子社保卡的PLR
- ◎ 案例6.3 中国银行的"卓隽"留学
- ◎ 案例6.4 建设银行的"玩转世界"
- ◎ 案例6.5 工商银行的试销妙招一：社交试销
- ◎ 案例6.6 工商银行的试销妙招二：情感试销
- ◎ 案例7.6 交通银行的"AI信用卡"
- ◎ 案例8.6 农业银行的产品转型文化
- ◎ 案例9.3 建设银行与海尔智能制造开展账户出海合作

二、股份制商业银行相关案例（19个，占比33%）

- ◎ 案例3.4 "有温度的银行"的联名卡产品
- ◎ 案例3.5 中国银联和招商银行的价值观缘起
- ◎ 案例3.6 兴业银行独特的成本领先——机器人催收服务
- ◎ 案例3.7 民生银行的差异化战略产品——国宝系列主题信用卡
- ◎ 案例3.8 招商银行的哆啦A梦声音卡
- ◎ 案例3.9 中信银行的VR客服
- ◎ 案例3.10 广发银行的女性探索者战略
- ◎ 案例3.12 招商银行"10元风暴"
- ◎ 案例4.2 广发银行"摆范儿卡"平台项目

◎ 案例4.5 民生银行的"鹰眼"风控
◎ 案例6.1 华夏银行应用人种学洞察需求
◎ 案例6.2 "浦发银行全球游"的产品概念
◎ 案例7.2 平安银行利用"分离"原理打造独特权益
◎ 案例7.3 广发银行利用敏捷打造极致ONE产品
◎ 案例7.4 中信银行信用卡中心的数字化精益管理
◎ 案例7.5 光大银行精益化流程打造"新E贷"
◎ 案例8.2 招商银行创新团队的不同形式
◎ 案例9.2 广发银行应用原型法开发智能支付手环
◎ 案例9.6 世界再大，大不过一盘番茄炒蛋

三、城市商业银行相关案例（5个，占比9%）

◎ 案例4.1 浙商银行通过组合管理聚焦资源，深化打造"趣发现"
◎ 案例7.1 北京银行利用"联合"原理实现共赢
◎ 案例8.4 齐鲁银行一纸协议推动"驴经济"
◎ 案例8.5 浙商银行聚焦年轻化客群，打造金融平台经济
◎ 案例9.1 江苏银行普惠民生

四、农村金融机构相关案例（1个，占比2%）

◎ 案例2.2 北京农商银行的新产品族

五、其他类金融机构相关案例（20个，占比34%）

◎ 案例2.1 恒丰银行的公司新产品
◎ 案例3.2 宝洁的中国首发
◎ 案例3.11 兴业银行、科大讯飞和京东金融打造物联网金融平台
◎ 案例3.13 微众银行的"ABCDE"技术战略
◎ 案例3.14 蚂蚁数巢的大数据开放式创新战略
◎ 案例3.15 战略布局图：美国西南航空公司的绝地逆袭
◎ 案例3.16 百年运通的制胜法宝
◎ 案例3.18 基于区块链的颠覆式创新——火星数字资产银行
◎ 案例4.3 中国银联的境外市场创新
◎ 案例4.6 百行征信把握市场化风控之源
◎ 案例5.2 P2P为什么会失败？
◎ 案例8.1 宇华永信的信用卡AI产品团队
◎ 案例8.3 银联云闪付的产品团队

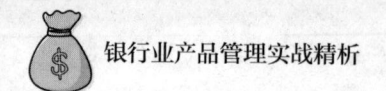

- ◎ 案例9.4 京东数科的"金融科技下半场"
- ◎ 案例9.5 比特币的创新扩散
- ◎ 案例9.7 拼多多应对新冠疫情能力背后的"低线"指标
- ◎ 案例9.8 商户拓展SaaS服务商的公司新产品指标
- ◎ 案例10.1 鸿联九五智能客服，助力产品不断成熟
- ◎ 案例10.2 蚂蚁金服和微信支付抢滩东南亚
- ◎ 案例10.3 "国家队"抢滩区块链市场

参考文献

[1] 产品开发与管理协会. 产品经理认证（NPDP）知识体系指南[M]. 陈劲, 译. 北京：电子工业出版社, 2017.

[2] 产品与创新管理智库. 产品经理知识体系学习与实践指南[M]. 北京：电子工业出版社, 2019.

[3] [加]罗伯特·G. 库珀. 新产品开发流程管理：以市场为驱动（第5版）[M]. 刘立, 师津锦, 于兆鹏, 译. 北京：电子工业出版社, 2019.

[4] 于兆鹏. 高效通过NPDP认证考试[M]. 北京：中国电力出版社, 2017.

[5] [美]C. 默尔·克劳福德, C. 安东尼·迪·贝尼迪托. 新产品管理（第11版）[M]. 刘立, 译. 北京：电子工业出版社, 2018.

[6] [美]罗伯特·G. 库珀, 斯科特·J. 埃杰特. 新产品组合管理（第2版）[M]. 刘立, 译. 北京：电子工业出版社, 2017.

反侵权盗版声明

电子工业出版社依法对本作品享有专有出版权。任何未经权利人书面许可，复制、销售或通过信息网络传播本作品的行为；歪曲、篡改、剽窃本作品的行为，均违反《中华人民共和国著作权法》，其行为人应承担相应的民事责任和行政责任，构成犯罪的，将被依法追究刑事责任。

为了维护市场秩序，保护权利人的合法权益，我社将依法查处和打击侵权盗版的单位和个人。欢迎社会各界人士积极举报侵权盗版行为，本社将奖励举报有功人员，并保证举报人的信息不被泄露。

举报电话：（010）88254396；（010）88258888
传　　真：（010）88254397
E-mail:　　dbqq@phei.com.cn
通信地址：北京市万寿路173信箱
　　　　　电子工业出版社总编办公室
邮　　编：100036